中央团校（中国青年政治学院）出版资助

社会企业分层影响及评价

黄莉培 ◎著

中国社会科学出版社

图书在版编目（CIP）数据

社会企业分层影响及评价 / 黄莉培著. -- 北京：中国社会科学出版社，2025.5. -- ISBN 978-7-5227-4717-0

Ⅰ. F279.23

中国国家版本馆 CIP 数据核字第 2025EG1970 号

出 版 人	赵剑英	
责任编辑	张　浩	
责任校对	姜志菊	
责任印制	李寡寡	

出　版	中国社会科学出版社	
社　址	北京鼓楼西大街甲 158 号	
邮　编	100720	
网　址	http://www.csspw.cn	
发行部	010-84083685	
门市部	010-84029450	
经　销	新华书店及其他书店	
印　刷	北京明恒达印务有限公司	
装　订	廊坊市广阳区广增装订厂	
版　次	2025 年 5 月第 1 版	
印　次	2025 年 5 月第 1 次印刷	
开　本	710×1000　1/16	
印　张	16	
插　页	2	
字　数	235 千字	
定　价	89.00 元	

凡购买中国社会科学出版社图书，如有质量问题请与本社营销中心联系调换
电话：010-84083683
版权所有　侵权必究

目　　录

第一章　绪论 ………………………………………………………（1）
　　第一节　研究背景和意义 ………………………………………（1）
　　第二节　研究内容、研究范式和研究方法 ……………………（5）
　　第三节　结构安排 ……………………………………………（12）

第二章　文献综述与理论基础 …………………………………（14）
　　第一节　文献综述 ……………………………………………（14）
　　第二节　理论基础 ……………………………………………（57）
　　第三节　概念界定 ……………………………………………（62）

第三章　社会企业 F 的发展历程及对国家和地区层面的影响 ………（65）
　　第一节　社会企业的起源和发展 ……………………………（68）
　　第二节　社会企业 F 的发展历程 ……………………………（74）
　　第三节　社会企业 F 对国家层面的影响 ……………………（80）
　　第四节　社会企业 F 对地区层面的影响 ……………………（90）

第四章　社会企业 F 对工作者层面的影响 ……………………（95）
　　第一节　社会企业 F 对工作者影响的发现过程 ……………（95）
　　第二节　社会企业 F 对工作者的一般性影响 ………………（100）
　　第三节　社会企业 F 对工作者的独特性影响 ………………（118）

第四节　社会企业对工作者影响的模型构建 …………………（135）

第五章　社会企业对工作者影响模型的定量分析 …………（144）
　　第一节　问卷设计、发放与检验 ………………………………（144）
　　第二节　研究结果分析 …………………………………………（163）

第六章　社会企业分层影响原因及评价体系设计 …………（189）
　　第一节　社会企业分层影响产生的原因 ………………………（189）
　　第二节　社会企业评价体系的设计 ……………………………（200）

第七章　结论与展望 …………………………………………（211）
　　第一节　研究结论 ………………………………………………（211）
　　第二节　现实启示与研究展望 …………………………………（215）

附录 A　半结构化访谈提纲 …………………………………（218）

附录 B　调查问卷内容 ………………………………………（219）

参考文献 ………………………………………………………（231）

后　记 …………………………………………………………（252）

第一章

绪 论

第一节 研究背景和意义

一 研究背景

社会企业近些年在世界范围内蓬勃发展,社会企业和社会企业家带来的社会价值乃至变革影响都极为广泛,学界围绕社会企业这个话题也一直在进行激烈的讨论。在世界范围内,社会企业家们正在展现自己的优势:他们可以凭借新的方式解决社会弊病,建立起创造财富、提供社会福利和改善环境的新模式[①]。社会企业正成为处理和解决复杂的社会需求的新途径。

社会企业发源于市场失灵、政府失灵以及志愿失灵现象。市场这只看不见的手虽然可以解决一定的社会问题,但不是万能的。由于存在外部效应、信息不对称等因素,会出现市场失灵的问题;同样,以凯恩斯为代表的经济学家倡导政府干预,但政府也存在着供给机制失效、提供公共服务不足的问题,从而也会产生政府失灵现象;而非营利组织(Non-Profit Organization,NPO)蓬勃兴起后,其在组织形态、运作方式及角色功能方面也显露出不足,即志愿失灵现象。在此情况下,单一部门可能并不能及时应对很多社会问题,因此,社会企业在这样的背景下应运而生。

---

① [美]戴维·伯恩斯坦:《如何改变世界:用商业手段更好地解决社会问题》,张宝林译,中信出版社2013年版,第9页。

2 社会企业分层影响及评价

社会企业诞生后，历经几十年的发展，已引发全世界关注。有关社会企业的研究机构分散在世界各地，许多著名的大学先后成立了社会企业的研究机构或者开设相应课程。如美国哈佛大学、斯坦福大学在MBA课程中开设了社会企业的课程，香港大学和香港中文大学也都开设了社会企业的相关培训课程。此外，一些区域性的研究网络也开始成立，如欧洲社会企业研究网络（名称来源于"Emergence des Enterprises Sociales en Europe"，EMES）从1996年开始联合欧盟15个国家的学术研究中心，共同组成网络型研究机构。再如，2001年成立的社会企业知识网络（Social Enterprise Knowledge Network，SEKN），主要是由拉丁美洲一些大学的商学院和哈佛大学商学院所主导设立。中国人民大学、上海交通大学等高校和一些公益机构也成立了一批社会企业研究机构。

社会企业虽然发展迅速，但是在我国，关于社会企业的研究仍还处于初步阶段。由于社会企业到目前为止还没有统一的定义，所以研究者们关于社会企业的研究主要还是集中于概念的探讨。尽管有一些研究者开展了关于社会企业和其他社会组织的比较研究，还有研究者对一些著名的社会企业或者对社会企业家个人进行案例分析，主要目的也都是探寻社会企业的特点，以便更好地给出一个定义。

在目前已有的研究中，社会企业具有社会价值和社会影响这一观点得到了研究者的普遍认可。如迪斯（Dees）认为，任何形式的社会企业都是以开拓创新并且卓越的方式去改善这个世界，社会企业家通过实施创新项目、设计组织结构或者制定资源获取战略去尽可能创造机会以便达到深远、广泛、持续并且有效的社会影响[1]。但是，什么是社会影响？社会企业到底有哪些社会影响？这些影响是怎么产生和发展的？这些都需要研究者们去探索。

随着我国市场经济的不断发展，我国政府不断加大关于推进社会创

---

[1] J. Gregory Dees, *Social Entrepreneurship is about Innovation and Impact, Not Income*, 2004年10月, https://centers.fuqua.duke.edu/case/wp-content/uploads/sites/7/2015/02/Article_Dees_SEisAboutInnovationandImpactNotIncome_2003.pdf, 2024年7月2日。

新和社会治理的政策实施力度，社会企业作为社会创新和社会治理重要参与者的意义也愈发凸显。党的二十大报告指出，加快构建新发展格局，着力推动高质量发展，完善社会治理体系。报告同时强调，引导、支持有意愿有能力的企业、社会组织和个人积极参与公益慈善事业①。社会治理模式的转型和治理能力的提升是我国当前社会发展的需要，有效的社会治理也需要公众和社会组织的广泛参与。长期以来，企业和非营利组织一直在我国社会治理中发挥着重要作用，相较于前两者，社会企业兼具企业和非营利组织的特点，特别是能够运用市场化手段去解决社会问题。这成为我国创新社会治理的重要途径和方式，也正成为打造新质生产力的重要阵地。有学者指出，中国作为发展中的大国，弱势群体的社会融入、农村发展等都成为未来社会发展需要重点考虑的问题。创新导向的社会企业，以创新的手段解决社会问题，同时在支持型的政策环境中，社会企业通过与政府、市场和公益组织协同合作的方式，更加高效地解决社会问题。②

虽然各国的社会企业有很多共性，但不同国家的社会企业也有着各自的特点和影响，所以对我国特定国情背景下的社会企业进行深入研究尤为必要。与其他国家的社会企业相比，我国的社会企业有哪些影响？与其他非营利组织、企业相比，社会企业又有哪些独特的影响？社会企业除了人们认为的对社会的价值和显性的影响之外，社会企业还有哪些不易观察的隐性影响？特别是对社会企业内部的工作者有什么影响？随着社会企业逐渐发展，这些问题有待研究，尤其需要深入探讨社会企业对其工作者的各种影响。

二　研究意义

在理论研究方面，目前关于社会企业的研究大部分还局限于关于探

---

① 习近平：《高举中国特色社会主义伟大旗帜　为全面建设社会主义现代化国家而团结奋斗——在中国共产党第二十次全国代表大会上的报告》，人民出版社2022年版，第28页。

② 王世强、王娜、陈燕：《中国社会企业政策与本土化发展》，载徐家良主编《中国社会企业发展研究报告（NO.2）》，社会科学文献出版社2023年版，第36页。

讨社会企业的概念、特点、边界这些问题，而对社会企业影响的研究不是很充分。尽管大部分学者对社会企业具有重要的价值和影响这些方面认识已经形成许多共识，但仍缺少完整、系统的归纳和梳理，且已有的关于社会企业影响的研究主要是探讨社会企业对企业外部社会的影响。本书主要研究社会企业的分层影响，特别是关于社会企业对其内部工作者的影响，研究结果有助于更全面地了解社会企业的影响，对现有研究领域进行一定的补充，也为以后的研究拓宽思路，提供一定的理论基础和论据支撑。此外，国内外关于社会企业评价方面的研究，主要基于社会企业对企业外部的影响而进行。在评价体系上，虽然很多研究者通过大量的故事或案例来证明社会企业的重要性，但是依然缺乏规范的评价体系。现有的大部分的社会企业评价体系主要依托经济指标，而往往忽略了一些隐性的对个人或组织影响的指标，由此也导致了社会企业的评价并不全面。本书通过对社会企业案例的剖析，或许可以帮助其他社会企业和社会组织更全面地了解社会企业的影响和价值，了解社会企业的特点、优势和不足。在探索社会企业对内部工作者影响的同时，也对我国社会企业的评价进行深入思考，初步构建了社会企业评价体系框架，以求进一步丰富现有的社会企业评价体系，为以后进行社会企业评估提供参考，也有利于其他研究者在未来进一步进行深入研究。本书的研究成果或许对社会企业和其他社会组织具有参考和借鉴意义，有助于它们进一步思考其在市场化改革的大环境下，如何以自身独特的优势为促进经济发展和社会进步发挥作用。

在现实意义方面，一方面，本书可以帮助研究者和公众了解社会企业，增进全社会对社会企业的关注，进而促进更多的研究者、社会组织以及广大公众为社会发展中不断遇到的新情况和新问题提供更多、有效的解决方案。另一方面，本书为政府提供一定的决策参考。本书对社会企业的发展历史、现状进行了梳理，对社会企业的分层影响进行了探索、归纳和验证，有助于政府进一步了解我国社会企业的特点和价值，尤其是社会企业在促进社会创新和参与社会治理中的重要作用；有助于拓宽政府对一些社会问题的解决思路；有助于为进一步发展社会组织、完善社会治理和促进社会创新等方面提供理论支撑和决策参考。

第二节 研究内容、研究范式和研究方法

一 研究内容

本书的研究目标是：通过实证研究，探寻社会企业的影响，进而再对社会企业评价提出思考和建议。主要研究以下问题：（1）社会企业具有哪些分层影响？（2）哪些是对工作者的独特性影响？（3）社会企业对工作者的影响之间有何关系？（4）社会企业评价体系指标包含哪些？

本书选取了我国一家知名社会企业进行案例分析，同时结合深度访谈，探索社会企业对国家、地区和企业内部工作者的三个层面影响，重点探索社会企业对内部工作者具有的隐性影响。

本书的研究内容主要有两部分：

第一，探索社会企业的分层影响。通过质性研究本书发现社会企业不仅对企业外部的国家和地区产生影响，而且也对内部工作者产生隐性的影响。本书通过定量研究对社会企业在个体工作者层面的影响进行了验证，并构建出社会企业的分层影响模式。本书认为，社会企业具有分层影响，分为三个层次：第一层是社会企业对国家的影响；第二层是对地区的影响；第三层是对社会企业内部工作者的影响，分为一般性影响和独特性影响。

第二，对社会企业评价进行思考。在文献研究和前文研究结果的基础上，本书对我国社会企业评价进行思考并提出建议，初步构建出社会企业评价指标体系的框架。

本书研究的逻辑思路是：首先，通过文献研究找到研究问题，即我国的社会企业有什么样的影响，进而选取典型案例，按照扎根理论研究范式，结合深度访谈找寻资料，发现社会企业除了对国家和地区产生影响，还对企业内部工作者产生重要影响，进而归纳出社会企业对内部工

作者的不同方面的影响以及影响之间的关系。为了验证这些影响，本书进而又选取多家社会企业进行定量研究分析，进行验证。最后，在前文定性和定量研究的基础上，本书对应该如何评价社会企业进行分析，并构建了社会企业的评价指标体系初步的框架。

本书的研究思路如下：

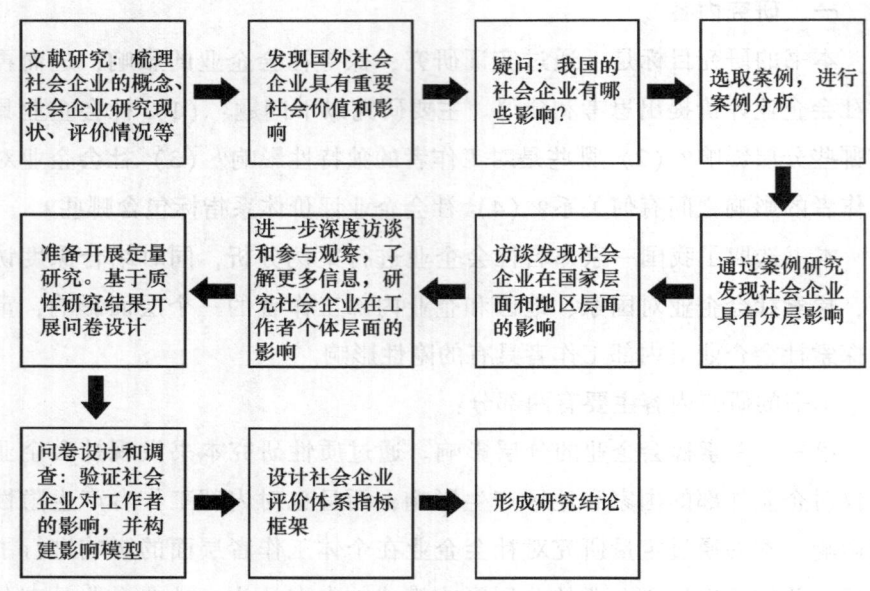

二　研究范式

本书采用的是混合方法研究，混合方法研究指的是将定性研究路径和定量研究路径结合起来应用于研究方法论之中的单一的研究或多阶段的研究①。本书质性探索性研究采用案例研究和深度访谈的方法，定量研究则采用问卷调查的方法获取验证性分析的数据。

在研究范式上，本书采用的是扎根理论方法和案例研究方法。

（一）扎根理论方法

扎根理论方法由格拉泽（Glaser）和施特劳斯（Strauss）在1967年

---

① ［美］阿巴斯·塔沙克里、查尔斯·特德莱：《混合方法论：定性方法和定量方法的结合》，唐海华译，重庆大学出版社2010年版，第16页。

首次系统提出，此后很多学者对该理论提出很多新的观点。本书采用的是施特劳斯和科宾的扎根理论，他们的理论肯定了研究者在分析中的能动作用以及研究者自身的经验和知识的作用。施特劳斯和科宾的扎根理论方法由开放式编码、主轴编码和选择性编码三个阶段构成。扎根理论的一个核心观念是理论抽样方法，这种方法不强调数据代表性，而强调数据的理论相关性，即进一步收集的数据和预想的理论有关，也可能进一步发现新的问题。当从数据中无法再形成上述新发现时，便实现了理论饱和。理论抽样在实践上从目的抽样开始，也就是选择最有可能获得最多数据机会的数据来源，然后进行分析，直到分析完成①。

本书在选取样本和确定访谈者数量时，也是运用了扎根理论的理论抽样方法和理论饱和的判断方法。在访谈阶段，作者先从案例企业的创业者和高层管理者开始访谈，从他们开始获取更多的信息和资源。当访谈到第 30 人时，作者发现，受访者提供的信息已经出现了重复，不能再提供更新的概念和想法，此时抽样数据便实现了理论饱和。

（二）案例研究

本书选取案例研究的原因，首先是在质性研究中，研究者对参与者如何代表较大人群并不是很感兴趣，更多的是关心概念及寻找阐明概念的事件，对于概念，研究者是要寻找变化，而不是相同②。其次按照殷的理论，许多质性研究都是研究一个个案，如果研究者认为这个个案是关键的、极端的或者独特也是具有启发性的，那这个个案就可以是生动而且吸引人的③。此外，个案中还可以包含很多次个案。本书选取我国一家知名的社会企业作为典型案例正是基于以上原因。

社会企业 F 是我国众多社会企业中的一员，但是选取这家社会企业

---

① Coyne, I., "Sampling in Qualitative Research: Purposeful and Theoretical Sampling; Merging or Clear Boundaries?", *Journal of Advanced Nursing*, No. 26, 1997, pp. 623—630.

② [美] 朱丽叶·M. 科宾、安塞尔姆·L. 施特劳斯：《质性研究的基础：形成扎根理论的程序与方法》，朱光明译，重庆大学出版社 2015 年版，第 167—168 页。

③ [美] 罗伯特·K. 殷：《案例研究：设计与方法》，周海涛等译，重庆大学出版社 2014 年版，第 54—55 页。

也并非随机和偶然。第一，社会企业 F 符合目前国际上对社会企业认定的基本标准。即判断一个组织是否为社会企业的标准主要是看该组织是否以社会价值为导向，同时是否具有商业性和创新性，这一标准也是目前国内外学者普遍认同的判断准则。也就是说，社会企业需要用商业手段去解决社会问题、把社会目标作为整个企业发展的首要目标，还能运用商业和市场化手段去维持自身的运营。F 正是这样的组织。它的核心目标是通过对当时贫困地区妇女进行家政业务免费培训，帮助她们获得技能进而帮助她们实现体面就业；从运营方式上看，F 既接受捐助，也不断通过创新去获取资源，其维持日常运营更主要是依靠自身的企业化经营手段。F 通过不断赚取利润，再把利润全部投入组织再运作中去，股东不参与分红；从创新和推动社会变革成果看，自 2002 年成立以来，F 坚持不断地创新和探索，勇于承担风险，推动了中国家政行业的重大变革，改变大批贫困妇女的命运，也为我国的"扶贫"事业和助力乡村振兴带来丰硕的成果并产生深远的社会影响。第二，社会企业 F 是我国成立较早的社会企业，具有非常翔实的历史资料。由于社会企业 F 在我国发展已 20 余年，属于我国较早成立的社会企业之一。由于本书的重要研究内容是社会企业对其工作者的影响，这种对个体层面的影响往往具有更长的时间周期，影响产生的效果通常需要较长时间才能显现，而 F 非常适合研究"影响"这个问题。第三，社会企业 F 在我国社会企业领域知名度很高。从国内外媒体报道情况来看，国内外多家媒体对其开展过跟踪报道，如北京电视台、北京广播电台、甘肃电视台、《新京报》《京华时报》《北京晚报》《中国妇女报》《人民日报（海外版）》《人民政协报》《甘肃日报》新浪网公益频道、人民网、中华慈善新闻网等多家媒体和网站都曾对 F 的相关业绩和成效进行过报道；从研究者对 F 的关注度来看，中国知网上有多篇关于该社会企业的文献，至于其他相关的报纸、网络和媒体的报道更是不计其数。本书认为，F 在我国社会企业和公益创新领域具有较强的代表性，因此，本书选取社会企业 F 作为案例进行研究。

三 研究方法

本书采用的研究方法包括访谈法、参与观察法和问卷调查法。本书采用的数据处理方法包含数理统计法和结构方程模型法，具体如下。

（一）访谈法

1. 访谈资料的收集

为深入了解社会企业的影响，本书采取访谈法获取资料。因为相比于问卷调查收集的数据或问卷工具的开放式选项，访谈可以提供更丰富、更广泛的材料[1]。访谈采取了结构与半结构相结合的方式来进行，具体分为三个阶段[2]。第一个阶段访谈的目的主要是对社会企业 F 进行初步了解，对社会企业的影响进行初步的把握。第二阶段的访谈通过和受访者交流，进一步了解 F 对其工作者产生的影响、社会企业的管理方式和社会企业影响产生的原因。第三阶段的访谈主要是对已经访谈过的部分工作者进行更深层次的交流，了解他们对一些具体问题更深入的看法。

访谈采取笔记方式记录信息，同时在征求对方同意后采取录音的方式。访谈后，根据录音形成完整的访谈稿，并进行资料整理。大部分访谈每次持续时间在一小时左右，个别访谈时间达到 90 分钟。对有些受访者还在不同时间进行了多次访谈，目的在于更进一步地了解他们对一些问题更详细的看法。

2. 访谈资料的整理

作者对访谈的录音和记录均进行了逐字逐句的整理，用 Office Word 软件把录音整理成文字内容，再按受访者分别一一整理出对应的录音记录电子文件，对访谈中得到一些记录、纸质材料和其他电子材料也进行了整理和归类。在数据分析时，作者先形成大致思路，然后利用质性研究软件 NVIVO11.0 导入所有电子材料，再对所有资料进行汇总、分类和逐级编码。

---

[1] ［美］罗伯特·K. 殷：《案例研究方法的应用》，周海涛等译，重庆大学出版社 2014 年版，第 13 页。

[2] 访谈开展时间集中于 2016—2017 年。

访谈和编码的具体情况在后文还会叙述，此处不再赘述。

（二）参与观察法

参与观察法即观察者深入到观察对象中，通过与观察对象共同活动、观察、亲自实践来收集第一手资料，并且从大量的现象中提取和概括出观察对象的主要特征。在本书确定了研究主题和研究对象后，笔者先后数十次参与了案例社会企业的会议、联欢会、论坛、工作坊等。在这些过程中，作者与社会企业F相关的组织、工作人员、志愿者、合作方进行了广泛交流、观察和访谈。同时，还收集了大量的历史资料和企业内部资料。通过对社会企业的深入观察，笔者在进行质性研究过程中能够更准确、更充分地把握到该社会企业的特点，进一步印证了资料和访谈中得出的一些结论。

（三）问卷调查法

为了进一步验证质性研究得出的结论，本书采用了问卷调查法，在问卷编制、发放、回收和筛选各个环节严格按照问卷设计的原则进行，具体如下：

1. 问卷的编制

在文献研究阶段，笔者发现，目前对社会企业专门开发的量表和问卷非常少。因此，本研究个别量表采用自制题项。在编制问卷阶段，本书严格按照问卷设计的原则进行。首先根据研究内容、文献研究成果及前期访谈的结果，确定问卷所要测量的构念；其次结合已有的成熟量表以及质性研究归纳出的构念内容，设计出相关题项；最后经过对预试问卷修改调整后形成最终的问卷。关于问卷的具体编制情况在第五章还会详细介绍。

2. 问卷的发放、回收和筛选

笔者首先向一家社会企业发放了预试问卷，然后经过检验删除不合适题项，确定出最终的正式问卷。正式问卷分三次发放，共计310份，回收302份，通过筛选后，最终确定有效问卷276份，具体情况在后文还会进一步详细说明。

（四）数据的处理方法

1. 数理统计法

数理统计法是指应用描述性统计分析、主成分分析、因子分析等方法对一些对象进行分类和判断分析。其中描述性统计是用以整理、描述、解释数据的系统方法与统计技术[①]。本书采用描述性统计方法主要是对受访者和问卷调查者进行个人属性的统计和分类，以便了解不同特征群体对社会企业影响感知情况的差异性；采用主成分分析和因子分析方法用以考察量表的合理性，以检查因子构念是否合理，模型是否科学、适当。

2. 结构方程模型法

结构方程模型是用来分析变量之间关系的多元统计方法。它将因子分析和路径分析进行了结合，可以研究无法直接观测的变量和可直接观测的变量之间的关系，而且可以一次处理多个变量之间的关系，通过模型拟合度评估来确定模型的适当性。本书在研究社会企业影响模型时，主要采用了吴明隆等专家关于模型拟合度评价指标的观点来进行评判，具体指标见表1-1。

表1-1　　　　结构方程整体模型拟合的评估指标及标准

指数名称		拟合标准或临界值
绝对拟合指数	X^2	显著性概率值>0.05
	NC（X^2自由度比值）	3>NC>1，模型拟合较好；NC>5，模型需要修正
	RMR	<0.05
	SRMR	<0.05
	RMSEA	<0.05表示拟合非常好，<0.08表示拟合良好
	GFI	[0，1]，越接近1越佳
	AGFI	[0，1]，越接近1越佳
绝对拟合指数	ECVI	理论模型的ECVI值小于独立模型的ECVI值，且小于饱和模型的ECVI值
	NCP&SNCP	越小越好，90%的信度区间包含0

---

①　邱皓政：《量化研究与统计分析——SPSS（PASW）数据分析范例解析》，重庆大学出版社2013年版，第98页。

续表

指数名称		拟合标准或临界值
相对拟合指数	NFI	[0,1]，越接近1越佳
	RFI	[0,1]，越接近1越佳
	IFI	[0,1]，越接近1越佳
	TLI	[0,1]，越接近1越佳
	CFI	[0,1]，越接近1越佳
简约拟合指数	PGFI	>0.5
	PNFI	>0.5
	CN	>200
	AIC值	理论模型值小于独立模型值，且同时小于饱和模型值
	CAIC值	理论模型值小于独立模型值，且同时小于饱和模型值

资料来源：根据吴明隆及相关专家的评价标准绘制，参见吴明隆《结构方程模型——Amos的操作与应用》，重庆大学出版社2010年版，第266页。

第三节 结构安排

第一章 绪论。本章对研究背景、研究目的和研究意义进行说明。阐述本书的研究问题、研究难点、可能的创新之处和局限性。对文章的研究方法进行详细介绍和说明，并介绍全文的研究架构和篇章安排。

第二章 文献综述与理论基础。本章主要对社会企业有关的理论进行梳理，包括社会企业的概念、特点、社会企业的影响和社会企业评价的有关研究。同时，本章也对本书的理论基础进行介绍，对相关概念进行界定。

第三章 社会企业F的发展历程及对国家和地区层面的影响。本章对社会企业的起源与发展过程进行回顾，对社会企业F进行案例剖析，分析其发展历程。本章重点对社会企业F在国家和地区层面的影响进行详细分析，分析其对我国家政行业、地区经济和扶贫工作以及社会治理模式的影响。

第四章 社会企业F对工作者层面的影响。本章通过对深度访谈的资料进行编码和分析,从中归纳出社会企业对工作者具有的一般性影响和独特性影响。一般性影响包括收入保障、福利水平、家庭收获感和能力提升感;独特性影响包括幸福感、志愿公益感和创新能力。同时还分析了社会企业对工作者产生影响的原因以及影响之间的关系,构建了社会企业对工作者影响的初步模型。

第五章 社会企业对工作者影响模型的定量分析。本章采取问卷调查研究,设计并验证社会企业影响问卷。对社会企业对员工和家政员的影响分别进行验证,并且构建员工和家政员影响模型。

第六章 社会企业分层影响原因及评价体系设计。本章对社会企业分层影响产生的原因进行讨论,对我国社会企业评价进行思考并提出建议。

第七章 结论与展望。本章对本书的研究结论进行总结,对现实启示和研究的局限性进行分析,并对下一步的研究进行展望。

第二章

文献综述与理论基础

第一节 文献综述

一 关于社会企业概念及影响的研究

（一）社会企业的概念

关于社会企业和相关的社会企业家、社会企业家精神的定义，目前学术界尚没有统一的界定。从社会企业的名词起源来说，19世纪由法国经济学家萨伊（Jean Baptiste Say）最先提出"entreprendre"和德语"unternehmen"，意为"从事者"，是现在"社会企业家"（social entrepreneurs）一词的最早来源，意为那些"将经济资源从较低的领域转入有更高生产力和更高产出的领域的人们"。"社会企业"（social enterprise）、"社会创业家"或叫"社会企业家"（social entrepreneur）、"社会创业精神"或叫"社会企业家精神"（social entrepreneurship）和"社会经济"（social economy）这些概念经常被欧美学者一起使用，在国内也没有完全统一的标准叫法，甚至"社会创新""社会创业""社会企业""社会企业家精神"这些词被等同使用。如国外有学者认为，"social enterprise"和"social entrepreneurship"是等同的[1]。正如梅尔和马蒂（Johanna Mair, Ignasi Martí）所说，社会企业家精神没有很好的定义，在已有的定义中，每个都关注于现象的不同方面，必然阻碍了对理论的研究，我们

---

[1] Ana María Peredo, Murdith McLean, "Social Entrepreneurship: A Critical Review of the Concept", *Jouranl of World Business*, Vol. 41, No. 1, 2006, pp. 56–65.

对社会企业家精神还是没有全面的掌握,而且对应该如何研究社会企业家也缺少明确的认知。关于社会企业,不同学者一直致力于给出一个相对较为贴切的定义,一些国家也通过法律制度等陆续做出解释和规定,但学者们一直在社会企业这个研究领域不断探索。通常来看,一般社会企业家精神侧重表示个体或者组织的行为过程和理念;社会企业家指的是社会企业创始人或具有社会企业家精神的个人;社会企业是组织的形式和名称,是社会企业家精神依存的载体①。也有学者认为,社会企业家精神有广义和狭义之分。狭义概念是指在社会部门中运用商业专业知识和市场营销技能,比如非营利组织经营创造收入的企业。而广义概念是指私营部门或非营利部门或介于二者的混合结构组织(既包括营利部门也包括非营利部门)为达成一项社会目标而开展的创新活动②。

关于社会企业的研究,存在着不同学派的划分。迪斯和安德森(Anderson)主张区分为两大思想学派③。第一个是赚取所得思想学派(earned income),指非营利组织运用商业活动或手段来支持、实践其组织宗旨。这一派十分强调社会企业所重视的底线或双重底线,所谓双重底线就是既要注重经济收益,又要兼顾社会价值,但经济收益是更为重要的方面,对于社会企业来说,它要实现完全的财务自主和独立。除此之外,这类组织还应采用企业组织的管理模式与方法④。第二个是社会创新学派(social innovation)。他们认为,对于社会企业来说,创新是第一位的,如果不强调创新,社会企业就和一般企业没有区别。还有

---

① Johanna Mair, Ignasi Martí, "Social Entrepreneurship Research: A Source of Explanation, Prediction, and Delight", *Journal of World Business*, Vol. 41, No. 1, 2006, pp. 36–44.

② [美]珍·魏-斯基勒恩等:《社会部门中的企业家精神》,翟启江等译,社会科学文献出版社 2011 年版,第 5 页。

③ J. Gregory Dees, Beth Battle Anderson, "Framing a Theory of Social Entrepreneurship: Building on Two Schools of Practice and Thought", In Rachel Mosher-Williams, ed. Research on Social Entrepreneurship: Understanding and Contributing to an Emerging Field, *ARNOVA Occasional Paper Series*, Vol. 1, No. 3, 2006, pp. 39–66.

④ Jacques Defourny, Marthe Nyssens, "Conceptions of Social Enterprise and Social Entrepreneurship in Europe and the United States: Convergences and Divergences", *Journal of Social Entrepreneurship*, Vol. 1, No. 1, 2010, pp. 32–53.

学者认为，可以分为三个学派，即除了前两个学派外，还有理想类型学派，这类学派也被称为 EMES 途径，是指社会企业要符合欧洲社会企业研究网络提出的三大维度指标，一共分为 9 个指标，分别是：（1）经济和企业化的维度；（2）社会的维度；（3）社会企业参与式治理的维度①。

关于社会企业的组织形式也没有完全一致的标准或限定，社会企业可以不局限于特定的组织形式。基于社会企业的社会使命，社会企业可以有多种形式，可以是各种形式的合作社、非营利组织、营利的社会组织、民办非企业单位等。在社会企业领域目前还一直存在着关于分红还是不分红的争论，即有的学者认为社会企业不能分红，有的认为不管是否分红，只要履行了社会责任，符合社会企业的其他特征，分红也是允许的，还有一些学者认为不该以部门为标准，凡是应对社会变化的组织都是社会企业。目前来看，在一些国家社会企业可能由于缺少法律的认定而没有被官方认可，但是不管在哪个国家，社会企业都以许多不同的组织形式存在着，有非营利组织采取商业手段来获取资源，也有一些营利的企业主要为社会目标和社会价值实现而存在，注重社会责任，这样的非营利组织、企业等组织形式都可以视为社会企业。

有许多著名的组织和研究者对社会企业和社会企业家有详细的论述和自己的观点。如迪斯认为，社会企业家是企业家的一种，他对社会企业家精神中企业创新层面的含义进行了归纳：（1）识别并不停地追求新的机遇用来创造社会价值；（2）持续不断创新并不断进行适应性调整；（3）敢于打破现有的资源限制并勇敢果断地采取相应的行动②。迪斯还认为创新的角色是社会企业家们在社会部门扮演变化的角色，通过致力

---

① Jacques Defourny, Marthe Nyssens, "The EMES approach of social enterprise in a comparative perspective", in Jacques Defourny, Lars Hulgrd, Victor Pestoff, eds. *Social Enterprise and the Third Sector: Changing European Landscapes in a Comparative Perspective*, London & New York: Routledge, 2014, p. 48.

② 参见 J. 格雷戈里·迪斯等《企业型非营利组织》，颜德治，徐启智等译，北京大学出版社 2008 年版，第 13 页。

于持续的革新过程，不断地适应和学习。他的"光谱理念"也已经受到广泛认可，他认为，社会企业是一个基于"光谱"的概念，社会企业并非只为经济目标而存在，而是一种多元混合的综合体。他认为，社会企业是处于纯慈善与纯营利之间的一种连续体，如图2-1。

纯慈善组织	混合性组织	纯商业机构
追求公益	混合动机	追求自利
使命驱动	平衡使命和市场	市场驱动
创造社会价值	创造社会价值和经济价值	创造经济价值

图2-1 社会企业谱系

著名的社会企业家组织"阿育王"（Ashoka）的创始人比尔·德雷顿（Bill Drayton）[①]是一位杰出的社会企业家，并且"阿育王"已经在全世界各地培养扶植了大量社会企业。德雷顿认为，社会企业家的任务就是当他发现社会中有某一部分运转不畅，就会变革这一运转不畅的系统，进而去找寻和传播解决问题的方案，直至促进全社会实现新的发展[②]。社会企业家并不仅仅满足于"授人以鱼，不如授人以渔"，他们不变革整个"渔业"将不会停止工作。在"阿育王"看来，识别和解决大范围的社会问题需要社会企业家，因为只有社会企业家们才有坚定的想象力和永不枯竭的决心和毅力去一直坚持变革，直到他们变革了整个系统。在"阿育王"的定义里，领导一个社会企业的人并不一定是他们所定义的社会企业家，仅仅创立一个企业也并不一定就是社会企业，因为可能这个企业并没有特别的创新或变革的使命导向。如果一个人建立了一所政府特许学校（charter school），"阿育王"不会把这个人看作社会

[①] 一些文献中该名字也会写为"William Drayton"或"William Bill Drayton"。

[②] William Drayton, The Citizen Sector: Becoming as Entrepreneurial and Competitive as Business, *California Management Review*, Vol. 44, No. 3, 2002, p. 123.

企业家，但如果一个人创造了特许学校网络，而且这种网络可以改革已有的公共教育系统，那么这就是社会企业家。①

谭文良（Wee-Liang Tan）等认为，社会企业里的"social"一词包含两个因素：一方面是企业家的利他主义动机，这种动机取决于两方面，一方面是企业家的首要目标是否为了社会利益，以及这个组织在多大程度上愿意承受利润损失并无论如何能赚回来。另一方面是看社会利益在企业运作中怎么实现的，要排除慈善企业家的捐赠这部分内容②。

奥斯汀（Austin）等设计了社会企业家精神的一个新的框架，如图2-2，机遇位于最上层的圆圈，同时和两个变量所代表的圆圈交叉，即人民和资

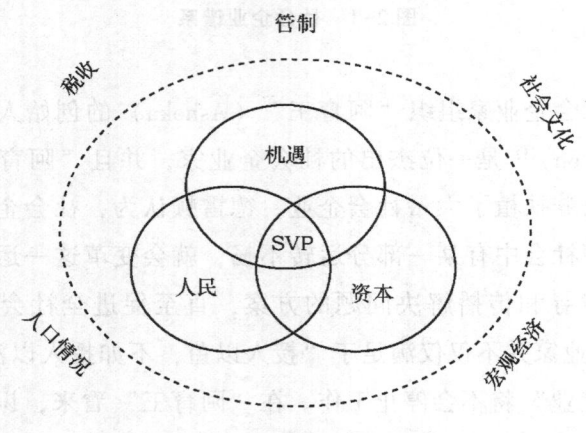

图2-2　社会企业家精神框架图

资料来源：J. E. Austin, H. Stevenson, J. Wei-Skillern, "Social and Commercial Entrepreneurship: Same, Different, or Both?", *Entrepreneurship Theory and Practice*, Vol. 30, No. 3, 2006, p. 17.

---

① 参见 Leviner, Noga, Leslie R. Crutchfield and Diana Wells, "Understanding the Impact of Social Entrepreneurs: Ashoka's Answer to the Challenge of Measuring Effectiveness", 2006. https://www.ashoka.org/sites/default/files/2019-11/Understanding%20the%20Impact%20of%20Social%20Entrepreneurs.pdf, 2024年7月20日。

② Wee-Liang Tan, John Williams, Teck-Meng Tan, "Defining the 'Social' in 'Social Entrepreneurship': Altruism and Entrepreneurship", *International Entrepreneurship and Management Journal*, Vol. 1, No. 3, 2005, pp. 353-365.

第二章 文献综述与理论基础

本。三个圆圈在中心重叠的部分即社会价值诉求（svp, social value propostion）。这些变量受到一些外在因素影响，即圆圈之外的几个因素：管制、社会文化、宏观经济、人口情况、政治和税收。这样的框架体现了社会价值诉求是社会企业家精神的核心，同时也会受到外界一些因素的影响。

奥斯汀等认为，社会企业家精神可以看作是发生在非营利组织、商业或政府部门或者是跨部门的可以创造社会价值的活动。他的定义里需要关注两个方面问题，第一，这个定义准确地阐述了创新的角色。社会企业被假定为实施新技术或新手段来创造社会价值。这种关注创新的定义与熊彼得关于企业家精神也关注创新的观点一致。社会企业家可以看成社会创新家。第二，这个定义指出了社会企业得以产生的多样背景，可以是单个部门也可以是多个部门或跨部门。

安娜·玛利亚·佩雷多（Ana María Peredo）等认为，在社会企业里工作并不意味着可以使一个人成为社会企业家，除努力之外，必不可少的还有企业家精神。他们认为，社会企业既包括成功的企业也包括一些不成功的企业。关于社会企业是要限定在营利组织还是非营利组织的问题，他们认为，目前存在两种观点，一种认为社会企业必须是非营利组织，他们不能获取利润；还有一种观点是社会企业可以是营利组织，很多社会企业也需要营利。对于社会企业的价值是否该把社会目标放在第一位，他们认为，社会企业不一定全都把社会目标作为他们唯一的第一位的目标，有些企业也有社会目标但不一定是处于企业首要位置的目标，这种企业也应该属于社会企业[①]。

威尔德纳（Weerawardena）等认为，社会企业家精神的结果就是社会价值创造。他们用公示来表示，即 SVC = 社会价值创造（social value creation），其中，I = 创新（inonovativeness），P = 积极性（proactiveness），RM = 风险管理（risk management），S = 持续性（sustainability），SM = 社会目标（social mission），E = 环境（environment），

---

① Ana María Peredo, Murdith McLean, "Social Entrepreneurship: A Critical Review of the Concept", *Jouranl of World Business*, Vol. 41, No. 1, 2006, pp. 56-65.

SVC = F（I，P，RM）①。

国内学者王名总结了目前有关社会企业的定义存在的三个不同的面向，分别是：（1）非营利组织面向；（2）社会创业面向；（3）连续光谱面向②。王名的定义也体现了社会企业以不同组织形式存在的问题。

毛基业和赵萌等通过构建判定性标准和区分性标准来界定中国的社会企业。他们认为，判定性标准包括社会导向的组织使命、变革机会的识别能力、社会问题解决模式的创新性以及社会使命的稳健性，一个组织只有同时满足这四条标准才能判定是社会企业。区分性标准则用来区分社会企业的组织类型，具体包括组织形式标准、收入模式标准和分红政策标准③。

李久鑫提出善义创业的概念。他认为，以商业利润为最终目标的商业道路是"旧商道"，是基于资本意志驱动的商业哲学。而以"利他使命"为企业目标，把商业利润作为达成"利他使命"的手段为"新商道"。旧商道的最高境界无非就是"义利兼顾"，而新商道追求的是"以利和义"以及"以利致义"。依照新商道来创建新企业，有"利他使命"的创业为"善义创业"，就是要创造有意义的商业，实现利他使命④。虽然使用的概念不同，但善义创业的本质是和社会企业精神一致的。

本书总结了一些机构和研究者关于社会企业和社会企业家（精神）的定义（参见表2-1）以及这些概念的特点和界定标准（见表2-2）。

---

① J. Weerawardena, Mort, G. S., "Investigating social entrepreneurship: A multidimensional model", *Journal of world business*, Vol. 41, No. 1, 2006, pp. 21—35.
② 王名等：《社会组织与社会治理》，社会科学文献出版社2014年版，第274—276页。
③ 毛基业、赵萌等：《社会企业家精神：创造性地破解社会难题》，中国人民大学出版社2018年版，第10页。
④ 李久鑫：《商业元创新：如何捕获已经发生的未来》，浙江大学出版社2023年版，第66—67页。

第二章 文献综述与理论基础

表 2-1　　社会企业、社会企业家（精神）的定义

来源	定义	核心观点
英国商务创新与技能部（BIS）	社会企业是具有某些社会目标的企业，它们获得的利润主要按照企业的社会目标再运用于其业务本身或为所在社区服务，而不是为企业股东或所有人赚取最大利润①	社会目标、允许有营利
欧洲社会企业研究网络（EMES）	社会企业是非营利性的私人组织，其提供的商品与服务直接和其目标相关，也就是需要使社区受益。社会企业依赖于集体的动力，社会企业的治理机构中包括不同类型的利益相关方，在治理中高度重视自主权，社会企业本身要承担与其活动相关的各种经济风险②	非营利、多主体、自主
经济合作与发展组织（OECD）	经合组织报告里所指的社会企业是任何为公共利益而进行的私人活动，它依据的是企业战略，但其目的不是利润最大化，而是实现一定的经济目标和社会目标，而且它具有一种为社会排挤和失业问题带来创新性解决办法的能力③	采用商业手段同时具有社会使命
社会企业知识网络（SEKN）	社会企业是致力于开展具有显著社会价值活动的组织或生产具有社会目的意义的产品和服务，不管其是何种法律形式④	社会价值
英国社会企业联盟（SEUK）	社会企业是致力于社会和环境目标的商业组织，它展示了一种更好的经营方式，即经营目的优先为造福人类和地球，且绝大部分利润要继续用于实现目标⑤	社会、环境、商业

---

① Department for Business, Innovation and Skills (BIS), *A Guide to Legal Forms for Social Enterprise*, 2011.11, https://assets.publishing.service.gov.uk/government/uploads/system/uploads/attachment_data/file/31677/11-1400-guide-legal-forms-for-social-enterprise.pdf, 2024 年 6 月 28 日。

② Jacques Defourny, Marthe Nyssens, "Conceptions of Social Enterprise and Social Entrepreneurship in Europe and the United States: Convergences and Divergences", *Journal of Social Entrepreneurship*, Vol. 1, No 1, 2010, pp. 32–53.

③ OECD, The Non-profit Sector in a Changing Economy, Local Economic and Employment Development (LEED), Paris: OECD Publishing, May, 2003, p. 299.

④ Jacques Defourny, Marthe Nyssens, "The EMES approach of social enterprise in a comparative perspective", in Jacques Defourny, Lars Hulgrd, Victor Pestoff, eds. Social Enterprise and the Third Sector: Changing European Landscapes in a Comparative Perspective, London & New York: Routledge, 2014, pp. 42–61.

⑤ All about social enterprise, https://www.socialenterprise.org.uk/, 2024 年 7 月 15 日。

续表

来源	定义	核心观点
杨 (Young)	从组织运作模式和组织目标的角度,认为社会企业是指采取企业的方式和商业活动,以促进社会事业(social cause)或对公共财政有所贡献的组织①	企业化、商业化
波梅兰茨 (Pomerantz)	社会企业家精神可以定义为由社会企业家个人、非营利组织或者带有收入的非营利组织发展起来的创新、使命支持、赚取收入、创造就业、获取许可或投资等行为②	多主体、创新、赚取收入
奥斯汀 (Austin)等	可发生在非营利组织、商业或政府部门内部或跨部门的创新的、创造社会价值的活动。社会企业家是以非营利为目的,主动去寻找可选的资金策略或管理方案去创造社会价值③	多主体、非营利目的
奥尔沃德 (Alvord)等	社会企业家是社会变革的催化剂。他们是具备两种能力的领导者:(1)可以连接多样化的股东群体;(2)具有长期的适应能力以及对环境变化做出反应的能力④	多样化能力
梅尔、马蒂 (Mair, Martí)	社会企业家精神是创新性的运用和融合资源去寻找促进社会变革或满足社会需求的机遇的一种过程⑤	创新、融合资源
萨米尔·阿布·赛义夫 (Samer Abu-Saifan)	社会企业家是使命导向型的个人,他运用一系列的企业化方式去生产社会价值,一切都是通过经济上独立、自给自足和具有持续性的企业家导向型的实体这样的方式来完成⑥	企业化

---

① Dennis R. Young, "Organizational Identity in Nonprofit Organizations: Strategic and Structural Implications", *Nonprofit Management & Leadership*, Vol. 12, No. 2, 2003, pp. 139–157.

② Mark Pomerantz, "The business of social entrepreneurship in a 'down economy'", *In Business*, Vol. 25, No. 2, 2003, pp. 25–28.

③ J. E. Austin, H. Stevenson, J. Wei-Skillern, "Social and Commercial Entrepreneurship: Same, Different, or Both?", *Entrepreneurship Theory and Practice*, Vol. 30, No. 3, 2006, p. 2.

④ Sarah H. Alvord, L. David Brown, and Christine W. Letts, "Social Entrepreneurship and Societal Transformation: An Exploratory Study", *The Journal of Applied Behavioral Science*, Vol. 40, No. 3, 2004, pp. 260–282.

⑤ Johanna Mair, Ignasi Martí, "Social Entrepreneurship Research: A Source of Explanation, Prediction, and Delight", *Journal of World Business*, Vol. 41, No. 1, 2006, pp. 37.

⑥ Samer Abu-Saifan, "Social Entrepreneurship: Definition and Boundaries", *Technology Innovation Management Review*, Vol. 2, No. 2, 2012, pp. 22–27.

续表

来源	定义	核心观点
桑托斯 (Santos)	社会企业追求可持续性的解决方案，不考虑具有正的外部性的问题①	持续解决问题
威廉·德雷顿 (William Drayton)	社会企业家的工作是，当发现社会的某一部分运转不灵时，他们会通过变革这一运转不灵的系统，传播解决问题的方法，进而带动整个社会实现新的发展②	变革系统、传播、动员
汤普森 (Thompson)等	社会企业是社会福利的一种手段，一些人意识到在社会福利体系中存在不足，因此致力于收集各种资源去弥补不足。社会企业家是一批察觉到存在着一些满足社会需求的机会并且汇集各种资源去进行变革的人们，这些社会需求是国家福利体系所不能满足的③	弥补社会福利不足的手段
迪斯 (Dees)	社会企业家广义的概念是指私营部门或非营利部门或介于二者的混合结构组织，为达成一项社会目标而开展的创新活动。社会企业家精神融合了以下要点：关注社会价值和责任，持续关注创新和适应性，无畏的开展行动，以及对新机遇的追寻④	社会价值、创新、机遇
福勒 (Fowler)	在非营利组织的背景下，社会企业是采用商业化手段和企业化运作的形式，产生社会效用的同时还产生盈余或财政上的提高，以便来促进现有的社会发展项目⑤	商业化手段
克莱默 (Mark R. Kramer)	社会企业家是创立和领导一个组织的人，不管他追求利益与否，只要主要目的是致力于创造影响范围大、持续和系统的社会变革即可。这种变革可以通过传播新的想法、态度和方法来实现⑥	创造社会变革

---

① Filipe M. Santos, "A Positive Theory of Social Entrepreneurship", *Journal of Business Ethics*, Vol. 111, No. 3, 2012, pp. 335-351.

② William Drayton, The Citizen Sector: Becoming as Entrepreneurial and Competitive as Business, *California Management Review*, Vol. 44, No. 3, 2002, p. 123.

③ John Thompson, Geoff Alvy, Ann Lees, "Social Entrepreneurship-a new look at the people and the potential", *Management Decision*, Vol. 38, No. 5, 2000, p. 328.

④ J. Gregory Dees, The Meaning of Social Entrepreneurship, 2001, https://web.stanford.edu/group/e145/cgi-bin/spring/upload/handouts/dees_SE.pdf, 2024 年 7 月 2 日。

⑤ Alan Fowler, "NGDOs as a Moment in History: Beyond Aid to Social Entrepreneurship or Civic Innovation?", *Third World Quarterly*, Vol. 21, No. 4, 2010, p. 649.

⑥ Mark R. Kramer, *Measuring Innovation: Evaluation in the Field of Social Entrepreneurship*, Skoll Foundation, Belgium, 2005, https://community-wealth.org/content/measuring-innovation-evaluation-field-social-entrepreneurship, 2024 年 7 月 2 日。

续表

来源	定义	核心观点
达特 （Dart）	社会企业家精神是围绕当今非营利组织面临的各种环境动荡和形势变化带来的挑战而进行的策略性回应①	对非营利组织面临挑战的策略性回应
保罗·C. 莱特 （Paul C. Light）	社会企业家精神是指某个体、群体、网络、组织或组织联盟，通过一些不同于一般政府组织、非营利组织和商业组织做法的打破模式的理念，致力于解决一些重大的社会问题，从而实现可持续的、大规模变革的一种力量②	解决社会问题、可持续、大规模变革
克里斯蒂娜·K. 福克曼 （Christine K. Volkmann）等	社会创业是以市场为导向、用创新的方式追求社会目标的创业项目③	市场、创新、社会目标
俞可平（2007）	社会企业是以公益性社会服务为主要目标的企事业单位，是运用市场手段解决社会问题，创造社会效益与经济效益共赢，体现了社会创新理念的新型组织形式④	公益、市场手段、社会与经济效益共赢
严维佳（2013）	社会企业家是以经营社会企业为职业，通过利用自身经营型人力资本以及所拥有的社会资本，对社会企业的经营活动进行有效管理，并通过社会企业这一组织实体，创新性地解决社会问题、创造社会价值以及帮助社会弱势群体，最终达到满足社会需求和促使整个社会组织体系创新这一目的的人⑤	经营、创造
毛基业、赵萌等（2018）	社会企业是用符合企业家精神的手段解决社会问题，同时社会使命不会轻易产生漂移的组织⑥	企业家精神、社会使命

---

① Dart. R., "Being 'Business-like' in a Nonprofit Organization: A Grounded and Inductive Typology", *Nonprofit and Voluntary Sector Quarterly*, Vol. 33, No. 2, 2004, pp. 290-310.

② Paul C. Light, *The Search for Social Entrepreneurship*, Washington, D. C.: Brookings Institution Press, 2008, pp. 6-11.

③ ［德］克里斯蒂娜·K. 福克曼、［瑞士］基姆·奥利维·托卡斯基、［德］卡蒂·恩斯特等：《社会创业与社会商业：理论与案例》，黄琦译，社会科学文献出版社2016年版，第35页。

④ 俞可平：《序言：发展社会企业，推进社会建设》，载《透视社会企业：中国与英国的经验》，2007，http://www.doc88.com/p.810688510524.html，2024年12月20日。

⑤ 严维佳：《社会企业家的内涵与界定：基于社会创新的视角》，《西北大学学报（哲学社会科学版）》2013年第5期，第113页。

⑥ 毛基业、赵萌等：《社会企业家精神：创造性地破解社会难题》，中国人民大学出版社2018年版，第10页。

第二章 文献综述与理论基础

续表

来源	定义	核心观点
《安徽省社会企业认定培育试点管理办法（试行）》（2022）	社会企业是指经企业、农民专业合作社登记机关和社会组织登记机关登记注册，以协助解决社会问题、改善社会治理、服务特定群体或社区利益为宗旨和社会目标，以创新商业模式、市场化运作为主要手段，所得部分盈利按照其社会目标再投入自身业务、所在社区或公益事业，且社会目标持续稳定的特定法人主体①	社会目标、创新商业模式、市场化运作
北京市《关于促进社会企业发展的意见》（2022）	社会企业是指以追求社会效益为优先目标，依靠提供产品或服务等商业手段解决社会问题的法人单位②	社会效益、商业手段、解决社会问题
《成都市社会企业培育发展管理办法》（2021）	社会企业是指经企业登记机关登记注册，以协助解决社会问题、改善社会治理、服务特定群体或社区利益为宗旨和首要目标，以创新商业模式、市场化运作为主要手段，所得部分盈利按照其社会目标再投入自身业务、所在社区或公益事业，且社会目标持续稳定的特定法人主体③	社会目标、创新商业模式、市场化运作

表 2-2 社会企业、社会企业家（精神）的特点和界定标准

作者/机构	特点/界定标准
迪夫尼（Defourny）	社会企业具有经济特性和社会特性。从经济特性来看，社会企业具有生产和销售产品的可持续性、高度自治、经济风险显著、带薪雇员数量尽可能少等特征；从社会特性看，社会企业具有一个让共同体受益的明确目的；它由一群公民发起行动；拥有的决策权不是基于资本所有权；其有参与性，受项目影响的所有人都能参与活动；只进行有限的利润分配，或者说资产锁定④

---

① 参见《关于印发〈安徽省社会企业认定培育试点管理办法（试行）〉的通知》，2022 年 6 月 30 日，http://mz.ah.gov.cn/public/21761/121102751.html，2024 年 7 月 20 日。

② 参见《政策解读：北京出台关于促进社会企业发展的意见》，https://baijiahao.baidu.com/s?id=1731075427789314195&wfr=spider&for=pc，2024 年 7 月 20 日。

③ 参见《成都市人民政府办公厅关于印发成都市社会企业培育发展管理办法的通知》，2021 年 11 月 2 日，https://www.chengdu.gov.cn/gkml/cdsrmzfbgt/qtwj/1613191521203494912.shtml，2024 年 7 月 20 日。

④ Jacques Defourny, "Introduction: From Third Sector to Social Enterprise," in Carol Borzaga & Jacques Defourny, eds. The Emergence of Social Enterprise, London & New York: Routledge, 2001, pp. 1-28.

续表

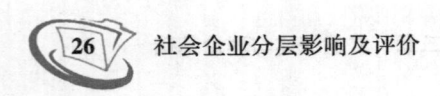

作者/机构	特点/界定标准
迪斯 (Dees)	从社会企业组织形态的角度阐释社会企业组织属性和特征,认为社会企业的概念应置于非营利组织的背景中,社会企业是一种多元混合的综合体,其并非单纯为财政目标而存在。社会企业是在纯慈善(非营利组织)与纯营利(私人企业)之间的连续体①
杨 (Young)	从组织运作模式和组织目标的角度看,社会企业是指采取企业的方式和商业活动,以促进社会事业(social cause)或对公共财政有所贡献的组织。若从结构决策(structural decisions)的角度看,社会企业包含两种界定方式:(1)对社会公益有所贡献的企业;(2)作为非营利组织通过商业化手段赚取利润。社会企业是一个连续体组织,分为三种组织形态:企业慈善(corporate philanthropist)、社会目的组织(social purpose organization),以及两者之间的混合型组织(hybrids)②
英国社会企业联盟 (Social Enterprise UK)	社会企业几个要素:(1)在企业的管理文件里有明确的社会或环境使命;(2)有自主权,一半以上收入是来自于贸易;(3)围绕使命至少一半的收益用于再投资或捐赠;(4)运作方式和产生的影响均保持透明③
欧洲社会企业研究网络(EMES)	(1)经济和企业化的维度——持续生产产品和销售服务、承担显著的经济风险、聘用最低数量的付薪员工;(2)社会的维度——具有有益于社区的明确目标、由一群市民或公民社会倡议组织发起、有限度的利润分配;(3)社会企业参与式治理的维度——高度的自主性、决策权不是基于股权的多少、民主参与的本质,受活动影响的各类不同的行动者都能参与④
欧盟委员会 (European Commission)	社会企业具有三个维度:企业维度、社会维度和治理维度。成为社会企业的要点:(1)运用商业手段来实现公共利益、公共价值或社会目标;(2)大部分利润需要被重新投入再运转,用于实现社会目标;(3)该机构的所有制结构和运营方式需要体现一定的民主性和公民参与性,注重社会公平⑤

---

① J. Gregory Dees, *Enterprising Nonprofits*, Harvard Business Review on Nonprofits, Boston: Harvard Business School Publishing, 1999, pp. 135-166.

② Dennis R. Young, "Organizational Identity in Nonprofit Organizations: Strategic and Structural Implications", *Nonprofit Management & Leadership*, Vol. 12, No. 2, 2003, pp. 139-157.

③ *All about Social Enterprise*, https://www.socialenterprise.org.uk/all-about-social-enterprise/, 2024/年7月10日.

④ Jacques Defourny, Marthe Nyssens, "Conceptions of Social Enterprise and Social Entrepreneurship in Europe and the United States: Convergences and Divergences", *Journal of Social Entrepreneurship*, Vol. 1, No. 1, 2010, pp. 32-53.

⑤ European Commision, 2014年10月31日, *A map of social enterprises and their eco-systems in Europe country syntheisis report*, https://ec.europa.eu/docsroom/documents/7561/attachments/1/translations/en/renditions/pdf, 2024年6月28日.

第二章　文献综述与理论基础

续表

作者/机构	特点/界定标准
皮蒂（Peattie）等	社会企业与其他组织的区别在于它同时具有两种属性：第一，在市场中销售商品和服务。所以社会企业是企业，而不是志愿组织或社区组织。第二，社会目标优先。社会企业的首要目标是在市场经济的产出之外，不是增加利润或谋求自我发展①
金·奥尔特（Kim Alter）	社会企业家精神是双重导向的行为，首先由变革社会问题的需要所驱使，进而通过创造企业化支持的新手段来引领产生变革社会系统的需求，以在未来消除这些社会问题②
西洛斯和梅尔（Seelos，Mair）	社会价值创造是社会企业家至关重要的一个特征。在解决社会问题上，区别社会企业家和一般人的方法是：社会企业家创造出新的体系去提供重要的社会服务和可持续的行动③
桑托斯（Santos）	社会企业家精神采用赋权而不是管制的行动逻辑，寻求可持续的解决办法而不是寻求可持续的优势④
马丁（Martin）和奥斯博格（Osberg）	社会企业家精神包括以下三个组成部分：（1）确定一种稳定但本质上不公正的平衡；（2）在这种不公正的平衡中发现机会，形成社会价值主张，并带来灵感、创造力、直接的行动、勇气和毅力，从而挑战稳定的霸权；（3）建立一种新的、稳定的平衡，释放被困的潜力或减轻目标群体的痛苦，并通过模仿和围绕新平衡创造一个稳定的生态系统，确保目标群体甚至整个社会有更美好的未来 社会企业目标是长期和系统的，是对不良和不公平的社会情况进行变革。不同于社会鼓动者，社会企业家直接采取行动去创造产品、提供服务或者形成方法论去刺激对现状的变革⑤
保罗·C. 莱特（Paul C. Light）	社会企业家由四个部分组成：企业家、理念、机遇和组织。社会企业成功的要素在于这四个要素一起组合，利用好特殊的机会、发展成特殊的创意、使用企业家独特的技能或者专注于组织的能量⑥

---

① Ken Peattie, Adrian Morley, *Social enterprises: diversity and dynamics, contexts and contributions*, London: Social Enterprise Coalition, 2008, p. 8.

② Kim Alter, "Social Enterprise Typology", 2007, http://www.virtueventures.com/resources/setypology, 2024 年 7 月 2 日。

③ Christian Seelos, Johanna Mair, "Entrepreneurship in the service of the poor-models for business contributions to sustainable development", 2004 年 5 月, https://www.iese.edu/media/research/pdfs/OP-04-16-E.pdf, 2024 年 7 月 20 日。

④ Filipe M. Santos, "A Positive Theory of Social Entrepreneurship", *Journal of Business Ethics*, Vol. 111, No. 3, 2012, pp. 335-351.

⑤ Roger L. Martin, Sally R. Osberg, *Getting Beyond Better How Social Entrepreneurship Works*, Bonston: Harvard Business Review Press, 2015, p. 23.

⑥ Paul C. Light, *The Search for Social Entrepreneurship*, Washington, D.C.: Brookings Institution Press, 2008, pp. 6-11.

续表

作者/机构	特点/界定标准
萨米尔·阿布·赛义夫（Samer Abu-Saifan）	社会企业家的特征：任务驱使（致力于提供社会价值）、既保持自身特色又融合一般的企业家精神去开展活动、在具有较强创新和开放性的企业化导向的组织中进行、在经济上独立并且计划和执行着赚取收入这样战略的组织中进行①
佩雷多等（Peredo）等	社会企业的特点包括：（1）把创造社会价值作为绝对的首要目标或者主导性的目标；（2）识别或者开发各种机遇去创造这种价值；（3）创新；（4）接受风险；（5）对可用资源不设边界②
多尔蒂（Doherty）和汤普森（Thompson）	社会企业特点：（1）具有社会目标；（2）资产和财富都用于创造社区利益；（3）具有一些交易的行为；（4）收益用于商业再投资或者用于社区，而不是分配给股东；（5）员工或成员在管理程序中有一些决策权；（6）企业对其成员和更广泛的社区负责；（7）遵循双重或三重底线即经济、社会和环境的平衡③
贝弗利·施瓦茨（Beverly Schwartz）	社会企业家拒绝接受现有的状况，努力打破现有的规范，重新制定规则，不靠直觉进行思考，而是认真寻找解决方案。社会企业家至少拥有四种品质：目标导向、富有热情、建立模式、共同参与④
马仲良	社会企业的五个主要特征：以社会效益为宗旨、用商业模式运作经营、收益不分配、社会企业家领导、得到政府支持⑤
毛基业、赵萌等	中国的社会企业界定框架包括判定性标准和区分性标准。前者回答一个组织是不是社会企业，后者回答该组织的类型⑥

（二）社会企业与商业企业或其他非营利组织的比较

社会企业和商业企业以及非营利组织具有一些共性但也存在差异。首先，从社会企业所反映出的社会企业家精神来看，社会企业家精神与企业

---

① Samer Abu-Saifan, "Social Entrepreneurship: Definition and Boundaries", *Technology Innovation Management Review*, Vol. 2, No. 2, 2012, p. 25.

② Ana María Peredo, Murdith McLean, "Social Entrepreneurship: A Critical Review of the Concept", *Jouranl of World Business*, Vol. 41, No. 1, 2006, pp. 56-65.

③ Bob Doherty, John Thompson, "The diverse world of social enterprise", *International Journal of Social Economics*, Vol. 33, No. 5/6, 2006, pp. 361-375.

④ ［美］贝弗利·施瓦茨：《涟漪效应：以商业思维做社会公益的18个世界经典案例》，晏和淘、宋丽、邱墨楠译，中信出版集团2016年版，第4页。

⑤ 马仲良、于晓静等：《发展社会经济 构建首善之区》，《投资北京》2006年第1期。

⑥ 毛基业、赵萌等：《社会企业家精神：创造性地破解社会难题》，中国人民大学出版社2018年版，第10页。

家精神追求的首要价值有明显不同,社会企业家与企业家也是如此。有很多学者进行了社会企业家精神与企业家精神的对比,以及社会企业家与其他组织的管理者的对比。

有学者认为,企业家精神包括认同、评估和机遇开发,机遇意味着新的产品或服务可以让个人或组织都能以高出成本的价格被售出①。在这个含义中,社会企业家精神包含的认同、评估和机遇开发共同塑造出社会价值,这种社会价值反对个人主义和投资者个人的财富②,而具有企业家精神活动的基本任务包括利润产出,这些利润是为了帮助企业家们获得个人财富。社会企业家精神追求的社会价值和利润没什么关系,但是却包含基本的和长期的价值,比如给那些有需要的社会成员提供食物、水、住宿、教育以及医疗服务③。社会企业家精神在这些方面与商业性企业家精神存在很大差异,这两种概念虽然都包含着认同、评估和机遇开发,但商业性企业家精神是利益导向,社会企业家精神是社会价值导向。

戴维·伯恩斯坦(David Bornstein)和苏珊·戴维斯(Susan Davis)对可以引起社会变革的两类人群——社会企业家和社会鼓动者(social activism)进行了对比,他们认为,社会企业家和社会鼓动者的区别在于,社会鼓动者一般是通过影响大的机构的决策或者改变公众的态度这种方式去引起变革,而社会企业家追求更大范围的选择,包括他们自己建立起可以直接实施解决措施的机构④。

马丁和奥斯博格对社会服务的提供者(social service provision)、社会鼓动者(social activism)和社会企业家进行了比较和区分,并制作了

---

① Scott Shane, S. Venkataraman, "The promise of entrepreneurship as a field of research", *The Academy of Management Review*, Vol. 25, No. 1, 2000, pp. 217-226.

② J. E. Austin, H. Stevenson, J. Wei-Skillern, "Social and Commercial Entrepreneurship: Same, Different, or Both?", *Entrepreneurship Theory and Practice*, Vol. 30, No. 3, 2006, pp. 1-22.

③ S. Trevis Certo, Toyah Miller, "Social Entrepreneurship: Key Issues and Concepts", *Business Horizons*, Vol. 51, No. 4, 2008, pp. 267-271.

④ David Bornstein, Susan Davis, *Social Entrepreneurship What Everyone Needs to Know*, New York: Oxford University Press, 2010, p. 45.

社会参与形式的比较图，如图 2-3。他们认为，社会服务的提供者对社会来说非常重要，他们采取直接行动，但是为了减少负面效果，现有系统不变。如果没有这些提供者，世界可能会变得更糟，但是社会服务提供者并没有触及社会根本问题，也无法长期地改变现状。社会鼓动者也使社会变得更好，但是他们不同于社会提供者，他们采取间接方式工作，如对立法的鼓动会改变整个环境。社会鼓动者可以在不同层级的政府间工作，在社会各个领域创造持续的、显著的变革。

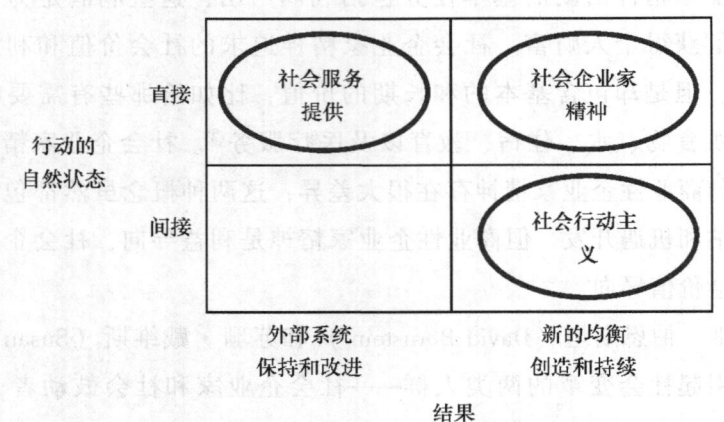

图 2-3　社会参与的形式

资料来源：Roger L. Martin, Sally R. Osberg, *Getting Beyond Better How Social Entrepreneurship Works*, Bonston: Harvard Business Review Press, 2015, pp. 21.

萨米尔·阿布·赛义夫在比较了历史文献对企业家和社会企业家的定义后认为，企业家的终极目标是创造经济上的财富，而社会企业家首要目标是实现他们的社会任务。该作者认为社会企业家是任务导向型的个人，可以运用一系列的企业化方式去生产社会价值，一切都是通过经济上独立、自给自足和具有持续性的企业家导向型的实体来完成。该作者对利益导向型企业家和社会企业家的特征以及两者共同的特征进行了比较分析，认为社会企业家具有一些独有的特征，包括任务领导者、社会价值创造者、管理者等。但是，如果只看这些特征，它们并不一定是社会企业家独有的，比如社会价值创造者，这个特征在一些利润导向型的企业中也存在，企业在追求利润的同时也会做一些促进社会价值实现的行为，但区别在于社会企业是把创造社会价值置于企业目标的首要地位。从社会企业家的边界来界定的话，社会企业家处于非营利和营利的中间地段，社会企业家的运作也是处于两个商业战略之间。第一个战略是非营利的同时赚取一定的收入。为保证自给自足，社会企业家运作的组织既有社会性也有商业性，收入和利润只用来更好地提供社会价值。第二个战略是营利的同时要围绕自己的使命。这里的使命是指持续地为服务水平欠佳的地方提供社会价值。一个具有社会目标的企业既要有社会性和商业性的行为，也要追求可持续性[①]。

其次，社会企业作为一种社会组织，与其他商业企业和一般非营利组织也存在着异同。社会企业具有不同于商业企业和一般非营利组织的特点。如迪斯指出：社会企业家是变革的"代言人"，他们改变了商业企业以个人利润最大化作为唯一的、传统的目标，他们将满足社会需求和解决社会问题作为自己终生追求的目标。在个人目标上，社会企业家的目标不是单纯获取经济利润，而更为重要的是完成相应的社会使命[②]。

戴维·伯恩斯坦认为，社会企业和商业企业主要区别在于组织目标。社会企业遵循的底线是最大化一定形式的社会影响，往往是通过解决一些被其他组织不当处理、忽视或忽略的紧迫问题来实现。而商业企业的底线是最大化利益或者股东的利益。对一些特点来说，社会企业和商业企业还是具有相似点的，但他们的最根本的目标是不同的[③]。

奥斯汀等总结了商业企业和社会企业的区别，见表 2-3。

---

① Samer Abu-Saifan, "Social Entrepreneurship: Definition and Boundaries", *Technology Innovation Management Review*, Vol. 2, No. 2, 2012, p. 25.

② J. Gregory Dees, The Meaning of Social Entrepreneurship, 2001, https://web.stanford.edu/group/e145/cgi-bin/spring/upload/handouts/dees_SE.pdf, 2024 年 7 月 2 日。

③ David Bornstein, Susan Davis, *Social Entrepreneurship What Everyone Needs to Know*, New York: Oxford University Press, 2010, p. 40.

表 2-3　　　　　　　　　商业企业和社会企业的区别

类别	总体目标	绩效测量	资源动员和调集
商业企业	获得私人利益	金融绩效（利润回报率、销售额增长等）	基于潜在回报目的的财政资源、人力资源
社会企业	创造社会价值	目前没有统一标准	基于社会价值目的的财政资源、人力资源

资料来源：根据 J. E. Austin, H. Stevenson, J. Wei-Skillern, *Social and Commercial Entrepreneurship: Same, Different, or Both?*, Entrepreneurship Theory and Practice, Vol. 30, No. 3, 2006, 第 1—22 页整理。

梅尔、马蒂认为，区分营利企业和非营利社会企业的主要之处在于它们是把创造社会财富（social wealth）还是经济财富（economic wealth）置于优先位置[1]。

马丁和奥斯博格从动机角度来界定社会企业与商业企业的区别。一般企业家动机的出发点在于盈利（money），而社会企业家的动机是利他主义（altruism）。企业更关注于市场的需求，以创造利润。社会企业更关注于大规模的、系统性的利益[2]。

查尔斯·里德比特认为，社会企业家与商业企业家区分开的标准是社会企业家具有"社会性"。第一，社会企业家的产出是社会性的。第二，他们的核心资本是社会资本——社会关系、网络、信任和合作。第三，社会企业家成立的组织是社会性的，并非股东所有，也不把追求利润作为主要目标。第四，社会企业家通常来自社区，致力于改善他们作为大本营的街区和社群[3]。

威廉·德雷顿认为，不管是企业家还是社会企业家都是致力于当社会

---

[1] Johanna Mair, Ignasi Martí, "Social Entrepreneurship Research: A Source of Explanation, Prediction, and Delight", *Journal of World Business*, Vol. 41, No. 1, 2006, p. 39.

[2] Roger L. Martin, Sally R. Osberg, "Social Entrepreneurship: The Case for Definition", *Stanford Social Innovation Review*, Spring, 2007, p. 34.

[3] ［英］查尔斯·里德比特：《社会企业家的崛起》，环球协力社编译，环球协力社 2006 年版，第 16 页。

发生了一些痛点、堵点问题时用新办法去解决这些问题。他们会设想用系统化的变革途径解决，并促进整个社会接受这样的新方法和新变革，直到问题解决。他认为，所有企业家都具备强有力、新的系统化变革的想法。但是，社会企业家还要再具备四个必不可少的要素：创造性、广泛的影响力、企业家精神、坚强的道德素质[1]。他所强调的广泛的影响力要求一个创意或某项改革具有较强的可复制性，可被广泛采用并发挥足够多的价值。

王名、朱晓红把社会企业定义为一种介于公益与营利之间的企业形态，是社会公益与市场经济有机结合的产物。他们认为，社会企业既不是企业也不是非营利组织，而是企业的一种特殊形式，也是非营利组织的一种特殊形式。它是对企业营利机制的否定和超越，也是对非营利组织的公益机制的否定和超越[2]。

刘志阳、金仁旻认为，社会企业既关心经济价值又关心社会价值，但主要目标是创造社会价值。经济价值获取只是为了实现企业可持续发展而发展出来的副产品。对此，他们构建了价值创造、价值获取在各组织中的关系图，如图 2-4。

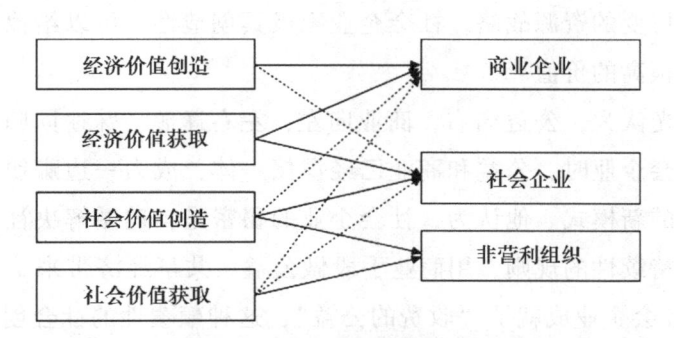

图 2-4 价值创造、价值获取在各组织中的关系图

注：虚线表示该活动是辅助性的。

资料来源：刘志阳、金仁旻：《社会企业的商业模式：一个基于价值的分析框架》，《学术月刊》2015 年第 3 期。

---

[1] William Drayton, The Citizen Sector: Becoming as Entrepreneurial and Competitive as Business, *California Management Review*, Vol. 44, No. 3, 2002, pp. 123-124.

[2] 王名、朱晓红：《社会企业论纲》，《中国非营利评论》2010 年第 2 期。

马仲良、孙明高认为，社会企业与商业企业最大区别是它不以追求投资者利润最大化为主要目的。在社会企业中工作的人员以其劳动获取工资和奖金，但投资者不获取利润（股东不分红）。社会企业的经济收益主要用于支持预先设定的社会目标，也用于支持社会企业的持续发展、支持员工工资奖金等①。

高传胜认为，社会企业的核心要义与综合优势，可以通过与传统社会三大部门的比较体现出来。由于社会企业是非营利组织与追求利润最大化的企业相交融的产物，因而具有独特的优势②。

社会企业虽然不同于商业企业，但是，有很多方面也具有商业企业的特点，这也是与商业企业有联系的地方。因此，一些学者对社会企业与商业企业的联系或者可以借鉴的商业企业的做法进行了分析和研究。

古克鲁（Ayse Guclu）等认为，社会企业发展过程的重点是机遇的产生，而机遇产生的过程中必须要有商业的模式，因为有价值的机遇需要有可行的商业模式去进行支撑。商业模式包括一个有效的运作机制，同时兼含可变的资源战略。社会企业家极具创造性，可以给他们的商业模式附加很高的价值③。

徐永光认为，公益向右，商业向左，左右逢源，殊途同归，当两者交集于社会企业时，公益和商业已经浑然一体，成为一边赚钱一边为社会谋福利的新模式。他认为，社会企业的秘密是，遵循解决社会问题有效性与可持续性的规则，用商业手段做公益。共享经济带来了"免费的商业"，社会企业成就了"收费的公益"，这种颠覆性的社会创新，给我

---

① 马仲良、孙明高主编：《社会管理创新》，中国社会出版社2012年版，第111—114页。
② 高传胜：《社会企业的包容性治理功用及其发挥条件探讨》，《中国行政管理》2015年第3期。
③ Ayse Guclu, J. Gregory Dees, Beth Battle Anderson, "The Process of Social Entrepreneurship: Creating Opportunities Worthy of Serious Pursuit", Center for the Advancement of Social Entrepreneurship, Durham: Duke University, 2002, https://centers.fuqua.duke.edu/yyyyyyyy/wp-content/uploads/sites/7/2015/02/Article_Dees_TheProcessOfSocialEntrepreneurshipCreatingOppWorthyOfSeriousPursuit_2002.pdf, 2024年7月15日。

们带来了无限的想象空间和创新可能性①。

（三）工作整合型社会企业

工作整合型社会企业（Work integration social enterprise, WISE）是社会企业众多形式中的一种，这类社会企业在世界上广泛存在，主要是通过市场化的交易方式对弱势群体培训和给他们的技能发展创造途径②。由于本书选取的案例企业正是工作整合性社会企业，所以在此对这类社会企业进行介绍。

工作整合型社会企业关注的对象一般是弱势群体，但对弱势群体的概念每个国家的定义不尽相同。以英国为例，英国对工作整合型社会企业服务的弱势群体的概念，包括以下范围人群：职业资质较低，特别是年轻人；黑人和少数族裔人群；带着5岁以下儿童的妇女和单亲父母；大于55岁的人群；残疾人；有世代失业历史的人群；无家可归者；有犯罪前科的人；有毒瘾的人群；有多种弱势条件的人③。从这个定义可以看出，英国的工作整合型社会企业服务的对象群体带有很强的国家特点，它们服务的人群可能在中国并不一定适用。在我国，弱势群体的概念有着很大不同，我国语境下的弱势群体可以包括残疾人、贫困人口、下岗工人、农民工和无业女性等。因此，我国目前的工作整合型社会企业服务的对象和欧美一些国家有很大不同，所以对我国的工作整合型社会企业有必要进行更充分的研究。

工作整合型社会企业的社会目标具有多重性。正如有学者指出，当社会企业为弱势群体提供职业和社会整合时，不同目标同时出现的情况尤其明显，因为这些企业不单要对弱势群体进行培训和工作整合，提供

---

① 徐永光：《公益向右，商业向左：社会企业与社会影响力投资》，中信出版集团2017年版，第5—7页。

② Roger Spear, Eric Bidet, The role of social enterprise in European labour markets, Entrepreneurship & Law eJournal, 1 October, 2003, p. 5. https://www.emes.net/content/uploads/publications/ELEXIES_WP_03-10_Transversal_ENG.pdf, 2024年8月5日。

③ 根据Mike Aiken, *What is the Role of Social Enterprise in Finding, Creating and Maintaining Employment for Disadvantaged Groups?* 整理，2007，https://webarchive.nationalarchives.gov.uk/ukgwa/+/http://www.cabinetoffice.gov.uk/media/cabinetoffice/third_sector/assets/social_enterprise_employment.pdf, 2024年7月10日。

服务和产品（无论是出于公共利益还是私人利益），还要推广更有社会影响力和劳动密集型的经济活动①。社会企业是以社会目标或社会价值作为自己的首要目标，但是很多社会企业在这个主要目标之下，围绕主目标会同时进行很多亚目标，这些目标不一定是在社会企业成立之时设定的，但是，随着社会企业的发展，很多亚目标逐渐显现，共同构成并促进了主目标——社会价值的实现。比如我国的很多社会企业在成立之初，其目标可能仅仅是为了帮助弱势群体实现就业，但随着组织的发展，很多潜在的影响产生，如这些弱势群体人群的心理、价值观或幸福感的变化等等，这些会使社会企业在追求最高社会目标的同时，也把这样的目标作为企业发展的子目标，共同促进最高社会目标的实现。

工作整合型社会企业在扶贫领域发挥着重要作用。社会企业提供的一系列系统的整合手段正是之前的很多扶贫战略遭遇的挑战所不能及的。单纯的慈善模式已不能满足经济需求，例如创造就业岗位、提供就业服务或者赚取收入等，而单纯的商业途径又总是不能满足扶贫工作的需求，因为严格的社会导向在一般企业中并没有得到充分的强调和重视。而社会企业正好同时填补了这两种组织的不足，在扶贫领域具有重要价值。

本书所选取的社会企业正是这样一种组织，它充分发挥了工作整合型社会企业的特点和优势，为我国扶贫事业做了众多贡献。本书认为，在考察这类社会企业的影响时，不能只考虑其对社会整体经济方面的贡献，或者仅去考察收入和产出比，更要考量其对"人"的影响，特别是不易察觉、潜移默化、需要较长时间才能产生的隐性影响。

（四）关于社会企业影响的研究

目前关于社会企业影响的研究还不是非常充分，但是很多学者对影响、影响力、社会影响、社会影响力方面进行了研究，对这些方面进行充分研究之后能更好地去了解和研究社会企业的影响，因此这里首先对这些概念进行梳理。

---

① ［比］马尔特·尼森主编：《社会企业的岔路选择——市场、公共政策与市民社会》，伍巧芳译，法律出版社2014年版，第31页。

关于影响的定义和概念，我国《现代汉语词典》给出的定义是：对别人的思想或行动起作用或者指对人或事物所起的作用①。

克拉克（Catherine Clark）等对影响的概念给出了较为独特的理解，他们认为，理解影响的概念，首先要区分产出（outputs）和成果（outcomes）的概念，产出是可以由企业、非营利组织或项目经理可以直接测量和评估的一种结果。成果是一个人要努力达到的一种最终的改变。因此，影响是指由于冒险的行为（activity of the venture）而产生的成果的这部分，要除掉那些无论如何都会发生的成果部分。他们设计了一个影响价值链（impact value chain）公式，即"影响=成果（对社会体系带来的改变）—注定会发生的成果"②。

关于影响力的概念，我国学者夏国新、张培德认为，所谓影响力，指一个人在与他人交往中，其身份和个人特征影响与改变他人的心理与行为的能力。影响力的概念主要被用来解释领导者的影响力③。

加西亚（Marta Rey Garcia）认为，影响力可以分为三种。第一种影响力（impact）指的是非营利组织的活动对其目标人群生活的提高；第二种影响力（influence）指的是非营利组织的活动对政客、媒体和舆论制造者思维模式和行为模式的改变；第三种影响力（leverage）指的是非营利组织的活动促进了公共部门（public sector）和商业部门（business sector）对其他非营利组织所提出的利益的理解，并因此而扩大它们的成果和可持续性④。

社会影响比影响的概念范围更小，更侧重于事物产生的较广泛的对

---

① 《现代汉语词典》，商务印书馆2018年版，第1573页。
② Cathy Clark, William Rosenzweig, David Long and Sara Olsen, "*Double Bottom Line Project Report: Assessing Social Impact In Double Bottom Line Ventures*", 2004, https://centers.fuqua.duke.edu/case/knowledge_items/double-bottom-line-project-report-assessing-social-impact-in-double-bottom-line-ventures/, 2024年7月20日。
③ 夏国新、张培德编著：《新编实用管理心理学》，中央民族大学出版社1995年版，第275页。
④ Marta Rey Garcia, *Evaluating the organizational performance and social impact of third sector organizations: a new functional realm for nonprofit marketing*, 2008, https://cdn.ymaws.com/www.istr.org/resource/resmgr/working_papers_barcelona/reygarcia.pdf, 2024年7月2日。

社会的影响。国内外众多研究者对社会影响和社会影响力进行了深入研究。

奥黛丽·亚默（Audrey Armour）给社会影响的维度总结了三个方面：一是影响人们生活的方式，包括人们怎么生活、工作、娱乐以及如何与他人每天互动；二是影响人们的文化，包括信仰、风俗、价值观；三是影响社区，包括凝聚力、稳定性、特征、服务和设施[①]。

在弗兰克·范克雷（FrankVanclay）看来，社会学家们对社会影响的分类和定义虽然进行了很多研究，但是很少有具体的社会影响列表，至于能对这些变量提出操作化定义的文献则更是少见[②]。

之后，范克雷在亚默的基础上，增加了社会影响的一些内容，他认为社会影响的维度有以下七个方面：（1）人们生活的方式，包括人们怎么生活、工作、娱乐、与他人每天互动；（2）人们的文化，包括信仰、风俗、价值观和语言或方言；（3）社区，包括凝聚力、稳定性、特征、服务和设施；（4）政治系统，包括人们有多大程度可以参与到影响他们生活的政策制定过程中、民主化的进程以及为达到目标而提供资源的程度；（5）环境，包括空气和饮用水的质量、食物的供应能力和质量、人们暴露在风险、灰尘、噪声下的程度、卫生系统的充分程度、人们的生理安全性、人们对资源的掌握和操作性；（6）人们的健康程度和认知程度，对健康的理解是否符合世界卫生组织的定义；（7）人们的人权和财产权、人们的恐惧感和愿望[③]。

爱普斯坦（Epstein）和尤萨斯（Yuthas）认为，社会影响是由活动和投资带来的社会和环境方面的变化。社会方面的影响包含平等、人们的生计、健康、营养、贫困、安全和公正。环境方面的影响包括环境保

---

① Audrey Armour, Intergraing Impact Assessment in the Planning Process: From Rhetoric to Reality, *Impact Assessment*, Vol. 8 (1-2), 1990, pp. 1-14.

② Frank Vanclay, "Conceptualising social impacts", *Environmental Impact Assessment Review*, Vol. 22, No. 3, 2002, p. 185.

③ Frank Vanclay, "International Principles for Social Impact Assessment", *Impact Assessment and Project Appraisal*, Vol. 21, No. 1, 2003, pp. 5-12.

护、能源使用、环境健康、资源开采、气候变化。社会影响既包括环境变化也包括社会变化，影响既有正面的也有负面的，既有有意产生的也有无意产生的①。

刘江船认为，社会影响力（social influence）是指在社会生活中发生作用的控制力。这种控制力表现为影响力的发出者对于影响力的收受者在其认知、倾向、意见、态度和信仰以及外表行为等方面合目的性的控制作用。他认为，社会影响力包括规模、时间、内容、方式和效果五个要素，要受到多种因素和条件的制约②。

再进一步具体到关于社会企业的影响，在已有的文献中，明确分析社会企业影响的不多见，很多研究通过案例、比较、列举等方式，阐述了社会企业的功能和作用，也间接表现出其影响。

英国贸易与工业部（DTI）③认为，通过运用商业手段实现公共价值，社会企业在帮助建立一个强劲、可持续的社会包容性经济具有直接和重要的作用④。

威廉·德雷顿认为，社会企业家的成功在于要创造一个组织，这个组织的核心品质是具有远见、正确的价值观和道德伦理观念⑤。

卡罗·波兹卡（Carlo Borzaga）等认为，社会企业可以帮助减少市场失败的影响，提高人们和社区的福利，进而促进经济发展。社会企业促进了本来在市场上效率不高的各种交易能有效开展。社会企业能够较好地获取各种资源，比如志愿工作和捐款，因此也弥补了由于政府公共支出不足带来的公共服务供给不足的问题。社会企业在促进就

---

① Marc J. Epstein, Kristi Yuthas, *Measuring and Improving Social Impacts*: *A Guide for Nonprofits, Companies and Impact Investors* (1st ed.), Berrett-Koehler Publishers, 2014, p. 28.
② 刘江船：《社会影响力——传播学的新视角》，《河南社会科学》2010年第1期。
③ 英国贸易与工业部（Department of Trade and Industry，简写为 DTI）于2007年已改为商业、企业和改革部（Department for Business, Enterprise and Regulatory Reform）以及创新、大学和技能部（Department for Innovation, University and Skills）。
④ DTI, Social Enterprises, A strategy for success, Department of Trade and Industry, London, p. 7.
⑤ William Drayton, Where the real power lies, *Alliance*, Vol. 10, No. 1, 2005, pp. 29–30.

业方面也发挥着重要作用，例如，工作整合型社会企业的目的就是整合那些本来在传统企业中很难获取工作的弱势群体，并帮助他们在劳动力市场找到工作。社会企业还对地方经济发展方式有直接影响，因为社会企业鼓励当地的社区直接参与决策制定，促进了社会的衔接，提高了社会和经济之间的信任水平，促进了根植于社区的社会资本积累[1]。

伯金（Birkin）和波利西（Polesie）认为，社会企业家通过投资基础设施建设、发掘当地英才和整合尚未融合的区域以及为促进社会发展、促进经济和环境体系建设而提供资本这样的途径，在促进经济增长和提高社会公平的过程中扮演着至关重要的作用[2]。

桑托斯认为，社会企业不管在发达国家还是发展中国家都是很明显的一个现象，他们通过创造新的工业、使新的商业模式合法化以及重新给那些被忽略的社会问题导入资源这些方式来影响经济[3]。

马仲良、孙明高认为，社会企业在解决弱势群体就业、弥补政府福利空白、消减社会排斥、推动可持续发展等方面取得了令人瞩目的成就。社会企业能够极大地促进社会和谐，推动民生问题的解决；社会企业不仅能实现社会价值，还会产生直接的经济价值；社会企业有利于提高公共服务的质量和效率，促进政府公共服务体制创新[4]。

徐永光认为，作为一种新兴的"社会经济"，社会企业在整合政府、市场和社会资源方面具有独特的优势，故能在坚持使命导向的同时保持财务的可持续发展[5]。

---

[1] Carlo Borzaga, Giulia Galera, Rocío Nogales, *Social enterprise*: *A new model for poverty reduction and employment generation*, United Nations Development Programme (UNDP) and EMES European Research Network, 2008, pp. 28-29.

[2] Frank Keith Birkin, Thomas Polesie, "An Epistemic Analysis of (Un) Sustainable Business", *Journal of Business Ethics*, Vol. 103, No. 2, 2011, pp. 239-253.

[3] Filipe M. Santos, "A Positive Theory of Social Entrepreneurship", *Journal of Business Ethics*, Vol. 111, No. 3, 2012, pp. 335-351.

[4] 马仲良、孙明高主编：《社会管理创新》，中国社会出版社2012年版，第111—114页。

[5] 徐永光：《公益向右，商业向左：社会企业与社会影响力投资》，中信出版集团2017年版，第86页。

高传胜认为，社会企业通过市场化方式持续解决社会问题，其充分的发展将有助于促进经济社会协调发展、增进社会公平，因而是实现包容性发展的重要途径。他总结了社会企业的社会治理与包容性发展的作用，包括扶贫助困的新创想；创业、就业和实现自我价值的新舞台；社会性服务供给的新路径；社会投资和社会经济发展的新形态；社会关怀的新方式；环境治理、社区重建和文化遗产保护的新探索①。

《中国社会企业发展研究报告 No.2》认为，社会企业能在中国式现代化建设进程中扮演重要角色。社会企业"义"与"利"充分结合的组织形式既能创造就业岗位，又能为公益事业做出贡献，在推进共同富裕的进程中有较大的作用发挥空间。社会企业对推动物质文明和精神文明协调发展也有不可低估的作用。同时，社会企业重视可持续发展，其行动在主观上促进了人与自然和谐共生②。

除众多学者对社会企业影响进行了理论概括之外，学者们也在各种研究中通过列举案例的方式阐明了社会企业和社会企业家的影响力。如戴维·伯恩斯坦在其著作《如何改变世界》一书中，详细列举了世界多个社会企业家的案例，这些社会企业家成功地改变了自己所在国家的经济、贫困、医疗、教育、基础设施等多方面现状。再如很多文献中都介绍过尤努斯的格莱珉银行（Grameen Bank）和班克·罗伊（Bunker Roy）创立的赤脚大学（Bare-Foot College）这样的案例。通过这些研究可以看到社会企业在解决就业、缓解贫困、提供教育和医疗及提升女性地位等方面发挥重要作用。

以上所述的社会企业影响都是社会企业对企业外部的国家和社会的影响，可以看出，社会企业对企业外部的影响已经受到研究者们广泛的关注和认可，还有一些研究者关注了社会企业具有的一些间接的、不易

---

① 高传胜：《社会企业的积极功能、理论突破与中国纠偏——面向中国新常态的思考》，《人文杂志》2015年第10期。

② 徐家良、张其伟：《中国社会企业发展实践与展望（2021—2022年）》，载徐家良主编《中国社会企业发展研究报告（No.2）》，社会科学文献出版社2023年版，第2页。

察觉的、隐性的影响，主要体现为社会企业对个体的影响。

海伦·豪（Helen Haugh）曾在研究中发现社会企业具有间接的社会价值，主要体现在对个人层面的影响，包括个人对独立性、赋权感、自信心、满意度和自我评价体系的感知①。她和贝琳达·贝尔（Belinda Bell）在一项研究中发现，社会企业的员工之所以接受较低的工资是由于他们期望所工作的组织可以给社会带来价值。该研究认为，在社会企业工作的员工具有利他主义的行为和特质，社会企业的员工可以获得工作满足感和心理上的赋权感。她们对社会企业的影响做了较为详细的归纳，但是，在个体层面上却并没有更具体的划分，同时由于她们的研究样本来源于欧洲，结论是否适用于中国的社会企业还有待研究②。

珍妮弗·L.伍利（Jennifer L. Woolley）提出，在社会企业价值创造的过程中，除了会对组织外部产生一定的影响，也会对组织内部产生影响，包括对员工、管理者自身、管理体制、企业文化等等。员工有多种途径可以成为社会价值创造过程中的受益人。员工可以获得培训，得到职业上升的机会，特别是对于那些处在偏远地区或者教育缺乏地区的人们来说，他们本来可能永远没有机会成功，但是社会企业可以帮助他们。社会企业还可以给员工提供公平的工资、安全的工作环境或长期的职业机遇，这些方式都创造出了社会价值③。

安德斯·伦德斯特罗姆和周春彦提出用三维视角重新审视社会企业。他们认为，理解一个组织的价值特别是社会企业的价值，要从商业价值、

---

① Helen Haugh, "Social Enterprise: Beyond Economic Outcomes and Individual Returns", in Johanna Mair, Jeffrey Robinson, Kai Hockerts, eds. Social Entrepreneurship, London: Palgrave Macmillan, 2006, p. 195.

② Belinda Bell, Helen Haugh, "Working for a social enterprise: an exploration of employee rewards and motivations", in Simon Denny, Fred Seddon, eds. Social Enterprise Accountability and Evaluation around the World, New York: Routledge, 2014, pp. 86–87.

③ Jennifer L. Woolley, "Opportunities for social value creation across supply chain interactions", in Larry Pate, Charles Wankel eds. Emerging research directions in social entrepreneurship, Springer, 2014, p. 60.

人文价值和社会价值三个维度一起考虑。人本主义维度关注个体和内在价值的创造远远超过关注社会群体的程度。他们认为商业创业更看重的是经济利益,同时也注意保护自然资源和生态环境,以及维护企业社会责任;社会创业更看重的是社会价值,采取创新的办法来解决社会群体的问题;而人文创业则更注重内在价值体系①。

吴磊等从宏观和微观层面分析了社会企业在乡村振兴中的作用。他们认为,从微观层面来看,社会企业注重培养脱贫人口的技术和能力,激发农民作为乡村发展主体的内生动力,通过提供培训、就业机会和支持创业等方式,赋予脱贫人口更多的权力和机会,让他们成为乡村振兴的积极参与者和受益者②。

还有一些学者专门对工作整合类社会企业的影响和价值做过研究。何宝英(Amy Po-ying Ho)等发现,这类企业中的参与者可以获得收入和心理上的幸福感,这类社会企业对消除贫困和社会资本的成立具有促进作用③。巴拉克特(Jo Barraket)认为,这类社会企业可以对个人提供就业岗位,促进个人技能的发展和给个人提供社会参与的机会。社会企业还在提高自尊心、自我效能感和自信心方面发挥作用④。

法默·简(Farmer Jane)等学者在对一家工作整合性社会企业的访谈研究中发现,社会企业可以使人们获得幸福感,而且幸福感可以延伸到社区生活中,这种幸福感的一部分来源是帮助本来不太融入社区的居民更好地融入社区⑤。

---

① [瑞典]安德斯·伦德斯特罗姆、周春彦等:《社会企业家:影响经济、社会与文化的新力量》,黄琦、陈晓庆译,清华大学出版社2016年版,第85页。

② 吴磊、侯珊珊、唐书清:《社会企业参与乡村振兴研究报告》,载徐家良主编《中国社会企业发展研究报告(No.2)》,社会科学文献出版社2023年版,第130页。

③ Amy Po-ying Ho, Kam-tong Chan, "The social impact of work-integration social enterprise in Hong Kong", *International Social Work*, Vol. 53, No. 1, 2010, pp. 159-176.

④ Jo Barraket, "Fostering the Wellbeing of Immigrants and Refugees? Evaluating the outcomes of work integration social enterprise", in Simon Denny, Fred Seddon, eds. *Social Enterprise Accountabislity and Evaluation around the World*, Routledge, 2013, p. 124.

⑤ Jane Farmer et al., "Social enterprise and wellbeing in community life", *Social Enterprise Journal*. Vol. 12, No. 2, 2016, pp. 235-254.

可见，在全世界，社会企业和社会企业家所带来的影响正改变着人们的生活，甚至影响着整个国家乃至世界。但是，如何识别、界定和评价社会企业的这些影响，是一项复杂且有难度的工作，也是值得持续研究的问题。如古克鲁、迪斯和安德森指出，定义和审视社会影响理论是一个动态的过程，融合了创造性和打破常规思考问题的方式，同时还结合了分析以及对结果的评估。因此，社会企业要不定期地进行测试，如果需要的话，要重新更改自己的社会影响理论以保证自己获取到真正值得拥有的机会。对社会企业来说，需要不断更新和调整自身对社会企业影响的定义，需要更全面的了解社会企业影响的广度和深度，再结合适当的评估手段，才能让社会企业的影响持续发挥作用[①]。

在了解了社会企业影响的概念和相关研究成果的基础上，笔者在后文将对社会企业评价的研究进行详细梳理和分析。

二 关于社会企业评价的研究

关于影响评价或社会影响评价的研究已经发展了近半个世纪，而目前关于社会企业评价的研究仍还处于初级的阶段。已有的社会企业评价方法大多都参考了国际上普遍认可的一些影响评价方法，或者是参考了企业和非营利组织的评价办法；专门针对社会企业的评价方法，近些年虽然有了明显进步，但仍非常缺乏。在此，本部分先对社会影响评价和企业、非营利组织评价的有关研究进行介绍，再对社会企业评价的研究情况做进一步梳理。

（一）关于社会影响的评价研究

一些国际组织对推动社会影响的评价方面发挥了重要作用，它们开发的评价方法对企业、非营利组织和社会企业都具有深远的借鉴意义。

[①] Ayse Guclu, J. Gregory Dees, Beth Battle Anderson, "The Process of Social Entrepreneurship: Creating Opportunities Worthy of Serious Pursuit", Center for the Advancement of Social Entrepreneurship, *Center for the Advancement of Social Entrepreneurship*, Durham: Duke University, 2002, https://centers.fuqua.duke.edu/yyyyyyyy/wp-content/uploads/sites/7/2015/02/Article_Dees_TheProcessOfSocialEntrepreneurshipCreatingOppWorthyOfSeriousPursuit_2002.pdf, 2024 年 7 月 15 日。

如影响评估国际协会（International Association for Impact Assessment）是一个组建于 1980 年的国际性组织，其主要工作是通过开展影响评估去帮助其他组织或政府制定政策、项目或计划。该组织对社会影响评价的定义是：分析、监测和处理有意识和无意识的、正面的和负面的社会后果的过程，以及有计划的干预行为（如对政策、项目、计划、目标的干预）和由这些干预行为引起的任何社会变化的过程。社会影响评价的根本目的是带来一个更加可持续和更加公平的环境[1]。

类似的国际组织还有社会影响评估指导准则和原理委员会（Interorganizational Committee on Guidelines and Principles for Social Impact Assessment），该组织开发了社会影响评估方法（social impact assessment，简称 SIA），该方法目前已经被很多公益机构和社会企业认可。这种评估方法来源于 20 世纪 70 年代美国开展的环境影响评估（environmental impact assessment，EIA），美国政府部门当年用这个方法来评估公共服务项目的社会环境效益。后来，一些机构和政府的决策者认为有必要去更好地评价很多项目和政策的社会效果，在此需求下，一些社会学家便组成了社会影响评估指导准则和原理委员会，并形成了社会影响评估方法，方法的具体内容在《社会影响评估的指导准则和原理》（Principles and guidelines for social impact assessment）进行了说明。该方法认为，社会影响评估的变量包括以下五类：（1）人口特征；（2）社区和组织结构；（3）政治和社会资源；（4）个人和家庭变化；（5）社区资源。笔者认为，这个评估体系是针对整个国家或者地区的社会影响而开展的，可能并不一定适用于我国某一个社会企业进行评价，但是，体系里提到的个人和家庭的变化，对某个企业或组织是可以借鉴的。比如该体系里提到，个人和家庭的变化包括态度、观念、家庭特征和人际关系网络[2]，这些方面在

---

[1] 参见 https://www.socialimpactassessment.com/，2024 年 7 月 3 日。

[2] Interorganizational Committee on Guidelines and Principles for Social Impact Assessment, "Guidelines and Principles for Social Impact Assessment", *Environmental Impact Assessment Review*, Vol. 15, No. 1, 1995, p. 23.

我国社会企业中也是存在的，所以对研究我国社会企业具有一定的参考意义。

一些学者对社会影响评价的范围、因素等也有详细的分析，对社会企业评价具有很强的启示。汉克·A.贝克（Henk A. Becker）列举了进行社会影响评价的三个层面，即微观、中观和宏观层面。微观层面是关于个人及其行为的评估；中观层面是关于组织和社会网络，包括社区的评估；宏观层面是关于国家和国际社会体系的评估。具体来说，微观层面分析个人行为的影响，比如人口统计学的评估。中观层面分析集体层面的影响，比如组织和社会层面的运动；宏观层面分析社会宏观体系的影响，比如国家和国际政治、法律体系[①]。

亚瑟·C.布鲁克斯认为，评估社会影响需要关注以下四个概念：责任、评价、结果和效率。责任指的是企业所承担的显性和隐性的社会责任。评价是一项关于某个事件的质量、成效和价值的系统性研究[②]。

（二）关于非营利组织和企业的评价研究

当前对社会企业评价具有最直接影响和借鉴意义的就是关于非营利组织和企业的评价研究。

在非营利组织评价方面，罗兰德·J.库什纳（Kushner, Roland J.）等提出的非营利组织效果模型从五个方面定义了非营利组织的绩效：成员满意度、充足的资金、运作的效率、企业目标的完成度、适应环境变化的能力。库什纳认为，忽略以上这些维度当中的任何一个，都会导致不能完整地理解非营利组织的绩效[③]。

莱斯利·R.克拉奇菲尔德（Leslie R. Crutchfield）和希瑟·麦克里

---

① Henk A. Becker, "Social impact assessment", *European Journal of Operational Research*, Vol. 128, No. 2, 2001, p. 316.

② [美]亚瑟·C.布鲁克斯：《社会创业：创造社会价值的现代方法》，李华晶译，机械工业出版社2009年版，第72—73页。

③ Kushner, Roland J., Peter P. Poole, "Exploring Structure-Effectiveness Relationships in Nonprofit Arts Organizations", *Nonprofit Management and Leadership*, Vol. 7, No. 2, 1996, pp. 119–136.

奥德·格兰特（Heather McLeod Grant）在进行非营利组织的评估工作时，认为评估包含两个部分：一是具体的实际成果，比如服务的人数或生产的产品数量，需要回答的问题是：组织是否已经在国家或国际层面达到重大的和持续的结果？二是偏重质量方面，即组织要对大规模或高层次的制度或体系具有影响力，比如对政府政策或其所在领域的行动产生影响力①。

安德鲁·沃克（Andrew Wolk）等对非营利组织绩效的测量指标进行了归纳，分为三个指标，分别是组织健康化指标（Organizational Health Indicators）、项目绩效指标（Program Performance Indicators）和社会、经济影响力指标（Social and Economic Impact Indicators）。其中社会和经济影响力指标包含：（1）收入，包括直接的服务、对政策的影响、协作工作、能力建设；（2）收入的消耗，即每一项成功收入的花费；（3）系统的影响力产生机制，包括社会服务损耗中的结余量、新经济活动产生的经济额、解决高层次系统收入的定量和定性数据②。

亚瑟·C. 布鲁克斯认为，非营利性组织和社会公共部门倾向测量投入、活动或产出来进行评估。社会企业通过评价他们的活动来表现他们的责任意识。但社会企业的终极目标是创造明显的社会价值，这就意味着评估还要关注活动的产出以及这些产出的影响③。

国内很多学者也提出了对非营利组织的评价方法。如邓国胜提出APC评估框架，即对非营利组织问责（Accountability）、绩效（Performance）和组织能力（Capacity）的全方位评估，简称为"APC"评估理论。"APC"评估理论特别强调了非营利组织问责与能力的评估，并将问责与能力评估提升到前所未有的高度。他认为，绩效评估是对

---

① Leslie R. CrutchField, Heather McLeod Grant, *Forces for Good The Six Practices of High-Impact Nonprofits*, Jossey-Bass, 2012, p. 44.

② Andrew Wolk, Anand Dholakia and Kelley Kreitz, *Building a performance measurement system*, Cambridge, MA: Root Cause, 2009, p. 15.

③ [美] 亚瑟·C. 布鲁克斯：《社会创业：创造社会价值的现代方法》，李华晶译，机械工业出版社2009年版，第72—73页。

非营利组织的适当性、效率、效果、顾客满意度、社会影响及其持续性的评估[①]。这一绩效评估框架吸取了"三 E"（经济、效率、效果）理论、"四 E"（经济、效率、效果和公平）和"顾客满意度"理论的优点，并增加了适当性、社会影响和持续性等方面的内容，更适合非营利组织的绩效评估。绩效评估的功能在于通过评估提高非营利组织的效率、促进组织服务品质的提高。邓国胜还构建了非营利组织的评估模型，有四个子模块组成。第一个子模块是非营利性评估，即对非营利组织是否违背了非营利组织的行为规范进行评估。第二个子模块是使命与战略的评估。包括需求评估、创新性评估、灵活性评估。第三个子模块是项目评估。第四个子模块是组织能力评估。他认为通常非营利组织的组织能力评估包括以下八个方面：（1）共同的价值观；（2）管理技能；（3）组织结构；（4）工作人员与志愿者；（5）信息管理系统；（6）领导的艺术；（7）动员资源；（8）公共关系[②]。

徐君、王冠、曾旗根据我国非营利组织的目前情况，遵循指标体系的建立原则，借鉴国内外非营利组织和企业绩效评价已经取得的成果，综合考虑非营利组织的特点，构建了三层递阶次结构的评价指标体系。该评价体系由内部治理与运作、效益、效率和发展创新能力四大类指标组成；每大类指标又包括若干个具体的指标，共 17 个指标[③]。

在企业的社会影响评价方面，罗伯特企业发展基金（REDF）于 20 世纪 90 年代创立了投资的社会回报（Social Return on Investment，SROI）的概念，这个概念在当前企业和非营利组织乃至社会企业中都具有较高的知名度和使用率，成为一种用于测量组织总体价值（包括经济、社会和环境）的工具。这种工具以资金作为分析单元对社会价值进行量化的评价，把社会风险投资活动的收益分为两部分：企业价值和社会目标价

[①] 邓国胜：《非营利组织"APC"评估理论》，《中国行政管理》2004 年第 10 期。
[②] 邓国胜：《非营利组织评估》，社会科学文献出版社 2010 年版，第 41—43 页。
[③] 徐君、王冠、曾旗：《非营利组织企业化管理绩效评价指标体系及评价方法研究》，《科技进步与对策》2007 年第 4 期。

值。社会目标价值是指企业为社会创造的价值，这部分价值可以通过对节约的社会成本或创造出来对人们生活有积极影响的财政收入的测量来进行。SROI 的测量方法认为，企业价值加上社会目标价值再减去企业负债等于综合价值。社会投资回报的核心就是通过把影响分解成每个项目投入资金的回报来计算影响。投资回报指数越高，每一单位资金的投入获得的影响就越高。罗伯特企业发展基金同时定义了三个"价值指数"：企业回报指数是企业价值除以慈善捐赠给企业的资金；社会目标回报指数是社会目标价值除以企业慈善投资的价值；综合回报指数是综合价值除以企业慈善投资的价值。罗伯特企业发展基金也承认，这些价值概念排除了在纯社会领域中许多无形的价值，诸如工作福利计划使参与者在参与生产性工作时变得更快乐这样的价值[①]。

以上这些关于非营利组织和企业的评价方法对社会企业的评价研究具有重要意义，是开展社会企业评价研究的重要参考。诸如社会投资回报的评价方法目前已经在社会多个领域包括社会企业中得到广泛应用。除了以上这些，还有很多学者陆续开展了针对社会企业的评价研究，接下来在下文会详细介绍。

（三）关于社会企业的评价研究

施瓦布基金会（Schwab Foundation）从五个方面来评价社会企业家，分别是：领导力、社会影响、创新性、可复制性（覆盖面）、可持续性。

NPI 组织采用了平衡计分卡来评价社会企业，具体包含五项内容：社会影响、顾客和核心股东满意度、内部的商业过程、学习和成长以及经济效益。

《快速公司》（Fast Company）杂志和摩立特集团（The Monitor Group）在 2004 年一起组织了一次对社会资本家（Social Capitlist）的评选奖项。评选主要依据五大类指标，分别是社会影响、理想和成长、企

[①] [美] 亚瑟·C. 布鲁克斯：《社会创业：创造社会价值的现代方法》，李华晶译，机械工业出版社 2009 年版，第 77—78 页。

业家精神、创新性和可持续性①。

社会企业家组织"阿育王"从几个方面衡量社会企业家的影响：在测量影响的广度方面，"阿育王"侧重衡量该社会企业家的想法被其他组织接受的次数以及其想法在国家、省份或地方政府的公共政策层面实施的水平；在衡量社会企业的管理制度方面，衡量指标包括资金资助情况、管理模式、组织的员工水平等；在评估社会企业家给整个系统或领域带来的影响方面，测评指标侧重于政策变化。"阿育王"还会使用如下一些指标去评估社会企业的绩效：（1）是否还在继续为当初的使命而工作；（2）是否有其他人复制了你当初的想法；（3）你在公共政策方面是否产生了影响②。

在综合考察了各种评价方法基础上，英国文化教育协会做了一个总结，把目前世界上各种社会企业的评价方法总结为五个维度，如表 2-4 所示。表格中的"产出"可以定义为参与项目的失业人员数量与在参与了项目之后获得就业的人员数量之间的关系。"成果"表示参与者的心理层面的收获感体验，以增强他们未来的就业能力。"影响"是更长期的效果，是对社会的影响，如失业率的降低导致的结果。

表 2-4　　　　　　　　　　评价方法五个维度③

要素	定义	例子
投入 Inputs	提供服务过程中用到的资源	钱，志愿时间
活动 Activity	利用这些资源社会企业做了什么	给有犯罪前科的人开设培训课程
产出 Output	对活动的定量化测量	受培训的人数

---

① Mark R. Kramer, Measuring Innovation: Evaluation in the Field of Social Entrepreneurship, Skoll Foundation, Belgium, 2005, https://community-wealth.org/content/measuring-innovation-evaluation-field-social-entrepreneurship, 2024 年 7 月 2 日。

② Leviner N., Crutchfield L., Wells D., "Understanding the impact of social entrepreneurs: Ashoka's answer to the challenge of measuring effectiveness", 2007, https://www.ashoka.org/en-us/files/understandingtheimpactchapterpdfpdf, 2024 年 7 月 15 日。

③ 根据 Social enterprises in the UK Developing a thriving social enterprise sector 整理。参见 British Council, "Social enterprises in the UK Developing a thriving social enterprise sector", https://www.britishcouncil.org/sites/default/files/social_enterprise_in_the_uk_final_web_spreads.pdf, 2024 年 7 月 10 日。

续表

要素	定义	例子
成果 Outcome	受益者的生活发生的变化	受培训者几个月后实现了就业或受培训者的重复犯罪率降低
影响 Impact	成果，其他的相关贡献以及成果持续的时间	培训课程的效果占总就业效果的百分比

除了以上的社会企业评价方法，目前还有一种 B 型企业认证体系（B Corp Certification，B Corp，B 是 benefit 的缩写），该体系由美国非营利型机构 B 实验室（B Lab）推出，通过该体系认证的企业在国内也叫做"共益企业"或"B 型企业"。

B 型企业认证体系的目的是重新定义商业领域的成功，也就是让所有企业"运用商业之效力，打造世界之美好"，该体系的目的是不仅要让企业成为"世界上最好的企业"，更要成为"为了更好的世界而存在的企业"。有学者认为，共益企业不一定全是社会企业，只有以社会目标为第一目标的共益企业才能判定为社会企业，但对社会企业评价来说，共益企业的评价方法是值得参考的。在共益企业的标准里，对所有企业来说，想要通过共益企业的认证，企业必须接受一份"社会和环境绩效评价"，并达到一个最低分数，在获得认证后企业每年还要交 500 美元—5 万美元不等的费用。而且即使获得了认证，企业还要每两年重新接受一次评估，这种做法也是为了督促企业不断鞭策自己符合 B 型企业的要求，实现社会价值。B 型企业必须考虑它们对所有利益相关方产生的影响——包括员工、供应商、社区、消费者和环境等，而不仅仅是关注对股东的影响。通过认证的 B 型企业有三个特点：第一，通过商业手段解决社会或环境问题，这也是 B 型企业的使命；第二，保持较高的透明度，要通过第三方标准，形成整体的社会与环境绩效评估报告；第三，企业董事不仅要考虑决策对股东的影响，还必须考虑对包括员工、社区和环境等在内的其他利益相关方的影响。如果做不到以上三点，B 型企业会受到普遍质疑，甚至理论上股东也可以起诉公司董事。总体来看，B 型企业要求在社会和环境的整体绩效上都要达到高标准，这一认证体系在美国已经得到广泛认可，并且获得了美国很多州的法律认定。从美国各个州立法的实际来看，大部分州都要求B型企业要关注企业的整体运营，而非选择性地关注经营的某些方面。大部分州的法律都要求B型企业要创造"一般公共利益"，目的是防止企业在某些方面做得好却对其他方面不重视。比如，一家咖啡公司不能因为解决了对环境影响的问题，而忽视咖啡豆采摘者的工作条件①。在这个认证体系推出后，越来越多的B型企业在世界诞生。

截至2024年3月，全世界96个国家已经有超过8000家分布于160多个行业的B型企业②。B型企业认证体系也已经对中国产生重要影响，中国目前已有超过50家通过认证的B型企业③。在中国，这种B型企业目前很多为社会企业，B型企业认证体系对中国社会企业评价研究也具有极强的借鉴意义。B型企业的认证程序非常严格，程序会根据公司的规模、行业、问题而有所不同。该评估体系从公司治理、员工、社区、环境、商业模式影响力五大类进行评估，其中每类又细化成18个小类，以便对企业做出全面、公平公正的评估。

在我国，近些年也有越来越多的学者开始关注社会企业的评价。如沙勇基于利益相关者理论构建的社会企业评价指标体系较系统地体现出社会企业的特点和评价标准。他认为，社会企业的利益相关者包括顾客、股东、雇员、供应者等。因此，他根据社会企业承担的利益相关者的责任，对社会企业进行评价体系设计。沙勇认为，社会企业要想成为最优秀、最具竞争力的企业，需要在企业核心价值观上下功夫。社会企业通

---

① ［美］乔安妮·鲍尔，伊丽莎白·乌姆勒斯：《共益企业与人权》，郑迪等译，《斯坦福社会创新评论》2018年第3期，第16页。

② "B Corps Show 'This Way Forward' To Better Business This B Corp Month"，https://www.bcorporation.net/en-us/news/press/b-corps-show-this-way-forward-to-better-business/，2024年6月20日。

③ 参见http://www.chinadevelopment.com.cn/zxsd/2024/0117/1879263.shtml，2024年1月17日。

过对员工加强社会责任教育，让员工形成一种团体认同感和职工归属感，从而形成一种后天的团体心理凝聚力①。他在社会企业评价指标体系中，构建了5个一级指标和18个二级指标。一级指标主要包括经济责任、法律责任、伦理责任、慈善责任、社会责任，二级指标包括净资产收益率、股利支付率、销售利润率、资本保值增值、税款上缴率、社保支付率和社保提取率等②。

在政府层面，近几年已经有一些省份陆续开展了对社会企业的认证工作。如2018年5月，四川省成都市政府发布了《关于培育社会企业促进社区发展治理的意见》，这是我国第一份由政府出台的针对社会企业的较为详细的政策文件。2018年8月，《北京市社会企业认证办法（试行）》由北京社会企业发展促进会发布，该办法对社会企业有了更详细的界定。该办法规定认证社会企业的标准共有9项，分别是使命任务、注册信息、信用状况、经营管理、社会参与、社会效益、可持续发展能力、创新性及行业影响。该办法所体现的指标为社会企业认定和评价提供了重要参考，但是在"行业影响"一类并没有给出更详细的测量指标。

除了已经公布的一些文件，近几年，一些高校、研究机构、基金会也在推进各类的研讨会、论坛、峰会，正在起草发布一系列对社会企业进行认定和规范的初步制度和文件。在多家单位支持下，目前已经形成了全国性社会企业论坛，如社会企业投资或社会企业影响力投资论坛，论坛发布的社会企业报告会对我国社会企业的数据、规模、行业分布等各项问题进行详细的统计，也对社会企业存在的问题、现状进行分析。同时，一些优秀、典型的社会企业案例也会得到展示和分享。

社会企业影响力评估方面，目前成都市已形成一套较为成熟的社会企业影响力评估体系。该体系根据16大领域形成的四维影响力评估问卷（250分）、客户满意度调研问卷（10分）、员工满意度调研问卷（10分）、

---

① 沙勇：《中国社会企业研究》，中央编译出版社2013年版，第85页。
② 沙勇：《我国社会企业评价指标体系研究》，《江苏社会科学》2013年第2期。

实地走访（30分）四个环节组成，总共为300分，其中四维影响力评估包括社会使命、社会企业利益相关方、价值创造与利润分配、环境与可持续发展四个维度。通过以上四个环节综合评定，分为"A⁻（不合格）、A、A⁺"三个等级，可以让企业在完成社会企业影响力评估的过程中清晰本机构所创造的社会影响。此外，北京市也在推进社会企业评估工作。

三 研究现状述评

在社会企业的研究方面，总体来看，社会企业的研究至今依旧缺乏。虽然社会企业在近三十年得到了全球研究者的关注，研究者们也已经开展了大量的研究，国内也有越来越多的学者开始关注这一新兴的组织，并逐渐运用多元视角进行研究。各学者在研究的学科方面涉及公共管理学、政治学、社会学、经济学、法学、哲学、心理学等诸多学科，在研究侧重点、研究视角、研究方法等方面也有不同。但和其他研究领域相比，社会企业的研究一直到目前为止还处于"婴儿期"。社会企业仍然缺少明确的"边界"，并且需要一个统一的标准。目前已有的大部分研究还停留在对社会企业的定义、特点等方面的探讨，如何评估社会企业及社会企业具有哪些影响方面的研究还非常不充分。在社会企业的影响或绩效评估方面，奥斯汀等指出，以社会价值为目标的社会企业家会面临比商业企业家更多的挑战。商业企业依据显性的数据或量化的指标即可评估企业绩效，比如财政指标、市场份额、顾客满意度、质量等。对社会企业来说，众多的利益相关者是变化的，处理和这些利益相关者的关系就更加复杂。所以由于不可量化、多种因果关系、时间维度、可感知的社会影响差异性等，都会导致测量社会变化这样的指标面临更多困难[1]。梅尔和马蒂也曾指出，对于实践者和研究者来说，最大的挑战是对社会企业的表现和影响进行评估。他们呼吁更多的经验研究去开发出有用和有意义的测量方法，去衡量社会企业的影响和它们所追

---

[1] J. E. Austin, H. Stevenson, J. Wei-Skillern, "Social and Commercial Entrepreneurship: Same, Different, or Both?", *Entrepreneurship Theory and Practice*, Vol. 30, No. 3, 2006, p. 3.

求的目标①。

从我国社会企业发展来看，我国关于社会企业的研究起步较晚，近几年随着国内社会企业的政策环境不断完善，社会企业发展速度明显加快，但是，大众对社会企业的认知度和关注度还属于比较低的水平，且我国不管是研究还是实践都明显滞后，尤其理论严重滞后于实践。具体来说，第一，研究缺乏独创性和多样性。我国对于社会企业的理论研究主要是依据西方国家的一些理论，综述性、文献性研究较多，关于中国社会企业的实证研究非常匮乏。第二，理论研究滞后于实践发展。我国社会企业正在不断发展壮大，但基于我国国情的社会企业研究的广度和深度均较为缺乏，无法及时跟上社会企业发展的速度，进而导致相关政策、制度不到位。第三，研究者的局限性。我国政府部门、研究机构和学者对社会企业的关注度还远远不够，把社会企业作为专门研究领域或设立研究机构和相关课程的单位或学校仍然匮乏。

在社会企业影响的研究方面，对于社会企业具有社会价值和影响这个方面已经得到广泛认同，但对社会企业隐性影响的研究还十分不足。社会企业的影响除可以显现和衡量的影响之外，还应该包括很多内在的、隐藏的，不容易轻易发觉的隐性影响。从我国目前研究来看，关于这方面的研究不多，其原因可能是多方面的。比如，由于我国社会企业带来的影响往往比较模糊并且不能短期显现也不易观察和测量，类似自信心、自尊心、幸福感这样的影响直接是无法直接观察到的。另外是因为一些评估工具虽然可以衡量由社会企业带来的直接影响，但不能衡量其所带来的不易观测的影响，比如个人的生活质量得到提高或者家庭成员获得的间接影响等诸多方面。再加上我国社会企业发展还不成熟，生存发展还面临着多重挑战，没有足够的能力进行影响方面的全面考察和评估。

在社会企业影响评价方面，目前全世界的研究都还不充分，社会企

---

① Johanna Mair, Ignasi Martí, "Social Entrepreneurship Research: A Source of Explanation, Prediction, and Delight", *Journal of World Business*, Vol. 41, No. 1, 2006, p. 37.

业的评价指标体系还有待进一步完善。从全世界范围来看，关于社会价值和社会影响的评价研究一直在不断完善中。很多商业企业已经不把财务绩效作为企业绩效的唯一衡量标准，社会和环境方面的绩效已成为同样重要的衡量指标，但是，对于社会企业影响的测量进展还比较缓慢，到目前也没有形成一套被社会普遍认可的评价体系。

从我国的评价研究情况来看，虽然一些地方出台了自己的认证体系，但我国到目前为止还没有一套得到一致认可的完整、独立的、全国性的社会企业评价体系。绝大多数的社会企业自身并没有对自己的社会影响做有意识的评估，已有的影响评价也多来自社会企业自身的记录和评估。虽然我国多数的社会企业有明确的目标和使命，但由于社会企业天生具有兼顾社会目标和资金持续运营的压力，社会企业负责人往往更关注于如何让自己的企业持续生存，缺少精力去跟踪和评估自己企业产生的影响。多数社会企业对设立什么样的评估指标和评估方法也没有规划，因此目前对社会企业在中国的影响还很难评估。而且一些单个的社会企业即使做了一些评估，但是因为其规模太小，影响力也是微乎其微[①]。

具体到社会企业评价指标内容方面，目前已有的研究中，关于社会企业对企业外部影响的评价研究多，对企业内部工作者影响的评价研究少。由于目前学者对社会企业影响、作用或价值的研究，绝大部分是探讨社会企业对外部的影响，即社会企业对企业之外的国家、社会等方面的影响，很少有关注社会企业对企业内部工作者的影响。因此，对社会企业的评价也基本上都是围绕着社会企业对外部较显性的影响进行测量，目前被广泛采用的一些评估方法，比如社会投资回报法、平衡记分卡等方法，主要依托的是经济指标，往往忽略了一些潜在的对个人或组织影响的评估。社会企业是否对其自身产生内在的影响、内在有哪些影响，以及这些影响如何形成、如何发展，这些问题可能会关系到社会企业外部影响的发挥，这些内部影响其实也应该构成社会企业评价的重要内容。

---

① 参见《中国社会企业与社会影响力投资发展报告》，2013 年，第 27 页。http://www.yiku.org.cn/yiku.php/Home/Article/download/id/27327，2024 年 6 月 28 日。

总之，目前有关社会企业的研究范围和内容还不充分，我国对社会企业的研究和评价更是处于起步阶段。从未来发展来看，随着社会企业的发展以及社会治理对社会创新的要求不断凸显，社会企业在我国必将发挥更加重要的作用。因此，随之相关的研究也亟待跟进，未来我们还需要持续地对社会企业的影响和评价等方面问题进行深入的研究。

第二节 理论基础

一 利益相关者理论

1984年，弗里曼在出版的《战略管理：利益相关者管理的分析方法》一书中详细介绍了利益相关者理论。利益相关者理论是指企业的经营管理者为综合平衡各个利益相关者的利益要求而进行的管理活动。传统的企业管理一般是以股东至上，而该理论认为任何一个公司的发展都离不开各利益相关者的投入或参与，企业追求的是利益相关者的整体利益，而不仅仅是某些主体的利益。利益相关者理论认为，所谓利益相关者，是既可以影响组织行为或组织目标的实现，又或者是受到组织目标和过程影响的个人或群体。利益相关者的范围包括企业的股东、债权人、员工、供应商和消费者等交易伙伴，也包括政府部门、居民、社区、新闻媒体等集团，甚至还可以包括自然、人类的后代等会受到企业经营活动直接或间接影响的客体。这些利益相关者均与企业的生存和发展密切相关。

利益相关者理论是委托代理理论的延伸，并对其进行了补充。利益相关者理论认为，股东仅仅是公司资本的提供主体，而诸如供应商、债权人、公司员工等其他主体都对公司有自己的贡献，公司经营的好坏同样也对这些主体产生影响。基于此理论，公司治理不再局限于企业所有者和经营者之间的委托——代理关系，而是将利益相关者也纳入公司治理的框架之中。

利益相关者理论的核心观点可以理解为，对组织来说，不能仅关注股东的利益，而是要把各利益相关者的利益综合考虑。企业不能只强调财务业绩还要关注其本身的社会效益。一个企业的管理者要了解并尊重所有与组织行为和结果密切相关的个体，尽量满足他们的需求。任何个体和群体都可以看作是企业的利益相关者。该理论认为，一部分由股东掌握的企业决策权力和利益，应该移交到利益相关者手中[1]。

社会企业以利益相关者理论为理论基础。一般认为，社会企业的利益相关者主要包括顾客、员工、股东、雇员、供应者等利益相关团体。社会企业与利益相关者之间的影响具有相互性，社会企业所做的决策、行动、政策等在一定程度上会影响其利益相关者，利益相关者也能同样影响社会企业[2]。利益相关者理论把和企业相关的更广泛的利益群体纳入到考虑范围，与一般意义上只关注股东、雇员、消费者的理解不同。社会企业跨界的特性可以全方位联系和协调各方资源，动用一切可以动用的力量去为自己的发展和"造血"服务，不断开拓和创新发展路径，在不断积累资源的同时，不断扩大资源，这样的过程也将广泛的利益相关者纳入到企业的发展过程。

由于社会企业的利益相关者涉及多方面、多领域、多主体，正是这种多元性使得社会企业具有不同于一般商业企业的特点。社会企业不是把股东利益置于企业目标首位，而是顾及多方主体的利益，包括组织、个人、环境、社会等。因此，社会企业的影响也涉及多个方面，评价社会企业的影响也需要把不同主体、不同层次的影响考虑进去。

二 社会学制度理论

社会学制度理论是新制度主义理论的一个分支。新制度主义理论在政治科学中兴起的标志是在1984年，马奇和奥森发表了题为"新制度主义——政治生活的组织因素"的论文，随后便产生了对新制度主义各种

---

[1] [美]杰弗里·A.迈尔斯：《管理与组织研究必读的40个理论》，徐世勇、李超平等译，北京大学出版社2017年版，第271—272页。
[2] 沙勇：《我国社会企业评价指标体系研究》，《江苏社会科学》2013年第2期。

流派的讨论。其中以"三分法"最为著名，由霍尔与泰勒提出，即把政治科学中的新制度主义划分为历史制度主义、理性选择制度主义和社会学制度主义三个流派。与理性选择制度主义和历史制度主义相比，社会学制度主义有着明显的不同。一方面，理性选择制度主义尽管受到经济学尤其是公共选择理论的重要影响，但它和历史制度主义都位于政治科学研究领域之内，而社会学制度主义则主要产生于社会学的研究传统之中，在研究路径、分析角度和关注对象上同理性选择制度主义和历史制度主义存在显著的差异。另一方面，在社会学制度主义内部，存在着不同的变体，尽管这些变体在一定程度上存在某种相似性，但它们之间的差异却远远大于理性选择制度主义以及历史制度主义两个流派内不同变体之间的差异①。社会学制度主义的特点可以概括为：批判理性选择模型，强调认知、文化层面，关注作为自变量的制度和不适合以个体行为的简单加总进行解释的超个体的分析单位②。

　　社会学制度理论建立在认知心理学、文化研究、现象学和常人方法学的松散地建构起来的思想之上，其中较新的概念模型更强调认知性而非规范性，主要关注运行于组织环境中的文化信念体系的影响而非组织内部的各种过程③。社会学制度主义者强调了制度与个体行动之间的高度互动和同构性的特征。当他们按照社会惯例来展开行动时，个体会自然而然地将自己建构为社会行动者，参与有社会意义的行动，并不断地强化他所演练的惯例④。

　　社会学制度理论一定程度上解释了社会企业的利益相关者特别是社会企业工作者的一些认知、行为等特点。社会企业作为一种组织，会有

---

① 马雪松、周云逸：《社会学制度主义的发生路径、内在逻辑及意义评析》，《南京师大学报（社会科学版）》，2011年第3期。

② [韩] 河连燮：《制度分析——理论与争议》，李秀峰、柴宝勇译，中国人民大学出版社2014年版，第53—54页。

③ [美] W. 理查德·斯科特：《制度与组织——思想观念与物质利益》，姚伟、王黎芳译，中国人民大学出版社2010年版，第52页。

④ [美] 彼得·豪尔、罗斯玛丽·泰勒、何俊智：《政治科学与三个新制度主义》，《经济社会体制比较》2003年第5期。

企业自身的制度规范、企业文化,社会企业的工作者和其他利益相关者对特定的社会企业存在认同,社会企业的文化也会对利益相关者和社会产生一定的影响。所以,本书把社会学制度理论作为理论基础,这对本书理解社会企业影响产生的原因具有重要参考意义。

三 公民社会理论

公民社会(Civil Society),又叫做"市民社会"或"民间社会"。公民社会早在古希腊时代就已出现,马克思在批判继承黑格尔相关思想的基础上提出了公民社会理论,后来形成马克思主义公民社会理论。该理论由马克思提出,并经葛兰西、哈贝马斯等西方马克思主义学者丰富与发展,形成较为完整的理论体系。马克思主义公民社会理论的基本观点包括:公民社会是一定历史条件下人与人之间通过各类社会组织等交往形式构成的全部社会关系的总和;构成公民社会的各种社会组织具有非政府的、非市场的属性,它们独立于国家体系和市场体系之外,是自主的公民之间基于一定交往形式所形成的公共领域;这些公共领域具有公共性、民间性、多元性、法定性、开放性和共识性等特征[①]。公民社会是一种社会现象,包含社会组织、社会价值和社会场域三个维度,它不是一种实体的社会形态,也不是意识形态。公民社会理论有助于理解社会企业产生的缘由并对社会企业在当代社会中的价值和意义提供了理论支撑。

四 市场失灵、政府失灵和志愿失灵理论

自由主义学者认为,公共问题的处理,要尽量使用市场这只"看不见的手",只有效率以外的其他非经济因素,政府才需要干预。但是由于公共物品、外部效应、自然垄断、信息不对称等因素,存在"市场治理失灵",市场便无法有效率地分配商品和劳务。为应对这个问题,以

---

① 王名:《多重视角透析公民社会》,2013 年 10 月,http://theory.people.com.cn/n/2013/1009/c112851-23139563.html,2024 年 6 月 28 日。

凯恩斯为代表的主流经济学家提倡政府干预，但政府会出现供给机制失效，造成政府的分配无效率或衍生竞租的现象，包括官僚化、低效率、地方政府分权等问题，进而导致政府在提供公共物品方面有所不足，最后造成了"政府治理失灵"。

在这一背景下，非营利组织蓬勃兴起，但是，非营利组织的组织形态、运作方式及角色功能也无法适应这些新的挑战，进一步产生了"志愿部门治理失灵"。主要表现在：（1）非志愿性。其突出表现就是非营利组织活动所需的开支与非营利组织能募集到的资源之间存在着重大的缺口。一方面是由于公共物品供给中普遍存在的"搭便车"的问题；另一方面是由于非营利组织的资金、人力来源会受到经济波动的影响，导致非营利组织难以获得充分可依赖的资源处理公共服务的问题。（2）非独立性。非营利组织因为资源、人力的不足，在很大程度上要依赖政府和企业的财政资助，而这些资助往往有附加的条件，导致非营利组织很难有独立的决策、计划、执行的能力。（3）狭隘性。非营利组织的存在往往具有针对性、专门性的特点，它所服务的对象一般是一些特定的社会群体。这样就导致很多社会群体，特别是弱势群体，往往无力建立维护自身利益的组织。此外，狭隘性还会产生重复建设的问题，难以达到规模效应，容易导致资源的浪费和效率的低下。（4）家长作风。在非营利组织中，掌握组织经济命脉的人对如何使用资源有很大的发言权，而服务对象作为弱势群体和纯粹受惠者的角色难以在非营利组织的决策中发挥影响。（5）业余性。非营利组织的活动主要依赖于很多志愿者，他们未受过专业的训练，非营利组织也无法给他们提供具有竞争力的薪酬，这些都影响着非营利组织活动的效率①。因此，政府、非营利组织、企业解决不了的社会问题需要新的方式来解决，社会企业正好可以弥补这方面的不足。

以上三种理论主要反映出单一靠市场、政府、非营利组织都会有解

---

① 黄剑宇：《社会企业：非营利组织发展的新方向》，《湖南工程学院学报（社会科学版）》2010年第2期。

决不了的问题,而不断涌现出的新问题则需要新方式、新思路来解决,社会企业正好可以弥补这方面的不足。

第三节 概念界定

一 社会企业

虽然关于社会企业目前全世界还没有一个统一的概念,但是,社会企业是在纯慈善(非营利组织)与纯营利(私人企业)之间的连续体[①]这种说法得到较为一致的认可,具体的要素包含社会价值、商业手段、创新和变革。社会企业最核心的特征有两个:一是以社会价值为导向,二是具有商业性。因为社会企业首要目标是公共产品,以创新为途径来努力解决社会问题,并运用商业运作模式创造社会价值。在我国,社会企业可以是以公益性社会服务为主要目标的企事业单位;也可能是一些商业企业在壮大后延伸开辟出的新的组织;还可能一直是非营利组织、民办非企业单位或者是兼具多种组织形式的一个组织。在目前阶段,只要这些不同形式的组织符合社会企业的基本要素和核心特征,就可以视其为社会企业。基于不同学者的定义和我国社会企业的发展现状,本书把社会企业定义为以实现社会价值为首要目标,采取商业化方式运作并能给社会带来积极意义的创新和变革的组织。

二 社会企业工作者

一般来说,凡是通过从事不同职业,贡献某种工作专业技能并获取对应合法收入的人都可称为工作者。社会企业工作者可以理解成为社会企业工作的劳动者,而社会企业的工作者又可分为两种:社会企业直接雇佣的员工和社会企业的帮扶对象。社会企业的帮扶对象是指一些受助

---

① J. Gregory Dees, "Enterprising Nonprofits", *Harvard Business Review on Nonprofits*, Boston: Harvard Business School Publishing, 1999, pp. 135-166.

于社会企业的工作者，如社会企业招募的一些弱势群体人员，他们既作为受帮助的一方，也会作为社会企业的员工在企业里工作，还会代表社会企业去服务其他主体，因此这样的工作者具有两种身份。这种情况更多见于工作整合性社会企业，这类社会企业的服务对象一般是弱势群体，通过给弱势群体劳动者培训、开展教育等方式使劳动者获得就业的能力或者直接给他们提供就业的岗位和机会。在这一过程中，本身是弱势群体的这一部分人既是社会企业的帮扶对象，又成为社会企业的工作者，他们代表社会企业对外进行服务或工作。类似的社会企业有深圳残友、四川羌秀、南京的爱德面包坊等。

本书把社会企业工作者定义为在社会企业中工作的劳动者，他们在社会企业工作或代表社会企业去服务其他主体。本书的社会企业工作者分为两类——员工和家政员。社会企业员工是指入职时并非作为社会企业帮扶对象（本书为当时来自还未脱贫地区的家政员）而招聘，并且与社会企业签订有正规劳动合同关系的工作者。家政员是指经过社会企业培训并取得家政员资格后，进入市场提供服务的工作者。本书家政员的主体是来自当时贫困地区的妇女，她们既作为受社会企业帮助的一方，又代表社会企业派出的一方去为顾客提供服务。

三 社会企业的分层影响

社会企业在价值创造的过程中，除了会对企业外部的社会产生一定的影响，也会对企业内部工作者产生影响。正如爱普斯坦和尤萨斯的观点，作为一种由行动引起的外在性结果，影响既包含有意产生的影响也包括无意中产生的影响，既包含消极的也包含积极的影响，既包括长期的也包括短期的影响[1]，社会企业对工作者的影响也正是如此。社会企业除了对国家层面、地区层面会产生影响，也会对个体工作者产生影响，呈现出影响的分层性。

---

[1] Marc J. Epstein, Kristi Yuthas, *Measuring and Improving Social Impacts: A Guide for Nonprofits*, Companies and Impact Investors (1st ed.), Berrett-Koehler Publishers, 2014, p.28.

社会企业分层影响及评价

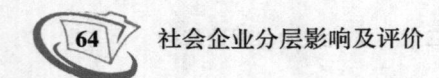

本书把社会企业的分层影响定义为社会企业给国家、地区和个人带来的变化，既包括在国家层面、地区层面的整体性变化也包括给人的个体层面带来的生活水平、心理情感以及思想意识方面的变化，既可以是量化、显性的变化，也可以是难以量化、隐性的变化。

第三章

社会企业 F 的发展历程及对国家和地区层面的影响

本章内容参考了社会企业的相关文献和视频资源，包括学术文章、会议摘要、政府及社会企业 F 官网的资料和统计数据、新闻媒体报道、电视节目等，也参考了笔者实际观察和参与活动中获得的第一手资料，包括有关社会企业 F 的工作总结、年度报告、组织规章、管理制度文件、内部刊物以及笔者访谈中的大量数据。

本研究的访谈过程分为三个阶段。第一个阶段主要了解社会企业 F 的基本情况；第二个阶段初步了解社会企业对工作者的影响；第三个阶段进一步深度了解社会企业对工作者的影响。

（一）第一阶段

此阶段访谈的目的主要是对社会企业 F 进行初步了解，对社会企业的影响进行初步的把握。通过第一阶段的访谈，笔者初步掌握了社会企业 F 的历史发展过程、运行状况、取得的成绩和面临的困难等信息，熟悉员工的一些基本情况，以及 F 与合作省合作的基本情况，了解了 F 在家政行业、社会治理方面发挥的作用和影响。笔者通过对社会企业 F 历史和现状的了解进而发现，F 除对国家、社会有深远的影响之外，它对工作者自身也有较大的影响和触动，这种对工作者的影响较难测量和观察，因此需要进行深入研究。

（二）第二阶段

此阶段访谈的主要目的是探索社会企业 F 对其工作者的影响。经过第一阶段的访谈，笔者对不同受访者的个人情况和他们感知到的影响有了大致印象，在此基础上，笔者在第二阶段结合不同受访者的特点进行了深入访谈。通过和受访者交流，笔者进一步了解了 F 对其工作者产生的影响，了解了工作者的收获和企业的优势与不足，了解了社会企业的管理方式和其影响产生的原因。

（三）第三阶段

此阶段的访谈主要是对社会企业对工作者的影响进行进一步了解。这个阶段，笔者对已经访谈过的部分工作者进行了更深层次的交流，进一步了解他们对具体某些问题的更深入的看法。在第三阶段的访谈过程中，笔者也再次对第一和第二阶段发现的一些问题进行了追问和分析，掌握了更丰富、更充实的第一手材料。

以上三个阶段的全部访谈共计 30 人，包含社会企业 F 的工作者和 F 合作方的工作者。社会企业的工作者包括创办者、中高层管理者、普通员工、F 帮扶群体即家政员，还包括社会企业 F 的上级组织某基金会的人员。F 合作方的工作者包括某省扶贫办和该省妇联的同志。对 F 工作者的访谈分别在社会企业 F 总部、培训学校和两个门店进行。其中第一个阶段访谈过的部分人员在第二阶段和第三阶段的访谈中再次被访谈，以便更深入了解他们的情况。考虑到访谈对象工作繁忙，访谈地点和访谈时间均事先预约好，都是在各访谈对象工作的场所进行。访谈前均和联系人说明访谈的大致结构和安排。其中在总部和学校的访谈，是在社会企业 F 的负责人介绍下以滚雪球方式选取当时可以接受访谈的人员，门店的访谈是在各店长介绍下，选取当时可以接受访谈的人员。访谈采取一对一的方式，在单独的房间进行，以便受访者可以没有顾虑接受访谈。在访谈之前会先说明访谈的意图、内容以及访谈提纲。受访者详细情况如表 3-1。

第三章 社会企业 F 的发展历程及对国家和地区层面的影响

表 3-1　　　　　　　　　受访者基本情况

序号	类别	性别	岗位	年龄段	教育程度	工作年限	其他单位经历	访谈次数
1	员工	男	高层	51 岁及以上	大专	11—15 年	有	3
2	员工	女	基层	21—30 岁	大专	1—5 年	有	1
3	员工	男	高层	51 岁及以上	硕士及以上	11—15 年	有	1
4	员工	女	基层	21—30 岁	本科	1—5 年	有	1
5	员工	女	基层	41—50 岁	高中	1—5 年	有	1
6	员工	女	基层	21—30 岁	高中	1—5 年	无	1
7	家政员	女	基层	41—50 岁	小学	1—5 年	有	1
8	家政员	女	基层	31—40 岁	高中	1—5 年	有	1
9	员工	女	基层	21—30 岁	高中	1—5 年	无	1
10	员工	女	高层	41—50 岁	本科	11—15 年	有	2
11	员工	女	基层	31—40 岁	高中	11—15 年	有	2
12	员工	女	基层	41—50 岁	高中	6—10 年	有	1
13	员工（L 基金会）	男	中层	31—40 岁	本科	6—10 年	有	3
14	员工	女	中层	31—40 岁	大专	11—15 年	有	1
15	员工	女	基层	51 岁及以上	高中	6—10 年	有	1
16	员工（L 基金会）	女	高层	41—50 岁	本科	6—10 年	有	1
17	员工	女	基层	51 岁及以上	高中	1—5 年	有	1
18	家政员	女	基层	41—50 岁	小学	1—5 年	有	1
19	员工	女	基层	21—30 岁	高中	1—5 年	无	1
20	家政员	女	基层	41—50 岁	初中	1—5 年	有	1
21	家政员	女	基层	41—50 岁	初中	1—5 年	有	1
22	合作省扶贫办	男	中层	41—50 岁	本科	11—15 年	有	1
23	员工	女	基层	21—30 岁	高中	1—5 年	有	1
24	合作省妇联	女	中层	41—50 岁	本科	11—15 年	有	1
25	员工	女	中层	31—40 岁	大专	11—15 年	有	2
26	家政员	女	基层	51 岁及以上	小学	6—10 年	有	1

续表

序号	类别	性别	岗位	年龄段	教育程度	工作年限	其他单位经历	访谈次数
27	员工	女	中层	41—50岁	高中	6—10年	有	1
28	员工	女	中层	41—50岁	高中	6—10年	有	2
29	员工	女	中层	41—50岁	高中	6—10年	有	2
30	员工	女	中层	41—50岁	高中	6—10年	有	1

注：表中人员信息均按访谈年份计算。

第一节 社会企业的起源和发展

一 社会企业的起源及在国外的发展

在欧洲，从中世纪开始，类似慈善组织或非营利组织这样的机构就已经在卫生和社会服务领域出现，互助社也差不多在同一时期出现。当时的互助社主要是由劳动者建立用来给同伴们提供基本的保险和帮助。从19世纪中叶开始，欧洲开始广泛出现带有社会目标的企业化组织。在一些国家出现了合作社，比如英国出现了消费者合作社，德国、瑞典出现了住房合作社等。这些合作社的成立也被人们视为后来社会企业的开端。

进入20世纪后一直到20世纪70年代，福利国家制度的推行和福利国家危机的出现，为社会企业的诞生带来了机遇。20世纪50年代以前，很多西方国家都形成了政府对老年人和弱势群体的保护体系。这一段时期，这些国家加大了在福利系统领域的保障措施，不管是中央政府还是地方政府都加大了在社会问题和卫生服务方面的职责。正是在这一时期，英国率先宣布推行福利国家制度，建立了全面的社会保障制度。在20世纪六七十年代，公众在生活的各个领域都在追求更大程度的民主和平等，因此也就促使公民对一些重大的社会问题平等公正的要求与日俱增[1]。

---

[1] Jacques Defourny, Marthe Nyssens, "Conceptions of Social Enterprise and Social Entrepreneurship in Europe and the United States: Convergences and Divergences", *Journal of Social Entrepreneurship*, Vol. 1, No. 1, 2010, pp. 32-53.

第三章 社会企业 F 的发展历程及对国家和地区层面的影响

而现代意义上的社会企业是在第三部门作用凸显并逐渐发展后才开始出现。第三部门是各种非政府和非营利组织的总称或集合，一般认为是介于政府和企业之间的各种社会组织。20 世纪 70 年代，经济危机引发了福利国家危机，随着福利国家制度弊端的逐渐显现，第三部门迎来了生机。伴随着经济增长率的降低和失业率的上升，政府财政赤字居高不下，社会福利困境重重。传统的福利国家模式被证明在福利分配上是效率不足的，这种模式无法有效满足社会需求。在此背景下，福利制度面临转型，第三部门开始逐渐发展。由于第三部门可以提供大量公民参与的志愿服务机会并可提供满足公众需求的各种服务，通过这种方式，第三部门广泛参与到了社会经济活动中。这个时期，由政府主导的服务体制开始鼓励个人和社会组织共同分担、共同参与。政府为此制定了各种政策激励和保障措施，帮助第三部门在公共服务领域发挥作用。到了1991 年，意大利议会通过了法律形式认可的组织形式——社会合作社（social co-operatives），随之而来的是这种组织的快速发展。现在来看，意大利的这种合作社就属于社会企业。

同时在这一阶段，传统的一些协会、基金会、互助社等都在发生转变，更加注重自身效能和企业化方式运作，由以往只关注传统的成员利益转向更为广泛的群体利益。同样，消费者互助社或农业互助社这样的组织也不再仅仅关注他们单一的目标群体，而是转向对整个社区利益的关注，进而提供能满足更广泛社会需求的服务。

直到 20 世纪 90 年代，"社会企业"的概念才真正开始出现。欧洲的社会企业概念最早出现在 1990 年，紧随意大利的合作社运动而出现。同期美国也是在 20 世纪 90 年代初出现了社会企业家和社会企业的概念。1993 年，哈佛商学院发起成立了社会企业发展中心（Social Enterprise Initiative），成为这个阶段的里程碑事件。1998 年，"社会企业"一词首次由法国经济学家蒂埃里·让泰（Thierry Let Thai）提出，他认为社会企业的价值不是以人们衡量资本主义经济的办法，即工资、收益等标准来衡量，它的价值是把社会效果和间接的经济效益结合在一起①。

查尔斯·里德比特（Charles Leadbeater）在《社会企业家的崛起》一书中提及，社会企业具有社会性和企业性，它将创新和企业精神结合在一起，鼓励服务对象更多地为自己的生活负责，创造出了一种主动的社会福利机制，从而能打破福利的僵局②。

随着社会企业的快速发展，欧洲的一些研究者发现并认为，社会企业或者类似的组织或项目在欧洲很多国家普遍存在，由于它们的组织形式不同、名称不同、适用法律政策不同，因而有必要成立一个专门的组织来研究这些社会企业。于是在1996年，EMES在欧洲成立，当时覆盖了欧盟15个成员国。成立之初，它只是由欧洲一些大学的研究机构和学者参与，2013年它开始面向全世界接受会员。

进入2000年以后，社会企业更广泛地进入到大众的视野。关于社会企业的支持政策在各国也逐渐增多。很多国家政府陆续出台促进社会企业发展的政策，如原英国首相布莱尔曾在他就任后的首次演说中承诺，要支持更多的社会企业家的工作。截至2024年6月，在英国有超过13.1万家社会企业，为英国创造了780亿英镑的经济价值，雇用了约230万的劳动者③。此外，在北欧一些国家、美国、韩国、新加坡等都也出台了相关政策或法律制度。

二 社会企业在我国的发展

与社会企业发展较早的国家相比，我国的社会企业起步较晚。我国在20世纪80年代之前的计划经济时代就出现了很多社会福利机构，这

---

① 《社会创业需要迈大步》，《中国青年报》2012年04月09日，T01版。
② 丁开杰：《打破福利的僵局 社会企业家在行动》，2009年12月17日，https://www.dswxyjy.org.cn/n1/2019/0617/c427564-31157415.html，2024年7月10日。同时参见：Charles Leadbeater, *The Rise of the Social Entrepreneur*, Demos, 1997, https://demos.co.uk/wp-content/uploads/files/theriseofthesocialentrepreneur.pdf，2024年7月10日。
③ All about Social Enterprise, https://www.socialenterprise.org.uk/all-about-social-enterprise/，2024年6月30日。

些福利机构以目前的眼光来看具备了社会企业的一些特征和元素，可以说是社会企业的萌芽，但还不是真正意义上的社会企业。这个时期的福利机构主要向残疾人提供社会保障，一般是由政府主导，管理方式自上而下，福利机构自身并没有太多的自主管理权，加之我国还没有进入到市场经济时代，这时的福利机构也少有创新的理念和手段。

从20世纪80年代起，国有的福利机构开始寻找收入来源和服务的多元化，意图通过收费和市场经营获得收入。改革开放后，伴随我国经济体制的转型，社会福利机构的外部环境发生了变化，福利机构自身也要适应经济的转型和市场的竞争。在此背景下，传统的福利机构开始向企业化发展，但这一过程中也有大批的福利机构因为不能在竞争中生存，以致在市场经济的浪潮中被淘汰。这个阶段，我国真正意义上的社会企业开始出现。但是，究竟以什么作为我国社会企业诞生的标志，迄今还存在争议。有的学者把1993年中国社会科学院杜晓山教授创立扶贫社作为标志，也有学者以1988年南京爱德印刷有限公司成立作为标志等等。但是不管以什么作为标志，我国真正意义上的社会企业在20世纪80年代后已经出现并发展。

社会企业这个概念真正进入我国学者和实践者的视野是在20世纪90年代以后。以下几本著作对这个时期我国公众产生了很大影响，分别是：（1）1994年戴维·伯恩斯坦著 *How to Change the World: Social Entrepreneurs and the Power of New Ideas*，于2006年由吴士宏翻译在国内出版，书名为《如何改变世界 社会企业家与新思想的威力》；（2）2006年尤努斯由于社会企业的成功而获得诺贝尔和平奖，他的自传《穷人的银行家》也在国内出版；（3）1997年查尔斯·里德比特 *The rise of the social entrepreneur* 一书，于2006年由环球协力社在国内出版，书名为《社会企业家的崛起》；（4）2002年刘继同教授翻译了OECD的《社会企业》报告。这些研究成果在国内出版后让我国的很多学者、企业家、公益组织等工作者们豁然开朗，并引发了公众对社会企业的极大兴趣和关注。

自2000年之后，我国的社会组织迅速发展，也带动了社会企业的发展。我国的社会企业正是在2000年之后蓬勃兴起。据民政部统计，截至2009年年底，全国共有社会组织43.1万个，业务范围涉及科技、教育、文化、卫生、劳动、民政、体育、环境保护、法律服务、社会中介服务、工商服务等社会生活的各个领域，吸纳社会各类就业人员544.7万人[①]。截至2023年12月底，全国共有社会组织88.5万家[②]，社会企业作为社会组织的一员，在我国开始蓬勃成长。但是大部分社会企业都还处于初创期，且面临着多重挑战。据《慈善蓝皮书：中国慈善发展报告（2018）》的数据显示，55%的社会企业成立时间不到4年。大部分社会企业会受到来自资金和自身机构（时间不充裕、人才缺失、技术盲区等）的阻碍。在更系统、有效和可持续解决社会问题方面，社会企业的产品模式，尤其是治理结构普遍不够完善，且差异大。比较突出的短板是诸如管理有效性、员工激励、持续成长、薪酬待遇等执行能力和管理模式的问题[③]。《中国社会企业发展研究报告（NO.2）》2022年的数据显示，社会企业在发展过程中受到专业人才、资金紧张和品牌营销乏力的问题的困扰，这对组织的长期可持续发展构成挑战。报告指出，人员队伍和资金等问题仍然是社会企业面临的主要挑战[④]。谭建光从志愿服务和公益创业角度指出，伴随改革开放的发展，社会痛点难点发生很大的变化，30年前解决城乡群众的基本生活困难是公益和志愿服务的主要目的，在实现小康社会之后，志愿服务与公益创业要解决的痛点难点，就转变为新的需求、新的内容，需要更多的智慧和创新。加之新冠肺炎疫情之后国际国内错综复杂的形势，对公益创业机构都

---

① 关注民政事业发展：全国各类社会组织达43.1万个，https://www.baidu.com/link?url=N94m1VmkLgCeYRJHS46YuvwfkH9hgP-7lF7yENKCO-3fzk1opmIBYNq4aNqVxzBkP_FNtu0U55pxDT_2rDMOSq&wd=&eqid=a5666c7e001538d90000000266a0b456，2024年7月20日。

② 涂兆宇：厚植忠诚底色 书写服务高质量发展答卷——2023年社会组织管理工作综述，《中国社会报》2024年1月4日第A01版。

③ 参见陈迎炜、呼锦平、王红红、张元、顾小双《生生不息：中国社会创业家新生代数据画像》，载杨团主编《慈善蓝皮书：中国慈善发展报告（2018）》，社会科学文献出版社2018年版。

④ 参见徐家良、张其伟《中国社会企业发展实践与展望（2021—2022年）》，载徐家良主编《中国社会企业发展研究报告（No.2）》，社会科学文献出版社2023年版，第15页。

带来挑战①。

在社会企业认证和注册方面，很长一段时间，我国法律体系框架中并没有"社会企业"这种实体，但是类似的组织其实已经存在较长时间，诸如农民合作社、社会福利企业、民办非企业单位、劳动就业服务企业等，还有一些基金会和不以营利为目的的商业企业等实体存在已久，并且一直在从事着社会企业的工作。

根据 2019 年的一份报告显示，如果按相对严格的社会企业标准来统计，我国自己认同社会企业身份且被行业内认可的社会企业有 1684 家，而如果放宽标准，纳入一定的民办非企业单位和农民合作社，则达到 17 万余家。社会企业组织类型多样，59.5% 为工商注册的营利性企业，32.4% 为采取市场化运作的非营利组织，5.1% 为同时注册了工商企业和民办非企业单位等不同性质的"混合型组织"。调查报告还显示，多数社会企业处于组织发展的初创期，其中 44% 的受访社会企业成立于 2015 年及以后②。2023 年，上海交通大学一项调研显示，工商部门主管的社会企业占比最大，约为 74.62%，民政注册的占 15.38%，工商注册的公司和民政注册的社会组织两者都有的占 8.46%，其他形式有 1.54%③。2022 年，北京市出台《关于促进社会企业发展的意见》，提出"十四五"末认定社会企业超 300 家的目标，重点扶持养老助残、家政服务、应急管理、社区服务等民生保障类社会企业。

如今社会企业在中国正逐渐被大众所了解，而且已经有越来越多的基金会和社会组织开始支持、培育各类社会企业和社会企业家，如南都公益基金会、友成基金会、乐平公益基金会等，都专门设有支持社会企业的计划和项目，而且取得了众多显著成果。一些地方政府也陆续出台

---

① 参见谭建光《从志愿服务到公益创业——2023 年中国青年志愿服务公益创业赛观察》，http://www.zgzyz.org.cn/gb/articles/2023-11/18/content_r5d9xSnV.html，2024 年 9 月 20 日。

② 参见《中国发布：中国社会企业超 175 万家 服务弱势群体实现社会价值》，http://news.china.com.cn/txt/2019-04/13/content_74677373.htm，2024 年 7 月 10 日。

③ 徐家良主编：《中国社会企业发展研究报告（No.2）》，社会科学文献出版社 2023 年版，第 27 页。

了社会企业的认证办法，从而引领社会企业逐渐走向规范化发展道路。在中国知网上，截至2024年4月，精确搜索"社会企业"有4249条结果。近几年在我国已经陆续开展社会企业认证、社会企业论坛、社会创新和影响力投资有关的各种峰会、交流会等，都说明社会企业在我国的关注度正在上升。在我国一些高校如北京大学、清华大学、北京师范大学、中国人民大学、上海交通大学等也建立了关于社会企业、公益创业等有关的研究机构。可见，不管政府、商界、社会、学术界还是广大公众都已经对社会企业产生极大兴趣，社会企业在推进中国式现代化进程中发挥的作用也越来越被重视。

此外，我国也一直重视对青年公益精神和创新创业精神的培养。全国青联与联合国国际劳工组织合作，自2005年起便在中国大学中开展KAB（Know About Business）创业教育项目。该项目积极贯彻落实国家创新创业政策、服务青年成长，积极发挥服务青年、培养人才的功能，着力培养大学生创新精神、实践能力和创业能力[①]。截至2024年，"挑战杯"全国大学生课外学术科技作品竞赛目前已经举办十九届，"中国青年创青春大赛"自2014年起已连续举办11届，从第八届开始推出"社会企业"专项。中国青年志愿服务项目大赛和公益创意赛也已举办第七届。这些赛事活动一般要经历从地方初赛，再最后到全国赛的过程，这些活动极大促进了公益创新和社会企业理念的推广和普及，特别是带动广大青年广泛参与到社会企业家精神的培育过程中。

第二节　社会企业F的发展历程

社会企业F（以下简称F），它的名称包含使平民百姓尽快富裕起来之意，最早是在2002年由我国几位著名的经济学家出资成立。社会企业F，最早叫职业技能培训学校，简称F学校。F的创办者们当时非常关注

---

① 参见《KAB创业教育项目简介》，http://www.kab.org.cn/gb/articles/2022-03/15/content_xgzzEigKQ.html，2024年9月20日。

"三农"问题,很长一段时间他们都在思考和寻找我国贫困问题的解决方式,对我国的弱势群体也非常关注。其中有创办者曾在山西有过多年的工作经验,他们当时想借鉴在山西小额信贷的扶贫经验,探索新的扶贫模式。2002年,他们创立了F学校,想通过给贫困地区的妇女进行家政培训,帮助她们实现就业和脱贫。

通过访谈和相关资料的查阅、收集和分析,本书把社会企业F的发展历程划分为三个阶段。

一 社会企业F的起步阶段

第一阶段是F成立和摸索起步阶段。2002年F成立伊始,创办者在山西农村正开展着小额信贷扶贫项目试点。小额信贷这种扶贫模式在尤努斯创办格莱珉银行之后引起了全世界的重视并开始风靡,但是小额信贷扶贫模式周期长,见效慢。当时我国很多农村及贫困地区的劳动者由于就业机会贫乏,劳动力大量闲置,很多劳动者特别是妇女无法就业,如果都采用小额信贷这种模式,扶贫成效将非常有限。于是作为经济学家的创办者M先生就考虑是否能有其他途径帮助这些人脱贫,并着手尝试着把中西部一些地区的女性劳动者向城市输送。M先生认为,这样或许可以通过经济较发达的地区和城市为她们提供就业岗位,并帮助她们乃至全家脱贫。2002年,他和另一位合作者集资数十万元作为企业两大股东[①],连同随后加入的一些志同道合的伙伴们共同投资,创办了F职业技能培训学校。成立之初,F就是一个普通的技能培训学校。创办者们在F成立之初便提出了一个口号,即"开创新的人生",以此作为F的办学宗旨。同时他们还给F提出了两大目标,一是为贫困地区的妇女创造就业机会;二是推动城市社区服务业发展。F在成立之初把自己定位为非营利组织,以民办非企业单位的形式进行注册,作为投资者的几位创办者不参与分红,组织的所有利润全用于学校的发展。F建立的前

---

① 哈晓斯、李天国:《为贫困农民架起就业之桥——北京富平职业技能培训学校探详》,《中国劳动》,2003年第5期。

几年，面临的困难和压力非常大，当时学校的运作方式很单一，就是通过在校园里给报名者实地上课的唯一形式给她们提供培训，然后通过其他的一些家政公司去联系客户，帮助受训者实现就业。当时的招生方式主要依赖创办者在山西当地的关系和口碑，采用个人宣传的方式，很长一段时间都得靠学校招生部门的负责人亲自挨家挨户宣传，费时、费力，宣传效果也很一般。

二 社会企业F的发展阶段

第二阶段是F创新思路并确立社会企业运作模式的发展阶段。经过了近一年的摸索，F也在努力寻找更好的帮助农村或贫困地区女性实现就业的途径。这一阶段，F确定了两个重要的发展模式，一个是市场化方式运作，一个是与政府合作。也是在这个阶段，F确立了社会企业的发展思路，并始终围绕实现社会价值的核心目标而运作。

2002年10月，社会企业F以企业的形式注册成立了家政服务中心，实现了市场化方式运作。F成立家政服务中心的目的是更方便、更放心地推荐家政员就业，同时也可以为自己扩大招生面，使服务惠及更广泛的人群。而且成立家政服务中心，既可以节约资金又能为组织创造利润。F在这一阶段通过"前店后坊"的形式实现社会企业运作模式。"前店"指F的家政服务中心，"后坊"指F技能培训学校。家政服务中心成立之后，F开始进入了一个新的阶段，以往组织的运转和维系全是靠创始资金，而这个阶段资金来源更广。"前店后坊"模式中，"后坊"主要负责招生、教学和培训，"前店"负责把接受过培训后的家政员有针对性地推荐去客户家完成就业，同时也会招收市场上其他需要推荐就业的家政员，从而形成、扩大和巩固用户网络。由于"后坊"依据"前店"的需求状况和用户反映不断改善和充实培训内容，从而成为前店的资源；而"前店"则凭借"后坊"的资源和学员的个性特点，不断扩展延伸用户范围及服务内容，从而成为"后坊"的窗口①。当初成立"前店"的主要目的和功能就是为了能充分帮助贫困地区的妇女实现有保障的就业，形成培训到就业一条龙服务，同时也为了帮助组织能有效创收，使获取的利润能够全部投入组织再运转。在这个阶段，F通过不懈努力逐渐实现了可以自己"造血"，即通过商业化运作方式为企业创收。

实践中，社会企业F始终围绕实现社会价值这一核心目标而运作。据2013年一份内部评估报告记载，F实际培训、安置的就业是以贫困地区的农村中年妇女为主，且这些妇女大都受教育状况较低，就业经验较少。其中，家政员中有66.8%是农村女性，她们当中有62.1%是初中及以下受教育水平，49.2%的女性处于赋闲、务农或偶尔打工的状态。可以看出，面对这样的社会问题，可能不少组织会认为是"难啃的骨头"，不但赚不到什么钱而且可能很难实现什么目标，但是F正是因为本着实现社会价值这一根本目标，坚持去帮助这些贫困地区的女性实现就业。

F在安排家政员就业过程中，从客户需求登记、家政员岗前培训，直到家政服务结束、协议终止，F始终坚持严格和规范的流程。就业过程中如果出现矛盾和问题，也会采取一对一的方式解决。这样的处理方式，做到了在照顾客户权益的同时，尽可能地保障家政员的权益。

F在第二个发展阶段中的一个重大进展是探索与地方政府的合作，进而形成自己独特的一种发展模式即"民办公助。"在F成立的那个时期，城市化进程加快，使得大量城市家庭急需家政服务人员，而很多欠发达地区的女性没有工作，家里也比较贫困，于是出现了大量女性劳动者涌入城市成为家政服务人员的现象。A省正是这样的省份之一，很多A省的女性劳动者进入到大城市比如北京、上海，成为"保姆"。恰巧F当时正遇上招生困难的问题，对此，F的创办者们考虑采取新的方式来扩大招生，便抱着试一试的态度与A省政府开展了试点合作。他们的主要做法是，A省政府负责组织、动员和推荐劳动者去北京，F负责他们

---

① 斯人：《"前店后坊"办培训》，《中国劳动》2003年第5期。

到京后的生活、学习和就业安置。这项试点工作开始之后，F和A省政府双方都认为合作效果非常好。在随后的几年内，F便陆续与国务院扶贫办以及安徽、甘肃、陕西、河南、湖南等省扶贫办建立起长期合作关系。

据F职业技能培训学校的负责人说："2002年那会招生很困难，但是我们和政府合作一拍即合。政府也希望通过F能有组织地把人输出到大城市，然后对他们进行培训、体面就业和维权。当时我们合作省的财政厅、妇联、扶贫办给予了大力支持，这个学校招生的窘态马上改观。很快，当时一个县就来了80多人，我们从此就开始了'民办公助'的模式。'公助'是指输出地政府给一些招生费用、路费和一部分培训费。合作省政府为了他们的人能更好的就业就给予了我们很大支持，紧接着上千人就来了。"

正当形势发展向好之时，2003年全国遭遇"非典"，这对F造成严重打击，也是F发展历程中最艰苦的一段时期。因为"非典"的发生，F生源减少，学校面临着资金短缺压力，甚至一度陷入即将倒闭的境地，但在创办者的坚持下，F没有倒下。这次事件也让F的管理者们认识到需要进一步完善组织结构和运作方式。

这位负责人回顾说："当时学生和老师一周只能外出一次买点生活用品。要不是投资者当时说再坚持一下，F差点都倒闭了。因为我们老师得开工资、学员得吃饭啊，领导们当时就说坚持一下，出资人自己掏钱坚持着，总算还挨过去了。"

2006年，为了进一步完善自身组织结构和运作方式，F的创办者们在已有工作业务的基础上，又陆续探索开展了社会投资、小额贷款等业务。随着各项业务的拓展，F成立了一个新的机构，本书称之为"新F学校"。社会企业F和其他几项业务都成为新F学校的工作内容。新F学校的使命是以社会企业家的精神和方法推动社会创新，让服务惠及困难群体，助力实现社会公正、和谐与可持续发展，其倡导的价值观是服务、创新、朴素、快乐，社会企业F也一直践行和遵循着这样的使命和价值观。

就在 F 的事业蒸蒸日上之时，2007 年发生的一起家政员意外事件，使 F 一度陷入濒临倒闭的境地。F 的一位家政员在客户家照看孩子，无意间 2 岁的儿童坠落沙发，经抢救无效死亡。这一事件导致 F 赔偿 50 万元。这次事件对 F 来说是一次巨大打击，但也正是这件事使 F 意识到，要建立家政员的保险制度，这也推动了后来 F 在家政行业开设保险的进程，关于家政行业开设保险制度的具体情况后文还会详细叙述。

随着社会企业 F 的社会价值不断彰显，F 得到了政府和社会的认可。2009 年，F 获得了所在市人力资源和社会保障局以及市商委评定的"家政服务定点培训机构""家政服务示范工程培训机构"的资质，同年还被全国妇联评为"全国巾帼家政培训示范基地"。这些资质和荣誉的获得，使 F 的社会的知名度和影响力不断扩大。

三 社会企业 F 的新发展阶段

第三阶段是 F 机构重组，并向具有更大影响力的社会企业迈进的新发展阶段。2010 年 11 月，在 F 运作基础上，通过机构重组，将社会企业 F、已成立的创业投资有限责任公司和小额贷款有限责任公司整合，成立了一个 L 公益基金会。L 公益基金会的成立使 F 又迈入一个新的发展阶段。根据 L 公益基金会官网介绍，该基金会的使命是构建一个包容发展的社会，为真切关心社会发展的人，提供解决社会问题的生态环境。2010 年开始，之前伴随 F 发展的其他项目，如小额贷款项目、环境农业项目，以及后来发展的儿童早教项目，都纷纷注册成立了独立的公司，与社会企业 F 一起成为 L 公益基金会下面的重要分支。L 公益基金会更加重视集合影响力、跨部门协作，关注数字化时代和全球化的特点，同时注重对社会企业家精神的学习和弘扬。在这一阶段，社会企业 F 的组织架构更加科学、健全，分工更明确，组织运转也更加流畅。2011 年，F 被国家人力资源和社会保障部评为"全国百强家庭服务企业"，也成为所在区家政服务培训基地，同时在所在市率先取得"养老护理员"培训资质并开展培训。成立后的十年间，F 共培训女性农民工两万余人。仅

2017年，F就为近5000名来自贫困地区的妇女和下岗女工提供了家政、母婴照料、养老服务等培训，并帮助她们实现就业，年均收入在3万元以上①。在这一阶段，F正向着影响力更大的社会企业迈进，还时刻结合科技和社会的进步，不断扩充自身的工作内容和产品，比如随着新媒体的普及，F积极开发网络和在线课程；积极组织员工参与各类和社会企业有关的学术会议或活动；积极探索与不同机构、社会组织的协作。在经费运作方面，社会企业F在多年发展过程中，始终坚持利润再投入的原则，股东不参与分红，每年的利润均用于企业日常发展和运营。

第三节　社会企业F对国家层面的影响

一　创造性解决社会问题

在F成立之初，我国农村女性劳动者的教育机会和就业机会缺失严重。那时在我国居民收入不平等的因素中，城乡和地区收入不平等因素占主导地位，城乡差异除了收入方面，在教育和就业方面也存在大量机会不平等的情况。同时，在同一贫困地区内，相比于男性，女性在这两方面所面临的不平等状况更为严重。在就业方面，当时贫困地区的就业岗位难以满足有意愿、有能力就业的女性的需求，因此贫困地区的这部分女性只能背井离乡去外地寻求就业机会，而在就业过程中各种突发事件时有发生。F在这个时期对贫困地区的女性群体就业途径做出精准判断，充分发挥社会企业家的智慧，对贫困地区女性以先培训后转移再就业的方式，帮助她们获得了就业机会，实现了就业均等的权利，不仅实现了劳动者自身脱贫而且带动全家脱贫，这对我国当时的扶贫事业具有重要意义。

以F为代表的社会企业用社会企业的眼光和方法去解决社会问题，对我国社会治理体系的创新、探索和不断进步具有重要意义。社会企业

---

① 数据来源：L公益基金会2017年度工作报告。

首先要具备发现社会问题的能力，进而具备解决社会问题的勇气、思维和方案，最终解决问题，同时可能还带来社会某领域的变革。二十多年前，F为了解决贫困地区女性的就业，探索出家政员的先培训后就业再脱贫的模式，赋权、赋能给这些本身文化技能欠缺、家庭贫困、地位不高的农村妇女，使她们既获得了生存的能力又获得了社会服务。同时F通过组织自身各方面的不断创新，持续推动家政行业的发展，乃至实现家政行业的变革，不断拓宽贫困问题的解决思路，这样一种模式正是社会企业特点和价值的体现。

二 推动社会治理模式转型

F在家政行业和扶贫领域探索出社会组织与政府合作的模式。F最先以"扶贫"为目的而起步，在成立的第一年，其发展主要借助创办人的口碑和人脉来获取生源，但之后这种感召力逐年递减，甚至无法获得当地农民的充分信任，F一度面临招生困境。在此情况下，要解决眼前的问题，创办者们决定与A省先行试点合作。F首先联系了有劳动力输出需要的A省政府，还专门将A省财政厅、扶贫办和妇联的同志们请到学校考察。2002年8月，F与A省扶贫办签订合作协议，探索推行"民办公助——为弱势群体提供培训、就业、维权一体化服务"的劳动力输出模式。后来又与湖南、陕西、甘肃、河南等政府开展合作，采用的均是这种模式，具体方式是：先由当地政府负责前期的宣传组织工作，由省扶贫办牵头，县乡扶贫办承办，指派专员深入到乡村进行宣传和组织报名，然后报名者在县里统一进行体检、办理相关证件，并由当地妇联派专人将学员送到F所在城市。地方政府还要为每个学员提供补贴，包括赴京费用、体检费用和一半的培训费用。在学员进校后，F负责安排学员的食宿并垫付另一半培训费用，这部分费用在学员上岗后三个月之内还清，此种运作模式一直持续。

从此，F逐渐探索出了"民办公助"模式，开启了与政府的合作道路。它形成了自己的扶贫思路，通过对贫困人口提供技能培训，为他们创造就业机会，进而使个人和家庭都获得了自我生存的技能和城市生活的能力，最终实现个人乃至家庭的脱贫。从 F 与地方政府合作开始，这个以解决社会问题为目的的社会企业获得了生机，这个模式也逐渐推广开。

据 F 的一位负责人 C 先生说："2003 年底，国务院扶贫办开会要推广这个模式：民办公助，即对偏远地区的农村妇女在招生、培训、就业、维权、发展、城市融入等方面的问题进行规范。这个在当时是创新，从此就开始了这个模式。"

回顾社会企业 F 的这段历史，它与政府合作现在看来只是一个组织获取资源的一种方式，但在当时来看是一种创新。随后 F 成立了自己的家政公司，与培训学校并肩奋斗，实现了自己的财务持续运转并始终围绕解决贫困人群的体面就业而不懈努力，从此便走向了社会企业的发展道路。从发展至今，社会企业 F 一直与所在市政府保持着良好合作。从 2002 年注册开始，F 所在区的政府部门就一直给予支持，2015 年 F 启动了家政在线教育项目，也得到了所在区政府大力支持。

社会企业 F 通过自己的实践证明了社会组织在参与社会治理中的重要作用，也带动了一大批社会组织参与到社会服务和社会治理中去。社会企业 F 从成立到发展的这些年，适逢我国社会管理模式向社会治理模式转变。从党的十四届三中全会提出加强政府社会管理职能，到党的十六届四中全会提出加强社会建设和管理，再到 2013 年，党的十八届三中全会提出"社会治理"的概念。"治理"不同于"管理"，概念的转换其实是反映了党和政府改革理念的转变。以 F 为代表的我国最早一批社会企业随着市场经济的发展、产业结构的变化和企业自身的不断成长，多年来不但培训了数以万计的专业人员，还为社区、城市乃至整个地区的经济带来巨大收益，有力促进了扶贫事业、社会保障事业的进步，为解决社会问题做出巨大贡献。F 同时也实现了作为社会组织力量参与公共服务的提供，推动了社会治理模式的进步。在 F 的示范作用下，在家政行业领域，迄今已经有众多社会组织效仿和实践这种模式。

三 促进行业发展和进步

社会企业F促进了我国家政行业的发展，其对家政行业的影响主要体现在三个方面：一是推动家政行业普遍建立岗前培训制度；二是推动政府对家政行业的政策支持；三是推动保险行业增设针对家政行业的险种及推动家政行业实行带薪休假制度。

在社会企业F成立之初，我国家政行业处于起步发展阶段，没有形成一个专门的行业，从业人员大都没有经过系统的培训，也没有任何保障措施。之后，社会企业F通过多年的发展，逐步摸索出自己的发展模式，即"民办公助"，同时也预见到贫困地区妇女经过培训之后进入家政行业劳动力市场的发展前景。因而，F在所在市率先推行了家政行业培训制度，推动了家政服务向职业化方向发展。之后，在创办者们的努力下，F进一步推动政府支持家政行业发展，并积极尝试并推动在家政行业设立了保险制度和带薪休假制度。具体来说，F对家政行业的影响体现为以下三点：

（一）在家政行业推动建立岗前培训制度

社会企业F不断推行对家政员群体的培训、劳动保障等一系列措施，在家政行业起到了带头作用，并最终引领了行业变革。在F成立之初，家政服务业还只是一个新兴行业，家政员整体文化水平、受教育程度和能力素质普遍不高、技能贫乏。许多来自偏远、贫困地区的农民进入城市后，首先面临着生存和城市融入的问题，无论从饮食、语言、人际交流还是生活方式等方面，都遇到诸多困难。同时，整个家政行业也缺乏行业规范、乱象丛生、管理混乱，相关法律和政策都不健全。家政公司大都缺乏对家政员进行上岗前培训的意识，客户也普遍对家政这个新兴的行业和家政员群体没有明确概念，对家政员的看法就是"保姆"、"打扫卫生的"等，而一些客户对家政员要求苛刻，态度恶劣，报酬水平很低，家政员也完全不像正规劳动者那样拥有休假、休息的权利，他们的基本劳动权益很难得到保障。

访谈中，多位受访者谈到她们从家乡初次来到大城市时自己的状态，那时她们普通话不会说，电器不会用，做饭也不怎么会，更缺乏关于法律、保险、权益等知识。但经过 F 的培训及锻炼后，她们各方面状态都有很大改变。一位基层员工谈道："我们这些学员什么都不会，从老家出来，从山里出来，普通话也说不好，现代化的家用电器连熨斗都没见过，更别说用了。"

W，现在是 F 一个部门的负责人，她曾经 16 岁就从农村独自一人到北京某家庭做保姆。开始做保姆那段期间，她经受了很多痛苦的经历，甚至被媒体曝光，成为社会关注的对象。后来她结识了社会企业 F 的一位负责人，来到 F 接受培训，成为从 F 走出来的家政员。在做了一段时间家政员之后，她因为表现出色，留在了社会企业工作一直到现在。她说："我个人有过一段经历，当时客户比较严格，那会自己什么也不懂，总觉得成长就行了，但是就因为这样子，一年多的时间，我经常遭遇客户的暴力殴打。那会，别人都看不起家政员，（客户）都觉得家政员你就得听我的，打你骂你是应该的，因为你吃我的、喝我的。那会甚至我自己思想也都是这样想，就觉得能学习就挺好的。但是那会按正常人（角度）来说，是受折磨的。因为今天是否快乐是建立在客户是否高兴的基础之上。一年四季没任何朋友，所有观念、想法、观点、信息都来源于客户，甚至你想看报纸人家说你不能看，你不能有任何外界接触。"

在 F 成立初期，还未有"家政服务"的概念，社会上所认为的"保姆"工作没有什么技术含量，更没有任何针对保姆的培训。据 F 一位员工说，那时社会上的保姆一般都是由保姆公司在街上随机招聘的，这些公司很快便让刚招来的人上岗开展工作，甚至出现过这些务工者上午坐火车刚到一个地方，下午就已经去客户家工作的情况。

正是在这种情形下，社会企业 F 决定开始对所有家政员进行上岗前培训，由此开创了家政行业的先河。培训学校最早的培训周期是 26 天，周一至周五上课，周六、周日休息，培训的内容除了有家政行业必备的

第三章 社会企业F的发展历程及对国家和地区层面的影响

烹饪、清洁等技能课程外，还包括很多文化课程，如法律常识、安全常识、劳动权益保护等课程。完成培训后通过考核，家政服务员会获得初级家政服务等级证书。在发展初期，F只进行最基础的初级家政培训，2012年F取得了育婴员和养老护理员的中级培训资格后，培训面更广，专业性更强，对家政员的业务要求和考核也更高，家政员的整体技能和素质也提高更多。相应地，凡经过培训的家政员在家政市场上更受欢迎，他们的薪酬也更高。现在F的培训周期已经缩短为两周，同时为了适应时代要求，结合当今新媒体迅猛发展的特点，F也探索开发了网络课程和线上培训。F在实行家政员培训模式并运行了一段时间之后，市场上其他家政企业发现这种模式也可以获利更多。这表现为，一方面可以向家政员收取一定的培训费用，另一方面可以向客户索取可观的中介费用，于是便纷纷效仿。现在给家政员进行岗前培训已经成为行业通行的做法，也成为很多家政公司对外宣传的重要筹码。随着时代发展，当前，不管对客户、家政公司还是家政员自己来说，如果没有参加过培训或者获得过相应的资质证书，在市场上便完全不具备竞争力。家政行业培训已经成为家政员上岗前的必要环节。

负责人C先生认真回顾了当年家政行业的发展以及F后来成立家政服务中心的缘由，他说："我们2002年成立学校的时候，家政员当时就是保姆，没有人觉得她们应该培训。人们普遍觉得一个妇女对于打扫卫生、做饭这样的事情，应该都会，所以也没有一家中介机构说要开展培训的。我们就首先成立了这个家政学校，那会还没有现在这个家政服务中心，后来怎么又成立了这个企业呢？我们当时不是招生嘛，说的挺好，比如来我们这培训，培训完了送到市民家里面，工资有保障，吃得饱穿得暖。当时提出来让大家体面就业，但实际上却做不到。因为我们这只是一个培训学校，学生培训完了会去一家当时合作的家政企业工作，问题是家政员送到那去了，但他那如果没按时给家政员工资，你管不着，因为家政员已经属于人家的人啊。那会像挨了打、吃不饱之类的需要维权的事情可多了。从小的方面来说，这是对这些人不负责任，从大方面来说，学校就办不下去了，就没学生了。因为如果一个村有一个人觉得上了当，这一个村的人可能都不来了。我们就决定自己一直做到底，就成立了F家政中心。这样就可以在家政员完成培训后，完全由我们自己的家政企业把他们送到千家万户。那时我们就设计了一整套的制度，如督导员制度、薪金掌控制度等等，确保我们招生时的承诺能实现。"

（二）推动政府建立对家政行业的政策支持，包括津补贴政策和行业授牌认定

在2008年国际金融危机期间，F的一位负责人依据F的发展模式向政府提交了一份报告，建议从政府层面支持家政服务行业，将其作为解决农民工就业的重要渠道，此报告后来得到了批示。2009年，商务部联合财政部、全国总工会在全国范围实施了"家政服务工程"，提出的目标是，通过开展技能培训等措施来帮助城乡下岗人员、农民工等从事家政服务，并由政府支持每位上岗的家政服务员补贴1200—1500元不等的培训费用。当年便扶持20万名城镇下岗人员、农民工从事家政服务[①]。从此F促进了政府对家政培训服务行业进行支持和补贴。F也从这一政策中获得了一笔补助。在F的推动和家政服务行业不断的发展中，目前整个家政行业普遍享受到了政府的优惠政策。

目前，北京市人力资源和社会保障局，已把F认定为北京市家政服务定点单位。据受访者叙述，当时在授予定点单位之前，北京市已有多家服务定点机构，如汽车修理、美容美发等行业的定点机构，而唯独没有家政行业。C先生说："后来就说要几个部委牵头，全国都要实行家政员培训的制度。东部每培训一个人，就补贴1500（元），中部1300（元），西部1200（元）。这下可好了，国家有这样补贴，企业就有积极性了。北京市十几家企业，迅速就开始行动了，慢慢就带动了全国的家政行业响应。"

---

① 参见《商务部、财政部、全国总工会关于实施"家政服务工程"的通知》，2009年6月8日，http://m.mofcom.gov.cn/article/fgsjk/200906/20090602655727.shtml，2024年7月10日。

第三章　社会企业 F 的发展历程及对国家和地区层面的影响

（三）推动保险行业增设针对家政行业的险种，推动家政行业员工带薪休假制度

除了开创培训制度之外，F 为家政行业劳动者还争取了带薪休假和保险制度。在 F 成立之初的几年，人们尚无"家政"的概念，公众对家政的认知就是"保姆"，而且对于保姆这个群体和家政这个行业，国家也没有专门的制度或政策进行规范。当时人们普遍认为，保姆就是为雇主服务，只要接受了雇主的工资就可以不用休假。F 为争取弱势群体的正当权益，率先在所在市实施家政员的休息日制度试点。为了迈出这一步，F 当时冒着利润下降、竞争力降低的风险坚持了下来。当时尽管企业经营利润下降了，与其他企业相比在一段时期 F 竞争力也下降了，但是长远来看，F 保障了家政员这类群体的利益，也为整个家政行业开了好头。此外，现在如果家政员在工作中因过失造成客户人身损害、财产损失，或者家政员自身发生意外，都可获得一定比例的人身赔偿及财产赔偿，这样既保障了客户权益，也保障了家政员的利益。目前，为家政员购买保险也已经成为正规家政公司普遍的做法。

据负责人 C 先生说："当初，我们成立 F 的时候，保姆没有休息日，市民也都觉得保姆你来了怎么还能休息？但是她毕竟是劳动者啊，劳动者总有休息权。我们就在这里首倡，家政员一个月休息两天，隔一个礼拜休息一天。那时不敢说每周休息，否则就没人请你的家政员了。就这样也得罪了很多客户，也失去了很多客户。要从企业经营的角度，那样肯定是不行的，利润一下就下来了。很多客户不跟我们签单了，说别人家家政员哪有你们这样的，还两周休息一天，保姆不就是来给我帮忙的，我需要她，她还休息？当时我们的校长就说，我们就是为了帮助这些偏远地方来的妇女，她们我们不能选择，但是客户可以选择，总会有人能够理解我们的做法。那我们就选择客户吧，会有客户很开明的。这样呢，运行了大概两三年的时间，这个市大部分家政企业都实行了一个月双休的制度。我们不是有几个门店么，有一个门店先做实验，每周休息一天，也费了很多周折，少了很多客户，但是现在已经很少有不让人休息一天

的。后来我们又想,这个行业有行业特点,总得为这些人做点什么吧?让他们在国家法定节日也修,全算上这就 63 天。这 63 天可都是带薪,不上班你得给我工资。如果真让他们上班也行,那就支付双倍工资,而且这个制度我们在和客户的合同里都写清楚了。"

在保险方面,F 力争给家政员上保险。这种做法在当时业内被视为不能营利的做法。家政员由于属于非正规就业,当时国家法定的社会保险难以涵盖,于是 F 就寻求商业保险,哪怕额度不高,F 也坚持要给家政员购买保险。C 先生说:"那时保险没涵盖家政服务员,(保险公司)说你这是非正规就业,所以她们上不了这个社保,你说怎么办呢,但是她们工作中又总会出现问题。我们推动不了政策,那自己得先做点什么吧,那就上商业保险。刚开始,上的比较低,意外伤害和医疗险,个人最高 2 万。保费很低,我们给上,不用他们家里人出。那会还遭人笑话呢,说你们还给保姆上保险。因为这个行业确实也是流动性比较大,可能三天就走了,你的钱就扔了,保险公司才不会给你退钱。但是目标不一样,人家是企业,考虑要赚钱么,我们考虑不是这个,再说我们经济也能支撑的起。"

2007 年,F 发生了一件对企业生存来说至关重要的事件。一位家政员在为客户看护小孩的时候因为工作失误致孩子身亡。客户把家政员和 F 一起告上了法庭。F 的创办者当时就做出决定,不管法院最后如何裁定,全部费用由 F 解决。虽然这件事对企业来说影响极其严重,因为巨额的赔偿给企业带来沉重负担,让本来就入不敷出的社会企业雪上加霜。但当时社会企业创办者彰显的态度,让 F 上下所有人都更加坚定了组织的使命。在这件事情之后,F 更加坚定了要给家政员购买保险,这是当务之急也是工作必需。负责人 C 先生说:"当时创办者就表态,'我当初办这个学校就是要帮助这些妇女,现在她出事了,我把责任都扛过来,至于是不是我们的责任,法律会有判断,但是精神上的赔付我来,我不会让家政服务员出一分,她已经很穷了。'当时会判多少钱都还不知道,创办人就这么说,创始人他们自己出钱。从这开始我们就开始考虑保险。

这个行业其实难免会有这样的事情啊,想来想去,只有保险才能保障。后来经过反复讨论,几个月后,推出了一个保险,就是我们现在上的险种,叫家政服务责任险。我们现在给家政员上的保险最高是10万,客户是30万。我敢说现在百分之七八十的家政员都能享受到这些,我很欣慰,这涉及几十万人了。"

以上可以看出,正是由于社会企业F的不断尝试、不懈努力,使广大家政员的权益得到保障,使家政行业逐渐走向制度化、规范化的发展道路,为我国家政行业树立了表率,也推动了我国家政行业的进步。

四 推动政策改进和文化传播

社会企业F提出的"民办公助"模式以及在家政行业推行的津补贴制度等,都被政府所采纳和推广,在一定程度上推动了国家公共政策的改进。现在意义上的家政行业在社会企业F成立之初并不存在,社会企业F通过一步步探索和创新,推动了家政行业建章立制,逐步规范起来。社会企业F提出的"民办公助"模式是政府和社会组织合作的典范,在此之后一批批的社会组织也按照这个模式运行,为我国社会发展做出了巨大贡献,也促进政府不断深化认识,并在政策中体现。目前一些地方政府已经开始研究和制定面向社会企业的政策,并且不断发展完善。党的二十大报告中指出,"健全共建共治共享的社会治理制度,提升社会治理效能。"社会组织是社会力量的重要载体,社会组织与政府合作已经得到世界的广泛共识。社会企业F在当年敏锐地意识到我国家政员保险方面的空白,并积极作为,在保险行业为家政员争取到权益。目前保险行业已经开设了针对不同新兴行业群体的险种,如面向月嫂、快递员等群体开设的保险。F率先提出的家政服务员全年带薪休息63天、节假日加班获双倍工资、确保安全工作环境等标准,成为所在地区的家政行业标准,带动了大批家政企业保障其服务员的权益。作为一个社会企业,在某个时刻的创新思维或做法,带来的影响往往不仅仅局限于那一个时刻或某一个事件,它最重要的价值在于促进整个社会的创新,可以为某一个领域或某一类群体带来长久的改变。

负责人C先生说："我们通过这几年的实践，推动了政府政策的实施。2009年在我们这开了个会，那个会之后（政府）就开始给我们补贴。从此，大家便纷纷地开始效仿了，陆续成立了十几家培训学校，有的规模大，有的规模小。当然他们培训可能不和我这一样，我这是三周培训，他们可能就培训一周，但人家至少有这个东西了。在农村这个小院子能影响全国，让千万人受益，这个真的很让人兴奋。"

社会企业也会对社会文化产生影响。社会价值导向和创新性是根植于社会企业内部的核心文化。社会价值导向就会要求社会企业的文化中包含公益文化、志愿文化、奉献文化，以及中华民族的传统美德和社会主义核心价值体系。中国社会企业蕴含的中国社会企业家精神、中国故事、中国力量会对整个社会乃至世界文化产生重要影响。

社会企业F虽然仅仅是我国众多社会企业中的一员，但它在多年的发展中，其组织文化影响改变了自身一批又一批工作者。除此之外，这个社会企业反映出的社会企业文化又带动和影响了众多个体和组织。访谈中，所有受访者都表示出在社会企业F获得了精神层面和文化层面的收获。不管是家政员还是员工都认为社会企业F让他们了解了志愿和公益精神，也对中华民族传统美德和社会主义核心价值体系有了更深入的学习和实践。

第四节　社会企业F对地区层面的影响

一　有效弥补地区公共服务供给不足

近些年随着我国生育政策的调整，诸如育婴师、月嫂、托管这样的需求大增。同时，我国已经进入老龄化社会，钟点工、看护工等在城市供不应求。根据商务部2024年1月数据，据行业协会测算，目前家政服务业从业人员大概3000万，实际需求超过5000万①。在我国现实情况

---

① 参见《商务部：家政从业人员现有3000万左右　实际需求超5000万》，http://finance.people.com.cn/n1/2024/0122/c1004-40163962.html，2024年1月22日。

第三章 社会企业F的发展历程及对国家和地区层面的影响

下,一方面是市场对家政员的需求很高,另一方面却存在家政员人员不足的问题。家政员出现缺口的很大原因是大批的家政员没有接受过正规的家政教育,其知识、技能、综合能力均无法适应市场需求。社会企业F通过对家政员培训,首先弥补了这些丧失教育机会人群的教育问题。这些家政员来自不同地区,他们在当地可能因为贫困或者当地教育资源的匮乏和不均衡,无法获得最基础的教育。社会企业F给他们创造的学习机会不仅仅是家政技能的学习,更重要的是对他们综合能力的提升和眼界的拓宽,帮助他们获得持续学习和进步的动力,这样的成果可能仅靠地方的教育资源是无法有效取得的。

社会企业F有一位家政员的经历可以充分体现出F的价值。曾经有一位家政员D,来自甘肃一个贫困地区,由于家庭负担重,她初中毕业后未能继续求学。她在16岁那年通过当地扶贫办的一个项目在北京务工,接受完培训后在蛋糕店工作。两年后接到社会企业F的报名通知,便参与了中级家政员培训。在F学习期间,她萌生了当老师的想法。培训结束后她进入客户家庭,当时客户是一位退休的幼儿园园长,她总有机会听该客户讲幼儿园里的事情,这便进一步坚定了她当幼儿园教师的想法。在客户的鼓励下,她边工作边准备参加大专考试,但因不熟悉科目变化,未能考上。随后她辞职去幼儿园应聘,被拒绝后仍没有放弃,主动向面试者咨询如何能够成为一名幼师。经指点后,她前往北京幼儿师范学校,用做家政攒的积蓄交了学费。学习完成顺利毕业后,社会企业F的老师又几次帮助她联系幼儿园,直至应聘成功。她随后先当上了幼儿园里的保育员,又逐步争取试讲机会,一步步从配班老师、副班主任升至班主任。这位家政员只是众多受到社会企业F帮助和启发的工作者之一,她在当地无法获得的受教育机会和就业机会在加入F之后,逐步实现。

据C先生说,每年在F培训后的家政员,继续留在当地的比例有60%—70%,还有30%—40%的人会回到家乡或其他省份。截至2018年的数据,社会企业F累计已培训并安排四万余名家政服务员就业,其中,

90%来自贫困或偏远地区。仅以F所在地为例，这些家政员已经累计为五万余当地居民提供了家政服务。

社会企业F又开设了幼儿托管和教育课堂，进一步对之前的业务内容进行了升级和扩充，满足居民对幼儿的托管和早教需求。F经常会组织自己的员工去多个社区开展志愿服务，组织家政员利用家政艺术团为在当地的打工群体提供文艺演出，也一直鼓励自己的工作者积极做志愿者，参与社区和地区的各类志愿服务工作。

可见，社会企业F以自己所在地为支撑，既为自己的家政员创造了教育和就业等成长和发展机会，弥补了这些家政员的家乡所在地所不能提供的公共服务，同时也为家政员工作地所在城市提供了大量公共服务，有效参与了社会治理。

二　促进地区经济发展，降低地区贫困率

社会企业F作为工作整合性社会企业，为扶贫和推进乡村振兴带来巨大贡献，并促进地区经济发展。前文已经介绍过，工作整合型社会企业主要是为弱势群体创造就业机会。这些弱势群体的产生，一般是由于家庭贫困、所处地域经济落后、自身天生残疾或者遭遇天灾人祸等导致这些人在劳动力市场中缺乏就业竞争力或丧失就业资格。工作整合型社会企业大都面向这类弱势群体帮助他们实现就业，或者直接雇佣他们在本企业从业，从而使这些本身是弱势群体的工作者通过提供自己的劳动为自己争取到就业机会，进而摆脱贫困。这类社会企业会给广大劳动者本身及其家庭甚至一个地区带来重大经济贡献。

社会企业F正是这样的社会企业，当时我国还未全面消除绝对贫困，它针对农民，特别是女性无业农民的城市化和就业需求，把自己视作农民进城务工的"跳板"，帮助其实现在城市就业，同时提供帮助服务，提高工作者的城市生活质量。以甘肃省为例，甘肃省与社会企业F保持着长期合作。从2004年起，甘肃省每年会向社会企业F输送约2000名当地的贫困妇女，称之为"陇原妹"。至2017年，经双方合作已培养出

约25000名家政服务员。"陇原妹"品牌已在国家商标局注册，被全国妇联、人力资源和社会保障部评为全国家庭服务业著名品牌，也是甘肃省重点扶持的劳务品牌之一。有资料显示，2015年甘肃省有47464名贫困妇女在"陇原妹走出去"精准扶贫行动的帮助下，通过劳务输转在省内外家庭服务领域就业，人均年增收7000—8000元，其中向F输送的2000名陇原妹年人均收入达到3万元以上[①]。截至2020年，甘肃已累计培训输转"陇原妹"15万多人次，人均年收入都在5万元以上[②]。

负责人C先生说："当时甘肃省农民人均收入是5100元，比全国少4000多元，全国是9000多元。我们这一个人3500、4000元没问题，一个人就业就可以让他们家完全脱贫。一年一共3000多个保姆服务千家万户，千家万户得到了专业化服务，这3000多人也摆脱了贫困。"

某合作省扶贫办的受访者说，"（这个项目）对贫困妇女远距离就业渠道的拓展很有帮助。F给妇女解决了就业，增加了收入，脱贫致富。对我自己来说，希望看到这样的项目越多越好，也为她们解决了工作而高兴。我大力支持这个项目，也会继续支持。一年两千人，十年就可以两万多人。"

社会企业F通过培训贫困地区的妇女帮助她们实现就业和脱贫，这种通过培训获得就业能力并实现就业和脱贫的模式获得成功之后，现在已经被普遍效仿和推行。作为长期合作伙伴的甘肃省妇联已推动成立了自己省内的先培训后就业这种模式。例如，甘肃省于2016年成立了甘肃省陇原妹巾帼家政服务公司，通过对本省贫困妇女进行家政培训，帮助她们就业，同时结合进行劳动力转移和输出，为甘肃省精准扶贫做出了巨大成绩。而在我国全面脱贫后，甘肃省还在继续推进"陇原妹"品牌，巩固脱贫成果，助力乡村振兴。

---

① 参见《甘肃精准扶贫：4万余名"陇原妹"走出去实现就业》，https://www.rmzxb.com.cn/c/2016-01-29/684558.shtml，2024年7月10日。

② 参见《270名"陇原妹"在兰接受培训对接就业》，http://gs.people.com.cn/n2/2020/0512/c183283-34010334.html，2024年7月10日。

三 促进地区生态环境良好发展

虽然社会企业F不是直接从事生态环境保护工作，但是，F在多年的发展中时刻注重加强企业自身的生态环境保护意识以及对生态环境保护的教育和宣传职责。F在日常的培训课程中，会设计对生态环境保护的课程内容，对家政员进行这方面的教育。

有家政员认为，"环保培训对我帮助很大，我是从农村来的，村民们对废旧电池可以污染我们的土地和水源这些知识一无所知，也不当回事。我在整地时，经常看到埋在土里的各种各样的废旧电池。我想回去之后，让村长广播一下，还有在村里的板报上宣传，告诉大家一块小小的电池就可以污染一平方米的土地，何况更大的电池呢？被污染了的土地长出的庄稼就会对人体健康有害。建议他在村里设一个专门回收废旧电池的点，为村民、为国家做点好事。"

在F的模式获得成功之后，其所在的L公益基金会又在创办F的经验基础上，陆续建立了和F类似的几家社会企业，业务范围涉足农村微型金融、教育、农业科技等领域，如为农民提供无抵押无担保信用贷款，支持农民创业，并为其提供创业培训和咨询服务；指导农民用生态技术培育健康食材，帮助农民创造更高收入，从而促进环境生态的永续利用。通过农业科技发展公司致力于建设生态信任农业。据L公益基金会介绍，生态信任农业是提炼并不断修正的中国常规农业模式向可持续发展转变的一条创新路径。这种农业形式的交易过程是通过建立生产者和消费者的直接联系，实现农民增收、环境保护、食品安全、信任体系建设等问题。

这几家社会企业的建立和发展离不开社会企业F前期积累的大量经验，这些社会企业一起共同为我国的地区经济发展、乡村振兴事业和生态环境保护做出应有贡献。

第四章

社会企业 F 对工作者层面的影响

本章通过对访谈资料编码分析，归纳出社会企业 F 对工作者产生的不同影响，以及社会企业的独特性影响，并且分析了社会企业 F 对工作者产生影响的原因以及这些不同影响之间存在的关系。

第一节 社会企业 F 对工作者影响的发现过程

一 研究问题的提出和研究步骤

在前期文献研究过程中，本书揭示出社会企业对国家和地区会产生十分重要的影响，它为世界发展带来巨大贡献，但社会企业对其内部的个体工作者有何影响还有待探索。当前，社会企业的概念、规律和发展前景等依然还未被人们充分认识和了解，社会企业在发展中仍面临重重挑战。

长期以来，很多公益组织的从业者薪酬水平明显偏低，工资收入低于社会平均水平[①]，那么这样的现象在我国社会企业中是否存在？如果存在，为什么还会有许多工作者选择在社会企业工作，而不去其他传统的非营利组织或者企业工作？社会企业对这些工作者的影响究竟有哪些是其他组织不具备的？这些影响的产生原因是什么？笔者在查阅文献的过程中并未找到对这些问题特别明确的答案。因此，本章通过进行深度访谈来探索这些问题并给出答案。

---

① 徐永光：《公益向右，商业向左：社会企业与社会影响力投资》，中信出版集团 2017 年版，第 32—33、47 页。

访谈的内容主要包括以下几个问题：

（1）您认为，您所在的社会企业是否对您和家人有任何方面的影响、帮助或者不利之处？

（2）您认为，自己在社会企业工作后是否有收获或者变化？

（3）请谈一下自己在社会企业工作后受到哪些影响或者有哪些收获、发生了哪些变化？

（4）您怎么评价目前所工作的社会企业以及整个社会企业行业？

（5）您认为自己获得的收获或者变化是由哪些因素带来？

（6）您是否有离职或跳槽的打算？为什么？

（7）您认为哪些是社会企业独特的影响？

前文已经介绍过，本研究分三个阶段进行访谈，通过访谈，作者发现，社会企业F对这些工作者的影响是较难察觉的，也很难轻易地去进行统计和比较。因为很多影响需要时间沉淀才能显现，有的影响甚至连受访者自己都认为多年来没有去仔细想过，或者没有明确地归纳过。但是访谈给作者的直观感受是：这些影响不但存在，而且影响非常深远，社会企业对不同身份的工作者具有不同方面的影响且影响的途径也不尽相同。事实表明，社会企业F对工作者存在着众多隐性的影响，这些影响依据受访者感知的不同，又可以进一步区分为社会企业F对受访者的一般性影响和特殊性影响。有关这些影响的来源是多方面的，既包括社会企业本身与众不同的特点，也包括社会企业F自己独特的文化和管理方式，同时还有社会企业家们和社会企业工作者们的很多个人魅力。

访谈中，笔者发现，受访者均表达出对F很强的认同感，他们入职F前后的工作动机会发生明显变化。本章先对工作者入职前后的工作动机变化进行分析。

二 社会企业F工作者入职前后动机变化分析

在第一阶段的访谈中，笔者发现，在受访者中存在着一个较为普遍的现象，即受访者在入职F前后他们的工作动机发生了很大变化，这就为探索社会企业对其工作者的影响提供了重要线索。具体情况分析如下：

社会企业F的工作者分为员工和家政员。F成立的初衷是帮助中西部贫困地区妇女实现就业，改变人生。这些贫困地区的妇女既是F的帮助对象，又是F的工作者，她们经过培训之后成为家政员，代表社会企业F的工作者为顾客提供服务，其中一部分家政员后来不再从事家政员的工作，而是从事企业的管理工作和日常工作，其身份就转变成为社会企业F的员工。社会企业还有还有一些工作者角色是创办者、管理者或普通员工，他们被统称为社会企业员工。因此，本书把社会企业的工作者看作两部分，一部分是作为弱势群体和帮扶对象的家政员，另一部分是从事社会企业管理或日常工作的员工。

访谈过程中，作者发现受访者呈现出较低的离职意愿。通过对除去合作省政府工作人员之外的其余28位社会企业F工作者进行了解，当回答离职意愿时，28人均表示至少短期内（3—5年）不会离开，有18人表示没有离开的打算。在回答什么因素促使他们继续留在社会企业或愿意在社会企业工作时，受访者的回答体现出了差异性。作者认为这些差异性体现的是不同的工作动机，进而作者对"工作动机"进一步进行了编码，归纳出社会企业员工差异性的五种情形：

第一，情感依赖。这种动机是指社会企业工作者基于对组织的欣赏、信赖或者对组织里的同事、工作的喜爱而产生的情感依赖。13位受访者提到了情感因素，有2位受访者甚至把情感因素作为他们工作的唯一动机。他们认为，社会企业的工作氛围更加和谐，管理更加人性化，组织内部的人际关系更加协调。如一位家政员谈道："如果有更高工资的就业机会我也不会离开这，我舍不得这些顾客、学员还有老师们，我们的关系很好。"

第二，安全感。5位受访者认为，在社会企业工作自己更有安全感，体现在两个方面，一方面是他们认为自己的工作志向和能力与现在从事的工作更匹配，无意去寻找其他工作。另一方面，他们认为，社会企业的环境和人际关系自己已经很熟悉，也无意变换新的工作环境。提到这类动机的受访者年龄均在40岁以上,这些年龄较大的工作者更多考虑的是适应性、稳定性等因素。一位受访者提到,"有一次在员工培训时,校长问大家,'你在F工作快乐不快乐?'我觉得F有一个很好的人际关系,工作也很充实,我感觉挺好的。"

第三,创新和挑战感。9位员工提到社会企业给他们带来的创新感和挑战感。社会企业所蕴含的企业家精神倡导创新和变革,这对员工来说既是学习和成长的机遇也是一种挑战。这种持续的创新和挑战感也会一直激励和鞭策员工不断提升自我。提到这方面动机的都是F的员工,家政员没有提及这方面的动机。

第四,成就感。所有受访者都认为,他们在社会企业工作"很开心""满足""有成就感"。因为社会企业的工作经历让他们觉得"有自信""正能量""有收获感"。社会企业的员工通过直接和间接的方式,帮助弱势群体或者解决某项社会问题,员工还能够在社会企业里获得知识、提升技能、受到社会企业家的激励和组织文化的熏陶,这使得他们可以不断具有成就感。而家政员会因为自身状况的改变和收入、技能和知识的提升以及自己家庭状况的改变而由此获得成就感,因此成就感也成为他们重要的工作动机之一。

第五,创造社会价值。有16位员工明确指出了这种工作动机。他们认为,社会企业可以给他们更多的机会和平台来为社会创造价值。由于社会企业的最本质特征之一就是以社会价值为导向,这种价值观对员工会产生深远影响。尤其是社会企业的价值导向会影响到员工的价值观,也会直接影响他们的行为和心理感受,使社会企业员工会更多地关注弱势群体并自觉去思考如何更好的解决社会问题。这说明,在社会企业里工作可以很好地满足员工希望给社会创造价值的愿望。

以上是笔者根据访谈结果归纳的社会企业工作者的五种工作动机。在比较了每个受访者加入社会企业前后的动机,本书发现,他们的工作动机在这两个不同阶段存在明显不同。表4-1呈现了受访者的工作动机变化情况,"动机1"表示工作者加入F之前的工作动机,"动机2"表示加入 F 工作了一段时间之后的工作动机。一些工作者在加入社会企业之前，只是为了找到工作或者正准备调换工作，而有的原本就是社会企业帮扶的对象，后来转变为企业的一员，他们在工作一段时间之后，工作动机均发生了变化。其中，有 21 人提到目前的工作动机包括诸如"想为社会做出贡献"，本书归纳为"带来社会价值"，提到这一动机的受访者最多，占 75%。

表 4-1　　　　　　　　　　受访者工作动机对比

序号	动机 1	动机 2
1	给朋友帮忙	带来社会价值；成就感
2	正准备换工作；给朋友帮忙	创新和挑战性的工作；快乐；带来社会价值；知识和能力提升
3	尝试进入公益领域	帮助解决社会问题；带来社会价值
4	给朋友临时帮忙	带来社会价值；快乐；成就感
5	追随孩子来，进而寻求一份工作	满意；带来社会价值
6	正在找工作	收入有保障；知识和能力提升
7	家里贫困，正在找工作	收入有保障；知识和能力提升；信任
8	从外地过来，想换个工作	收入有保障；知识和能力提升；信任
9	从外地过来，想换个工作	知识和能力提升
10	自己创业失败正准备找工作	带来社会价值；知识和能力提升；成就感
11	来这里帮助姐姐；想接受培训成为家政服务员	安全感；情感依赖；带来社会价值；快乐
12	想接受培训成为家政服务员	带来社会价值；知识和能力提升；快乐
13	正想换工作	带来社会价值；创新和挑战性的工作；知识和能力提升；成就感
14	想接受培训成为家政服务员	创新和挑战性的工作；带来社会价值；知识和能力提升；成就感
15	正在找工作	安全感；快乐；带来社会价值
16	接受邀请想体验新的工作	带来社会价值；成就感；知识和能力提升
17	做生意失败想换个工作	带来社会价值；成就感
18	做生意失败想换个工作	收入提升；知识和能力提升；信任

续表

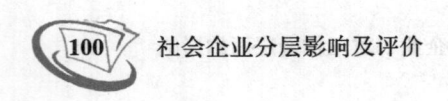

序号	动机1	动机2
19	正在找工作	知识和能力提升；带来社会价值；快乐；成就感
20	家里贫困，正在找工作	收入有保障；福利好；知识和能力提升；信任
21	正想换工作	知识和技能提升；带来社会价值；信任；
22	想接受培训成为家政服务员	收入有保障；带来社会价值；快乐；成就感
23	正想换工作	快乐；带来社会价值；成就感；知识和能力提升
24	正想换工作	收入有保障；福利好；知识和能力提升；信任
25	正想换工作	带来社会价值；快乐；成就感
26	单位倒闭裁员，正在找工作	带来社会价值；快乐；成就感；知识和能力提升
27	尝试做志愿者	带来社会价值；快乐；成就感；知识和能力提升
28	正想换工作	带来社会价值；成就感；知识和能力提升

从以上对工作动机变化的分析可以发现，大部分社会企业工作者在社会企业工作后能感受到自己不仅愿意而且切实创造了社会价值，这种成就感使他们体验到工作的快乐，也对企业有了更多的认同。因此，他们的离职意愿也比较低。本书这一发现也为探索社会企业对工作者的影响提供了重要线索。

第二节 社会企业F对工作者的一般性影响

本书所指的一般性影响，是指社会企业工作者能感受到的自己在社会企业工作后自身发生的变化，但是受访者不能判断这种影响是仅由社会企业引起还是由其他方面原因所引起。比如工作者由无业状态变为就业状态而取得收入的情况，这种情况下，虽然社会企业确实给他们提供了就业机会和劳动报酬，但此种影响或许其他组织也可以实现，笔者把这样的影响归纳为一般性影响。

访谈结束后，本书借助NVIVO软件对所有访谈资料进行了开放式编码，编码的结果在NVIVO软件中以自由节点和树节点的形式呈现，初步共计68个节点，如图4-1所示。开放式编码发掘出社会企业对工作者影

第四章 社会企业F对工作者层面的影响

响的表现以及影响产生的各种原因。

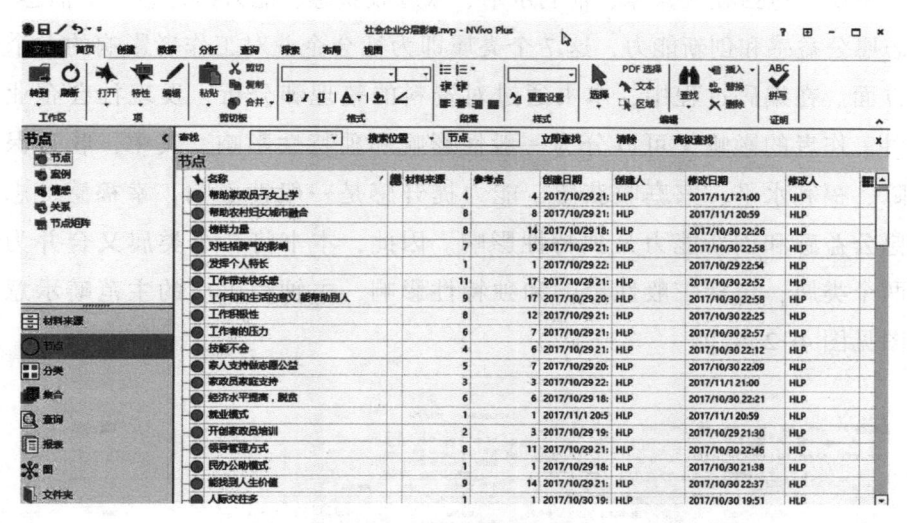

图 4-1 开放式编码示意图

在开放式编码基础上，本研究再通过主轴编码进一步对这些影响的表现进行归类，经过对 68 个节点进行整理合并，归纳成 23 个初步类属，见表 4-2。这一阶段是将影响的表现进行了整合和归类。本书在这一步同时也发现社会企业对工作者的影响由于工作者身份不同而存在差异性。

表 4-2 主轴编码获取的初步类属

1	工作者提升创新能力	9	志愿公益行为	17	家庭经济来源
2	企业创新思路和发展方式	10	自发关注、理解弱势群体	18	技能和知识水平
3	工作积极性	11	带薪假期	19	人际交流和沟通
4	快乐感	12	保险互助	20	性格脾气
5	企业认同	13	培训教育	21	责任心
6	人生价值	14	免费食宿和推荐工作	22	收入不错
7	增长自信	15	家庭成员素质提升	23	收入较低
8	认同志愿公益精神	16	家庭地位提升		

社会企业分层影响及评价

之后本书再对这些类属进行调整和合并，将23个初步类属归属到7个类属，包括收入保障、福利水平、家庭收获感、能力提升感、幸福感、志愿公益感和创新能力，这7个类属即为社会企业对工作者影响的七个方面。在编码过程中，本书通过对资料的整理和分析，发现社会企业对工作者的影响又可以分为一般性影响和独特性影响。其中，收入保障、福利水平、家庭收获感、能力提升感是一般性影响，幸福感、志愿公益感和创新能力是独特性影响。因此，本书将7个类属又合并为两个类属，包括一般性影响和独特性影响，主轴编码后的主范畴示意图见图4-2。

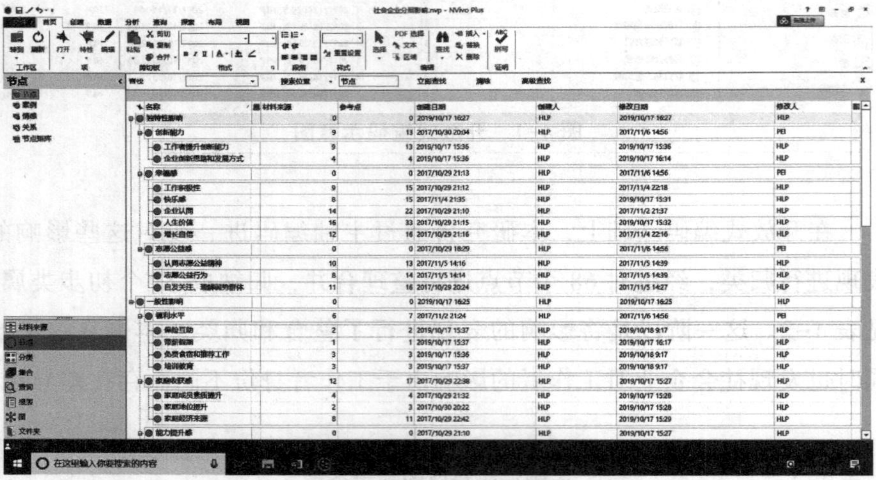

图4-2 主轴编码示意图

在选择性编码阶段，本书通过对开放编码和主轴编码的分析，形成核心范畴，阐明社会企业对工作者的不同影响之间的关系，从而形成社会企业对工作者的影响路径，如图4-3和图4-4。在编码过程中，本书还发现，社会企业F对工作者具有的一般性影响和独特性影响，下文将详细阐述。

第四章 社会企业F对工作者层面的影响

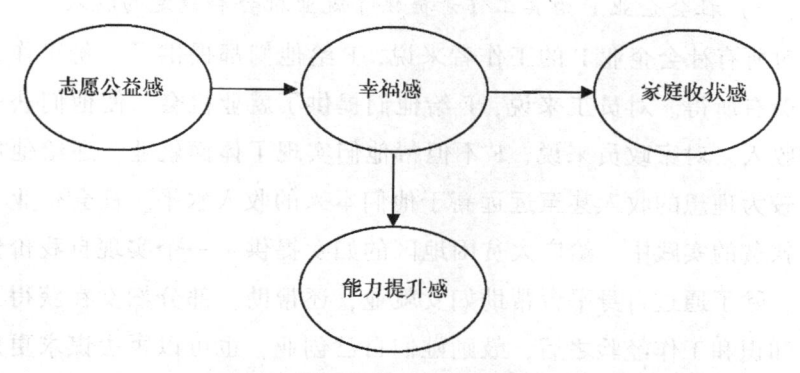

图 4-3 核心范畴"员工"影响路径

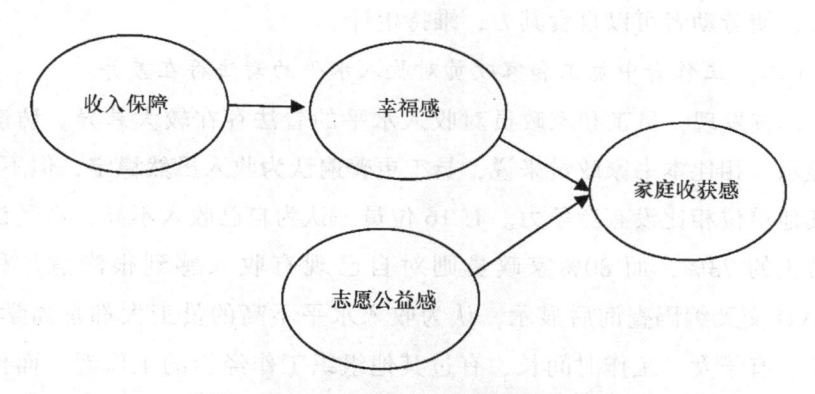

图 4-4 核心范畴"家政员"影响路径

一 社会企业F对工作者收入保障方面的影响

收入保障方面的影响是指社会企业给工作者提供工资、奖金等报酬用以维持其基本生活。本书在这一影响方面没有使用"收入提升"这种表述的原因是，笔者发现，不同类别的工作者收入变化情况存在着差异，且工作者在自己收入方面的满意度是不同的。收入保障其本意是社会企业可以提供给工作者一份基本稳定的工作，即其生活有了一定的经济来源。因此，收入保障通常是所有工作者都认可的影响，但收入提升情况不同，并不一定会得到所有受访者的认可。对于收入保障这方面的影响，笔者在访谈过程中发现两个方面的问题。

（一）社会企业 F 为其工作者提供了就业机会和稳定的收入

对所有社会企业 F 的工作者来说，F 给他们都提供了一份工作，实现了劳有所得。对员工来说，F 给他们提供了就业机会，使他们获得稳定的收入。对家政员来说，F 不但帮他们实现了体面就业，还给他们带来了较为理想的收入甚至远远高于他们本来的收入水平。社会企业 F 在多年扶贫的实践中，给广大贫困地区的妇女提供了一个实现自我价值的平台，除了通过自身平台帮助妇女就业，还帮助一部分妇女在获得了技能、知识和工作经验之后，鼓励她们自己创业，也可以再去谋求更广阔的发展空间。从这方面来说，社会企业给工作者可以提供最基本的收入保障，使劳动者可以自食其力，维持生计。

（二）工作者中员工和家政员对收入水平的看法存在差异

调查发现，员工和家政员对收入水平的看法存在较大差异。访谈结果显示，相比本书家政员来说，员工更普遍认为收入虽然稳定，但不高，和其他单位相比没有竞争力。有 16 位员工认为自己收入不高，占受访所有员工的 73%，而 80% 家政员则对自己现有收入感到很满意。利用 NVIVO 交叉编码查询后显示，认为收入水平不高的员工大都是高学历、已婚、有子女、工作时间长、有过其他组织工作经历的工作者。而作为家政员的受访者普遍对收入比较满意。因此，这部分影响归纳为"收入保障"，而不是"收入提高"。

从受访的家政员来看，所有的人均来自农村，且自身家庭经济状况一般，甚至是来自贫困家庭，这些妇女在来到 F 之前很多人没有工作，她们大部分来到 F 的目的是找到一份工作，能让自己的家庭生活维持下去。

有三位家政员分别谈了自己的变化。第一位来自甘肃曾经某贫困地区的家政员谈道："我们就是出来挣钱的，现在也挣了好多钱，经济上提高了，对家庭有很大帮助。我们家孩子想上高等学校嘛，以前可能上不起，现在我一个月 5000 多（元）。我们在 F 是很好的一件事情，能挣到高工资。"第二位家政员也是来自某贫困地区，她说："收入上有提高，家里以前贫穷，孩子还要上学。以前家里收入才1000多元一个月，现在一个月4000多（元）。"第三位家政员同样认为在收入上提高较多，"经济上变化挺大的。我应聘的时候，工资当时都算高的，本来说2800（元），后来3000（元），后来客户自己就涨上去了，就3800（元）了。我上一个月，年前4500（元），后来涨了工资，上一个月就5000（元）。"

　　通过访谈，本书发现，社会企业F的员工来自祖国各地，他们的学历、经历、经济条件以及当初来F工作的初衷都各不相同。他们有的是从之前的家政员转型后留在F从事行政管理工作，有的从高薪工作的企业来到F，有的还曾拒绝过其他企业的邀请。尽管这些员工认为自己在F的收入并不高，但他们依然愿意继续留在F工作。本书认为，造成员工感到收入水平不高的因素有两个：第一，社会企业F作为一个本着公益理念的企业，不同于一般营利企业那样能够给员工的收入带来可观的变化或提高。第二，社会企业员工的个人心理预期不同，因而也会导致他们的收入水平达不到自己最满意的程度。甚至在F还出现过，员工一开始入职时的经济基础、受教育水平和家庭条件普遍要好于家政员，但是工作几年后他们的收入却没有家政员收入高，这样一种结果也会让员工认为收入水平不高。正如F的一位普通员工谈道："很多人告诉我，F是公益机构，它的薪资比别人要低，别人告诉我说你随便换个单位，肯定也比这个高。"一位门店的督导老师说："我们工资确实不高，再一个，说实在的，家政行业，我们作为老师来说受的委屈就别说了。"

　　W是F的一位部门经理，她在F工作了十余年，她经历了一批又一批家政员从贫困到致富的经历。她说："工资方面，我刚来F那会每月600元，家政都每月1000元。工作人员的收入比家政员都少。我们有一个姐妹，跟老公修奔驰，在北京买了2套房了。有的姐妹学主持，后来自己又创业，人家经济上也好得多，没法比。在这方面有时候其实做公益会受打击。社会上也会有很多人不认同，说你做公益真不如做个手艺人，现在做生意能挣不少钱。甚至同行人也觉得你干那么多年，为什么不换个地方。来了F后,这些年很多人也挖过我,要是我为了挣钱,肯定找到比现在工资多的多的工作了。"

访谈中,笔者还发现了一个现象,即虽然受访的很多员工表示自己收入不高,但是他们并不打算换工作,甚至有多位提及自己宁愿在F工作也不去工资更高的其他企业。究竟是什么因素促使他们对F有这么高的认同感和归属感?这也是后文需要解答的一个问题。

二 社会企业F对工作者福利水平的影响

福利在本书中是指工作者在其工资收入之外,由社会企业给予的其他方面的间接报酬,包括免费食宿、保险、带薪假期、教育培训、素质拓展、娱乐文体活动等。访谈中所有受访者都表示,社会企业F提供了多种福利,对自己帮助很大,具体体现在以下四个方面:

(一) 对家政员提供免费食宿以及合同存续期间终身推荐工作

社会企业F为其工作的家政员在待岗期间始终提供食宿。所谓待岗指的是家政员在上一个客户服务结束到开始服务下一个客户之间的空闲时期,或者是刚培训完还没分配到客户家里的阶段。只要家政员与F家政服务中心签订了聘用合同,他们在待岗期间的吃住都由F免费提供,并且保证为他们终身推荐工作,而且F会根据每个人特点,有针对性地推荐给客户。在推荐工作方面,F更为细致和专业。F各门店的老师们会针对不同家政员的特点结合用户家庭的需求,一对一地选择合适的家政员。这种方式使得F作为市场上的供给方,既对顾客负责,也作为社会企业的一方,为被帮助的家政员谋求符合他们利益的工作,实现双赢,这也是F区别于一般家政企业的地方。一般家政企业可能只作为中介的角色,负责把家政员"推销"出去,无法切实保障家政员利益。此外,贫困地区的家政员在当时报名时会收取500元报名费,这部分钱在后期会以奖金形式返还给她们。F一位负责招生的老师说:"学校那边管吃管住,不收任何费用,全是扶贫。其他公司不但没有培训,你还得交钱,而且工资没保障性。当然我们这也交500元报名费,但是,我们保证终身给她找工作。报名费用于租房和门店这些开支。每个门店都统一是500元，这个费用也不完全我们收了，干满一年，还会奖励阿姨500元，相当于把报名费全返给她们了。这完全是公益，是服务。"

（二）为所有工作者购买保险

社会企业F为所有工作者都购买了保险，还在企业内部设立了互助金，用于在工作者个人或家庭遭遇变故时进行救助。F在家政行业首先设立了面向家政员群体的互助金，在企业内部已经帮助过多位家庭遭遇变故的家政员。据一位访谈者说，有一年，其中一位家政员在拿到互助金之前突然离世，F的管理者当时去这位家政员的老家继续把互助金交给了这位家政员的孩子，以帮助他继续上小学。

（三）设立带薪假期

社会企业F为家政员群体和整个家政行业争取到了带薪休假的权利，使家政员从没有权利休假的状态转为可以带薪享受周末和国家法定节假日权利的状态。F还给女性员工每月设立生理假期，并允许所有员工可以在特殊情况调节休假时间。这种人性化的管理方式对F工作者来说是非常有益的一项措施。

（四）为工作者提供培训和受教育机会

社会企业F设立了公司内部的文化和教育活动，包括旅游、讲座、兴趣小组、艺术团等。F争取到众多社会赞助，借助这些机会，为工作者提供电脑、外语、办公等方面的技能培训。F首先创立了自己的家政艺术团，并争取到连续参加打工者春节晚会的机会。F还创办自己了内部的通讯杂志，鼓励工作者自己投稿、提高写作能力。F鼓励员工持续学习和成长，鼓励他们参加企业外相关的培训或教育，并提供一定经济支持。F还鼓励他们去参加继续教育、培训学习等，鼓励他们提高综合素质、培养多方面技能。F同时也给员工提供各种锻炼的平台，比如组织或者参加国际或全国的会议，与国内外政府、企业、社会组织等进行谈判、合作、交流。这些活动资金全部来源于F商业化运作后的利润和各界赞助，不收取工作者任何费用。

担任F招聘老师的受访者D，最初作为家政员在F接受培训，她逐渐认同社会企业，她说："F是社会企业，本身也是公益性质的。我当时就交200元，管吃管住，我特满足。培训完我想着能找个保姆工作，也不用花钱，觉得挺好。我每年有固定收入，工作稳定。这里还提供学习条件，公司组织各种活动，有专门给员工的学习项目或培训，每个月都有，比如读书会、游园活动等等，很充实。我跟学员也说，我特别信赖这，F就是特别好。"

一位基层员工在谈到F始终鼓励工作者不断学习、进行自我提升时说："我考网络营销工程师，就是在F一边工作一边考的。F的政策是如果你想拿学历、职业资格证书什么的，是有资助的，目的就是为了鼓励年轻人学习。大家都觉得这个比较重要。F现在很多员工有年纪大的也有年纪小的，年纪小的有很多是像我这样的，是从我们服务对象（转变）过来的。其实（好处是）你有这样的一个环境去告诉他、鼓励他，这里希望他有更好的发展。"

可见，这些福利措施，既体现了F作为一个企业的管理方式，也体现了一种企业文化，与众不同之处在于这些福利措施是企业在社会价值导向下的一种措施，体现出了社会企业的核心特点。因为，诸如给家政员争取保险、休息日这样的做法在当时是一种大胆的尝试和突破。F通过这样的福利措施也最终推动整个家政行业的变革。

三 社会企业F对工作者家庭收获感的影响

家庭收获感是指社会企业工作者认为通过自己的收获可以为其家庭带来各种变化或收益，既包括显性的、可量化的物质或经济方面的收益，也包括不能量化的、隐性的收益。本书把家庭收获感的影响主要归纳为三个方面：为家庭获取经济来源、促进家庭成员素质提升、促进工作者家庭地位的提升。

（一）为家庭获取经济来源

社会企业的工作者在社会企业获得体面、稳定的就业机会，必然可以增加家庭收入，保障家庭生活。特别是对于来自贫困地区的女性劳动者，她们本身没有经济来源，通过就业，她们不但改变了自己的生存和生活状态，也使自己乃至整个家庭脱贫，这是家庭最直接的收获。所有受访者中的家政员都表示自己的收入有了保障，成为家庭经济收入的重要来源。正如一位家政员所说："对家庭有很大帮助。我是四口人，我家孩子一直在私立学校上学，学费很大的。我老公工资很低，就1000多元。" F 帮助家政员获得稳定的收入，就可以促使她们能够持续为家庭经济做出贡献，例如支付子女教育费用、改善住房条件、购置电器或农业机械、积累创业或养老金等。

（二）促进家庭成员素质提升

社会企业工作者的经验、想法、理念和习惯等会潜移默化影响到他们的家人。首先，社会企业工作者在 F 工作后或多或少都会有知识和能力方面的提升，他们掌握的新知识、理念会成为家庭的无形资产。特别对于一些本身受教育水平较低的工作者，他们会把在社会企业里工作学到的知识和技能传授给家人，同家人一起进步。其次，他们会给家人普及道德知识、公益的精神、社会企业家精神等，使家人也了解并逐渐认可。比如工作者会帮助家人增强对志愿公益精神的理解，并支持自己参与志愿公益活动。他们通过自己的变化和经验，可以帮助家人提升个人的社会责任感和道德意识，可以使家人也关注弱势群体，关注社会问题，甚至愿意参与到问题解决中去。再次，社会企业工作者会对子女的培养和教育产生重要影响，工作者在社会企业获得的知识、技能、体验、收入等都可以转化为对子女生活、教育、工作上的支持。比如一些来自贫困地区的家政员通过在 F 工作后，自己家庭摆脱了贫困，促使他们有能力继续供子女上学，接受教育。一些工作者通过自身的经历和对社会企业的宣传与关注，间接影响到子女对社会问题的关注，影响到子女为人处世的方式和态度。

一位作为管理者的受访者认为，在社会企业工作的经历除了对他自己的世界观、人生观、价值观产生影响外，也渐渐会对他的家人产生影响。他说:"我的家人现在都支持我退休了做志愿者,我说我最起码做三年的志愿者。一开始我老婆、孩子都不理解,他们认为退休还做什么志愿者,上班却又不挣钱。他们认为退休了就该退休,不用做什么志愿者,但逐渐我能说通他们。这就是因为 F 影响了我,我又影响了这俩人。"

社会企业 F 的理念和工作者自己的行为方式、态度可以潜移默化地影响到工作者的子女,可以给子女带来积极、正面的影响。担任 F 某店长的一位受访者说:"包括我们家孩子也是,她挺能服我的。她说,妈妈,我觉得你是一个特别善良的人,你告诉我怎么帮助别人。再比如我们带孩子去甘肃旅游,会跟她说,你看,这个县土地怎么贫瘠、生活怎么样,他们没法生活了就会进城务工,然后我们提供什么帮助。她就说,妈妈,我觉得你做的事情好伟大啊。至少要与人为善,这是要传承下去的。"

社会企业把社会价值作为企业的核心目标,企业的一切行动都要围绕这个核心目标开展。社会企业 F 的核心目标便是帮助贫困地区的妇女实现体面就业,这一目标的实现需要企业工作者付出巨大的艰辛努力。只有员工始终放平自己的心态,始终坚持公益、志愿服务的理念才能持之以恒地把工作做下去。而在这一过程中,离不开家庭成员的理解和支持。所以,家庭成员对社会企业工作的理解和支持非常重要。

担任学校授课老师的一位受访者谈道:"我在这里工作最起码会影响到我的老公。我老公有时工作比较忙的时候,我也一周都不能回去,他能理解并且支持我的工作。我本来是周六休息,但是如果晚上不能回去,他也会理解,生活上也会支持,自己父母也会认可我。这里能让兄弟姐妹受到影响,把爱逐渐传递出去,从而影响到他们的家庭。平时我们会讲道德方面的课程,会影响到他们。一开始他们会抱着赚钱心态,但会逐渐明白,其实道德是第一位的。当你做人做好的时候,其他什么都会来的。"

对于 F 的很多培训老师以及督导老师来说,工作忙的时候,他们经常长时间自愿在企业加班加点工作。当他们遇到家里有事却无法兼顾时，也能够得到家人的理解。

（三）促进工作者家庭地位提升

一些来自贫困地区的妇女在成为家政员之前，在自己老家一般没有工作，中国传统的一些观念使得她们在家中一直地位较低，甚至来到大城市后，在就业初期也会受到家庭的各种阻拦甚至反对。通过在 F 就业之后，很多人观念发生了变化，进而改变了自己乃至家庭的命运，她们自己更加自信，自己在家庭中的地位也发生了明显的变化，包括在家庭中的话语权和家庭支持度都有所增加。某合作省妇联提供的材料显示，他们与 F 的合作项目已帮助当地贫困地区的 2 万余名妇女走出农村，走向城市就业，实现了脱贫的愿望。这些妇女的收入从 2004 年每月 500 元增长到 2014 年每月 3500 元，十年间增加了七倍。这些收入主要用于她们子女或兄弟读书、购置农机具、翻盖新房、儿女结婚等。正如某合作省当时扶贫办的受访者在谈到社会企业 F 的影响时说："社会企业对贫困妇女的观念影响很大，她们以前没走出去过，现在去了北京或其他大城市，接触到不同的东西，见识到很多新东西。"

受访者 Q，现在是一位中层管理者，她最初在农村初中辍学，因为家里仅能供得起她弟弟上学，就想让她像当地绝大多数女孩子一样，早点结婚、种地、放羊、做家庭主妇。后来她看到 F 在当地通过妇联进行招聘，她便果断报名来到 F，之后她在 F 便不断进步和成长。她说："我慢慢发现，我妈觉得我懂得比较多。所以我在家，她会主动征求我的意见，是慢慢变过来的。"

F 通过十多年的奋斗，把最初的家政服务培训发展为一项成熟的产业链，F 的运作模式也不断被复制，它在解决了贫困妇女体面就业之外，还促使女性角色和地位发生积极转变，这种隐性的影响是对整个社会的贡献。

四　社会企业 F 对工作者能力提升感的影响

社会企业对工作者最直接的影响，即帮助他们获得知识、技能等综合素质和能力的提升。受访者均表示，在 F 工作后自己多方面的能力都有所提高，如他们的专业技术、业务能力、文化知识、脾气和价值观等方面都有提升或改进。他们认为自己在 F 可以学到很多知识，包括家政技能、电脑技能、沟通交流能力、人际交往能力、志愿和公益知识、社会企业知识、道德和文化知识等。本书把这些方面的影响统一归纳为能力提升感。

对所有工作者来说，他们在沟通能力、电脑操作、基础家政技能、道德素质几个方面都有所提高。F 要求所有员工入职后不管从事什么工作，都需要和家政员一样首先接受家政培训，了解业务。因此，对于接受培训的工作者来说，他们都会得到家政方面技能的提高，包括厨艺、育婴、老年看护等技能。F 不同于其他家政企业的方面，还在于它对道德和文化观念的宣传和培养，所有接受培训的人员都要接受关于人生观和价值观方面的课程。在培训课程之外，专家和志愿者会开展包括远离毒品、艾滋病知识等主题的讲座，用于扩充工作者的知识面。F 在每次培训之前，都把素质类教育放在首位，然后才开始各方面技能的培训。

除以上所有工作者都可以获得提高的技能之外，不同类别工作者能力提升的范围和侧重面也有所不同，具体来说，有三个方面。

（一）家政员主要在基本工作能力和业务技能方面获得提升

社会企业 F 的家政员很多来自偏远的贫困地区，她们来到大城市要先学会普通话，增强与人沟通的能力。在 F 老师的不断帮助下，家政员逐渐学会并熟练使用普通话，还学习到了很多家政服务技能，而且通过课程培训和老师的教导，家政员的思想道德素质也不断提高。此外，家政员也会潜移默化地受到来自客户家庭的间接影响，如教育理念、言谈举止、行为习惯等方面的影响。可见，社会企业除了会传授给工作者各种知识外，客户家庭的体验也是工作者能力提升的重要来源。一位已经从家政员转为员工的受访者说："家政这个行业你做过后就会发现，你自己的生活不只是哪一个方面（有提高），比如育儿，没做过家政，你就不会。包括儿童早期教育，你不在客户家，那种隐形的变化你是感受

第四章　社会企业 F 对工作者层面的影响

不到的。在北京做过家政，看到人家是怎么教育孩子的，这就对你影响很大，自己能学到很多，这个不是用钱去衡量的。"

有一位担任授课老师的受访者，她一开始也是从家政员做起，通过不断提升、不断学习成为授课老师。她认为，"学校给了我很大空间，从什么不会，到现在讲婴儿护理，现在全部上线了。我一开始是 2008 年来培训过，学了很多东西。2009 年再来学校，（学校）觉得我还不错，就说等我有了各方面技能后，可以来当老师。这两年在 F 的经历给自己打了基础，在客户家也学了很多东西。其他家政员定位可能和我不一样，我是去客户家体验、学东西的。我从最基本的开始，这两年积淀了很多。我觉得这两年跟我在其他行业里干相比，收获是最大的。"

（二）员工除基本工作技能提升之外，会获得更多综合能力的提升

首先，员工能力提升的范围更广，有一些能力只有在社会企业才能获得。员工要具备基本的日常办公能力，包括电脑操作、公文写作能力，有些岗位还需要绘图、视频、网页制作等多媒体使用的技能以及外语、金融、财务和法律技能，但更重要的是员工要始终具备公益志愿精神和商业运营的知识与能力。为了这一目标，F 常年会组织各种培训，讲授电脑操作、办公软件、外语等知识，也会邀请多领域的专家和志愿者开展不同主题的讲座。有些员工在工作中从零基础开始学习，逐渐掌握了多项岗位技能。而作为员工来说，F 在日常工作中常年会以社会企业的核心观念教育员工，特别是志愿公益、社会价值、创新等理念，这种新型的公益模式也让员工们耳目一新。可见，员工所表现的能力提升，除了家政员群体所体现的各种方面之外，还体现在更广泛的知识技能领域，包括志愿服务能力、对外沟通协作能力、创新设计能力、写作和外语能力等方面。值得一提的是，对员工来说，自发的内生动力已经成为促使他们提升能力的重要因素。比如他们必须要经过家政员培训后才能正式开始在 F 工作，这一个要求就必然会促进他们家政技能的提升。而且他们意识到如果想要在社会企业更好地发展，以及更好地实现社会企业的价值以及人生价值，就需要主动学习，在这种想法下，员工就具有主动

提升自己能力的意愿。

Y 目前是 F 的一位部门经理，在来到 F 之前，她辍学在家。后来经当地妇联介绍，她从农村老家来到北京，在尝试了家政员工作后，通过不断学习，留在了 F 从事行政管理工作，直到现在一步步成为部门经理，而且承担了很多 F 的核心工作。作者在多次参与 F 的活动中以及参加全国性的社会企业论坛活动中，都多次见到 Y 代表 F 参与这些活动，有时候她会代表 F 做主旨发言。她的成长经历非常值得学习。Y 说："以前在客户家我就是休息时才能去图书馆，我那会想上学，客户鼓励我学习，F 也支持，我就去考成考，去人大拿了证。在 F 还接触了互联网，发现网上就能学到很多知识，第一次感觉到互联网有这么大的空间，我又考了网络营销工程师。我认为就是可以找到自己感兴趣的点，自己去付出，考取一些专业化的东西，而不是觉得自己底子差就不做。"她还说："F 最吸引我的是它有值得我学习的东西在，有很多很多，这里有很多内容是跨界的，还有很多跟国外接轨的，我不能离开的最大原因就是这个。这个机构给你工作的机会，也给你试错的机会，给你赋权，这已经很好了。在别的地方，是不一定会有的。"

有两位在门店工作的年轻员工，她们从老家出来，进入到 F 工作，在访谈中很自豪地谈起自己在社会企业工作后的变化。"F 让我跟别人沟通变得更好了。因为要接触不同的人。收获了不少知识，比如说怎么与人沟通和相处。个人成长也经历了很多。我刚开始来 F，什么都不会，一开始做饭不会做、电脑不会开机，也不会说普通话，我说话店里一个人都听不懂，他们都不让我接电话。我就先打扫卫生，半年后才能干接电话的工作。"另一位员工说："工作能力上和知识水平上有提高，比如电脑，以前我都不会用电脑。还有人际关系的改善、性格上比以前更沉稳了。另外就是有耐心了，更包容了。"

其次，真正体现社会企业价值的是员工们工作方法和工作能力方面的提升。因为社会企业具有"跨界"的特点，因此社会企业里的员工必须要具备多方面能力，既要具备传统非营利组织的志愿公益精神，又要具备企业化市场化的运作思维。

受访者 H，曾经在另一家非营利组织工作，后来跳槽到 F 的上一级机构 L 公益基金会从事管理工作，多年来不同组织的工作经历，让他对社会企业的特点感触很深。他认为，社会企业与一般企业或公益组织是完全不同的，社会企业的挑战更多，个人的收获也更多。他说："在社会企业工作的同事们都很不容易，别人不会因为你是社会企业的就更信任你，客户都是一种市场的选择，同时你要尽更多的社会责任。在这里对人的要求要比对一般公益机构和企业都要高，因为它要求'两边'。社会企业挑战很大，得到锻炼的机会也会比一般公益机构要多一些。一般基金会给钱就行或设计项目筹款，但是社会企业可能要面临很多。比如，我们同事可能正跟农民打交道，很快就要说英语去国际上筹款，甚至还要去参加小额贷款联盟或任何一个，所以对他能力要求也高，他得到的锻炼也多。一般公益机构可能是有限的，但是社会企业不一样，很多是商业机构的东西或是商业和公益交叉的，这个对人的改变是很不一样的。我觉得社会企业还是挺厉害的。"

（三）社会企业的创办者依然可以获得能力的提升

对于 F 的创办者来说，也可以在社会企业发展的道路上慢慢探索，不断学习和收获。对于我国的很多社会企业创办者来说，他们在当初成立企业时往往并没有预料到这个企业就是社会企业。很多社会企业家在企业成立之初目标较为单一，如只是为了解决某一项社会问题，或者为了开展慈善或公益事业。因此，他们也是一直在社会企业的发展过程中边摸索边学习。

以本书访谈的社会企业 F 的一位创办者为例，他作为一位学者、理论工作者和公益慈善家，从创办 F 开始，就一直在不断探索和学习，这个过程使他个人能力也得到很大提升。他说："对我自己来说，各方面都有很大影响。这么多人做好事，跟大家一起做这些事。一开始，我们从来没做过企业，保姆学校麻雀虽小五脏俱全。对我来说学到很多。后来我进入到更多公益领域，跟这些也很有关系。公益还有很多事情可做，公益也不一定是要特殊的人，每个人都可以做，只要有心去做。比如我学的管理，但之前都没从事过管理，我们虽然都是学者，但在做公益方面，一开始也得找 CEO，会遇到各种问题，比如怎么投资、钱不够怎么办、怎么开拓市场等，所有这些东西都要学习，都是一个学习的过程，而学习过程本身就很有意思。再一个，我们以前说公益，就是做点好事。后来，我们发现学者也能做这个事情，经过这些我们就不怕了，再做别的就敢想了。这个过程就是学习的过程。"

可以看出，社会企业带给工作者的能力提升，不仅仅是一般组织能给工作者带来的技术、业务知识方面的提升，而更多的是综合能力、跨界能力、综合素质的提升以及自己人生观、世界观、价值观方面的提升。不管是家政员、员工还是高层管理者他们都在社会企业工作的过程中获得提升能力的机会。正如有学者发现，社会企业给员工带来自信心、语言能力等方面的提升，更重要的是随着时间推移，让他们获得了具备在需要更高水平的就业领域工作的能力，也就是说社会企业不仅给他们提供了工作机会，而是给他们提供了持续就业的能力[1]。

还需要补充说明的是，由于影响本身的含义包括正面的也包括负面的，有积极的影响，也有消极的影响，像资源的消耗、雇佣的劳动者、实施的程序、生产的产品和附加产品都会产生积极和消极的影响[2]。因此，在衡量组织的影响时也必须要考虑到其消极影响。在访谈中，大部分受访者在论述影响时都表示更多地感受到积极的影响，但除了前文所说的四个较为明显的一般性影响之外，确实也有少部分受访者表达出自己所感知到的负面的影响。这种影响仅针对工作者自身，而且这种影响并不能清晰判断出是社会企业本身造成的还是由于他们自身特点而引起的，自身特点包括性格、脾气、习惯、道德、技能和文化水平等。因此

---

[1] Jo Barraket, "Fostering the Wellbeing of Immigrants and Refugees? Evaluating the outcomes of work integration social enterprise", in Simon Denny, Fred Seddon, eds. *Social Enterprise Accountabislity and Evaluation around the World*, Routledge, 2013, p. 119.

[2] Marc J. Epstein, Kristi Yuthas, *Measuring and Improving Social Impacts*: *A Guide for Nonprofits*, Companies and Impact Investors (1st ed.), Berrett-Koehler Publishers, 2014, p. 77.

本书不再单列章节详细叙述，只在此进行扼要说明。

通过对受访者表达出的消极影响进行分析后，本书发现，消极方面的影响在家政员和员工身上的表现也存在差异性，具体表现在两个方面。

第一，家政员的压力主要来自自身的失落感、与客户相处的压力以及家庭关系的冲突。首先，家政员大部分是来自贫困地区，以前没有工作经历，文化知识和技能水平也普遍偏低。他们孤身一人来到一个陌生的城市工作、生活，若是像北京这样的大城市，必然会面临着城市融入这样的诸多问题，他们的失落感和心理压力在工作初期会很大。其次，在他们进入客户家中后，每天要面临着与客户的相处，面临如何更好服务客户，自己从原来闲散的状态转为非常忙碌的状态，不知不觉工作强度逐渐增加，压力感也会随之上升，特别是遇到与客户发生冲突矛盾时，家政员们压力会更大。再次，很多家政员背井离乡，甚至过年过节也无法与家人团聚，无法亲自照顾孩子和家人，却要服务客户，而往往自己又是全家的主要经济来源，于是他们与家人的关系时常出现冲突。

第二，员工的工作压力还来自社会企业工作本身所具有的挑战性，以及企业对家政员群体的责任要求。首先，由于社会企业需要采用企业的方式去实现社会价值，因而它具有企业和非营利组织的双重特点，也就是要承担两种不同组织的风险和压力，这种挑战就会对员工造成潜移默化的压力。其次，员工既要按照社会企业的理念始终坚持社会目标的首要性，又要在企业化的工作模式下"高速运转"，不断挑战自己，不断创新，也就是在工作中，要时刻关心关注家政员，及时为这些贫困妇女解决就业。家政门店的很多工作者，他们每天都要面临各种各样的来自家政员和客户的矛盾和诉求，并且要在第一时间去化解这些矛盾与诉求，因此他们的工作时间较长，工作强度和工作压力也都很大。员工们会经常遇到加班或者不能和家人团聚的情况，面临着要处理家庭关系的问题。同时，员工的收入相对来说较低，不管是高层管理者还是基层员工，他们的收入有的甚至不如家政员，还有的员工甚至没有收入，作为志愿者而参与工作。

通过对几位在门店工作过的员工的访谈和在门店的实际观察，笔者明显看出，为了尽最大可能帮助家政员找到合适的就业岗位，门店的员工要承受很大的压力。因为门店的员工需要花大量时间和精力去维系客户和家政员的关系，需要经常调解两者之间的分歧和矛盾，还需要去开导家政员。他们常常从早晨到晚上不能充分休息，随时需要接听电话、回复微信和接待客户。在这种状态下，又快又好地推荐家政员上岗已经成为员工自己的一种内在压力。F门店的一位店长谈道："压力当然有，但领导不会给你太大的压力。我的压力就是，每来一些学员，尤其是大龄的、来自偏远地区的学员，有的超过50岁，他们身体状况不是很好，客户对其需求量就小。这种情况下，我们的压力就大。我们培训后，存在有人吸收好，有人吸收不好的情况，但是我们都要全盘接收，经过培训后都要分配出去，要100%就业。"

还有一位督导老师谈道："虽然说是早9点上班，晚上5点下班，但真正的情况是我们脱不了这个时间段，有时候客户半夜就打电话，能打到凌晨4点，经常有，从天一亮实际就进入工作状态了。所以我们也休息不好，我们一天也就休息五六个小时。虽然说周六日休息，但是我们周六日也带着工作，因为我们每个老师都有个人负责的督导户，谁的督导户出了问题，虽然别的老师会搭把手，但是你的客户他不一定了解，只有你了解的最清楚。因此，紧急情况下，休息日也得处理，所以压力肯定很大"。

以上内容反映的是消极层面的影响。在访谈中，有些工作者认为这些现象虽然存在，但是他们并不认为能影响到自己，或者有访谈者表示这些影响自己已经适应，自己和家人也都能接受，并不是问题。所以对于这部分的影响本书在此只是进行简单说明。

第三节　社会企业F对工作者的独特性影响

从前文研究可以看出，社会企业对其工作者的影响是存在的，但是

第四章 社会企业F对工作者层面的影响

本书还关注到社会企业对工作者的一些独特性影响。笔者在访谈过程中发现，社会企业对工作者的影响除了前文所述的一般性影响外，还有一些影响在受访者看来是只有社会企业才能给他们带来的，这恰好反映了社会企业的独特价值。本书把这样的影响定义为社会企业的独特性影响。下面，本节对这些独特性的影响进行详细分析。

访谈中会问到受访者，哪些影响是只有社会企业给自己带来的，或者这些影响与受访者所工作过的单位受到的影响有何区别。根据受访者的回答，本书在初级编码阶段归纳出独特性影响的关键词，二级编码时进一步把这些影响归入影响类别。从编码结果看，独特性影响主要集中于幸福感、志愿公益感和创新能力，其中比例较高的是幸福感和志愿公益感。受访者把幸福感作为独特性影响的有22人，比例为78.6%；认为是志愿公益感的有20人，比例为71.4%。

鉴此，本书把社会企业给工作者带来的独特性的影响归纳为三种，分别是幸福感、志愿公益感和创新能力。表4-3是根据受访者对独特性影响的回答所归纳出的关键词和影响类别。

表4-3　　　　　　　　社会企业独特性影响归纳

序号	内容	独特性影响关键词	影响类别
1	思考用什么方法挣钱，靠什么样的工作岗位来养家糊口。创办者曾说过，弄指甲油也可以赚钱，在F也可以挣钱，那为什么不把养家糊口挣钱的手段和帮助别人结合起来呢？一个人如果那么需要帮助，你确实又能帮助他，同时你也能挣好多钱、还能养家糊口，这多好啊	志愿公益感、社会价值、社会价值创新的实现方式	志愿公益感、创新能力
2	这个企业一直在创新、改变，一直在激励我们。可以让每个人觉得自己是有价值的，或者成为有梦想的人，或者可以做好一件事情	自信心、社会价值、创新能力	创新能力、幸福感、
3	后来我也进入到更多公益领域，跟这些也很有关系。公益还有很多事情可做，公益也不一定是要特殊的人，每个人都可以做，只要有心去做。我们以前说公益，就是做点好事，后来，我们发现学者也能做这个事情，经过这些我们就不怕了，再做别的就敢想了。这个过程也是学习的过程	自信心、知识和能力	志愿公益感、幸福感

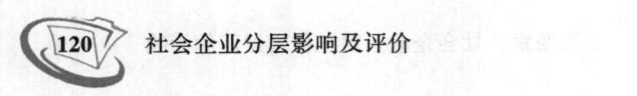

续表

序号	内容	独特性影响关键词	影响类别
4	我了解过很多家政公司，其他公司一般都是私人开的，营利目的更明确。我们现在开这个门店肯定也花钱，但还是以公益为主。我在这工作每天都是正能量	志愿公益感、社会价值、正能量、幸福感	志愿公益感、幸福感
5	我们可能更人性化，因为我们具有扶贫性质，会设身处地为阿姨着想。她们一般都是偏远地区来的，她们之前的生活环境我们可能都想象不到。我觉得我们公司比一般家政公司更人性化一些，不会是那种利益在前的公司	志愿公益感、社会企业文化	志愿公益感
6	别的公司我也去过，他们不是说给你找适合你的活，而是给你随便找一个。F却不是，这里前期就相处时间长，公司知道你的性格、效率等，都了解，就会有针对性的推荐	责任心、社会企业文化	志愿公益感、幸福感
7	我觉得之前做的没这个行业待遇好。来了F后觉得很温暖，很亲切。所以这些年就没去别的家政公司，这些人觉得跟我们阿姨挺亲的	社会企业文化、幸福感	幸福感
8	我觉得是自己成长的经验积累，出来赚钱养家，得让自己觉得自己做的事情是有意义的。最重要的就是，做了那么多事，全都是有意义的。你看，那么多年，这么多人通过我们实现就业了，挣钱了，想想也是做了一个了不起的事儿，也推动了行业发展。F强调的是服务员第一位，解决问题时服务员的利益是排前面的。我们对效益、利润这些，要求没那么大。当利益冲突了，我们最先想到的是社会影响，然后才想到经济损失。以前也有人问我，怎么在一个企业呆那么长时间。我说，起码给了我个人的空间和尊重。我在这里待了近十年，这个店整个都可以按照我的风格来，虽然上面有框框，但是作为店长，你可以最大范围地发挥自己的能力，自主性比较强	志愿公益感、社会价值、成就感、创新	志愿公益感、幸福感、创新能力
9	公司整体氛围跟其他企业比竞争力没这么大，而且你个人的展示空间是很大的。公司鼓励每个学员成长。会提供一些成长的机会，比如免费的培训。我们有一个成长计划，如果你想报班、想学习，可以跟公司签合同，公司会给你承担一部分费用。F最优先的是服务学员，不是客户，跟同行比，其他家政公司他们是服务客户	自信心、志愿公益感、社会价值、知识和能力	幸福感、能力提升感、创新能力、福利、志愿公益感

续表

序号	内容	独特性影响关键词	影响类别
10	我觉得这两年和我在其他行业里干相比,收获是最大的。能让兄弟姐妹受到影响,把爱逐渐传递出去,从而影响到他们的家庭。平时我们会讲道德方面的课程,会影响到他们。一开始他们会抱着赚钱心态,但会逐渐明白,其实道德是第一位的	志愿公益感、社会价值	志愿公益感、幸福感
11	我们不是仅用传统的方式给要帮助的弱势群体提供服务,我们采取的是让别人来购买你的服务,这和别人捐给你钱这种帮助方式是根本的区别。社会企业是基于社会问题,肯定是要用创新方式回应这个问题。这就要求,要不你对这个问题很有感觉,要不你对这个人群很热爱,否则很难坚持下来。如果我就是一个单纯的公益机构,我每年拿到这个捐的钱就可以了,但社会企业得发自内心去运作,你才能受得了。会有各种各样的挑战,有市场的,有另外一头的,都会来挑战你。我自己的话,我如果不认同社会企业,我也没办法待这么久。一方面让你能力提升,还有一个方面是对你提出挑战。社会企业跟公益机构还不同,对公益机构来说,愿意拿这点钱干事的人实在太少了,就算没干好也不能炒他,因为你找不到其他人来取代他。但是社会企业,我觉得相对好一些,既没有商业企业那么直接,商业企业连CEO都可以招,又要比公益组织更进一步,可以根据市场来调节。在社会企业不存在说,我是来干好事,你怎么好意思辞退我呢?	跨界模式下的挑战性、能力提升、志愿公益感、创新能力	能力提升感、幸福感、志愿公益感、创新能力
12	真正让我改变的是到了 F 之后,随着参与的越来越多,就会了解到原来我们做的是公益,而且以前认为的公益跟这个还是完全不一样的。我会以更高的视角去看待社会问题,而且能在机构里找到价值。就是说让我感到一个人不会是没有价值的,以前工作就是一个单纯的工作,但是不能让我很短时间内就找到工作的价值,以前就只想的是我赚到钱就行了,但现在我觉得我做的这个工作能改变一部分人	志愿公益感、社会价值、幸福感、创新	志愿公益感、幸福感、创新能力

续表

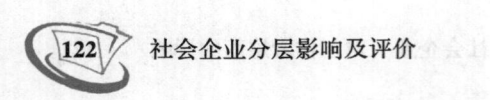

序号	内容	独特性影响关键词	影响类别
13	大家都是这样，都是兢兢业业的。从学校老师的状态到总部同事的状态都是这样，没有人敷衍了事，整个风气都是这样。你看我以前单位，那会一些领导还会有作为领导的优越感，整个单位工作状态和现在都不一样，人的工作状态一比就比出来了	幸福感、组织文化	幸福感
14	你看我以前是在研究单位工作，那个单位无论研究领域还是工作方式都和现在不一样。商业机构可能就用金钱来评价，我们是看解决了什么社会问题。只是我们解决的人的需求在商业机构来看是不容易赚钱的。这样的差别，从组织机构运营到效率等各方面，都是不一样的	社会价值、志愿公益感组织文化	志愿公益感
15	它（F）不整个是慈善的，但确实也是帮人的，可又不全是商业的。我觉得挺好，最主要目的不是为了挣多少钱。人呐，在这个年龄段，在社会上，在自己能动的时候，能体现自己的价值。F趋向公益性，一是特别正规，不是那种纯商业化的东西。别的家政公司，我所了解的，既没有培训场地，也没有免费的午餐。像有一家，它虽然提供住的地方，但不是免费的	组织文化、社会价值、志愿公益感	幸福感、志愿公益感
16	我们老师特别好，感觉他们是发自内心地去教你东西，也很专业，还免费，做得挺好的。我后来才知道，本身这个学校就是针对贫困地区的，我学了很多东西。我们几个老师真的挺好，他们那种状态，是发自内心地去对你。这是比较底层的一个行业，但没有人看不起你。门店老师也挺好的，热情、态度特别好，特别真诚，让你能感觉到他们和你是平等的	志愿公益感、组织文化、幸福感、社会价值	志愿公益感、能力提升感、幸福感
17	我们工资说实话真不高，但每天都这样。我平常7点起来，工作到晚上10点半。我每天得为她们找工作，每天都得忙到晚上10点多。有时候阿姨找工作，她们着急，我也着急。我觉得能帮助一个人就帮助一个人。有时候她们上户了，我自己也挺高兴的，为客户找到一个合适的阿姨，自己心里也挺开心的	志愿公益感、组织文化、幸福感	志愿公益感、幸福感

第四章 社会企业 F 对工作者层面的影响

续表

序号	内容	独特性影响关键词	影响类别
18	我觉得 F 还是让我收获很大的。我以前是做酒店工作和销售，都是服务行业。但现在服务对象不同，学的东西也不同。上课时，老师讲过一个关于心态的课程，心态不放平衡就尽不到一个家政员的责任，让我们学会每个人要用一种平和的心态去对待这个工作。我以前的工作不会有这样的课程，那个课程主要从感恩角度来说，我当时就觉得这个企业非常不一样	志愿公益感、组织文化、社会价值	志愿公益感、能力提升感、幸福感
19	以前在药店，还是自己家亲戚开的，工作特累，时间长。从中学到点东西那就是怎么迎合客人。跟这不一样，我在这里从工作能力到知识水平都有提高。现在肯定比以前累，但是现在很高兴。你招来一个人，就帮她们找到了工作，就会很高兴	知识和能力、组织文化、幸福感、社会价值	幸福感、志愿公益感
20	F 给我最大的改变就是给了我一个很大的平台可以学习，你看我没怎么上学，但是来 F 后，我自学了电脑、还参加了成考。我以前只关注自己，现在很关注这个群体。来了 F，你的人生价值能体现到工作里，能帮助到别人	知识和能力、组织文化、幸福感、社会价值、学习	能力提升感、幸福感、福利
21	我们的门店管理也挺好。跟客户沟通后有针对性地推荐阿姨。因为门店会了解每个学员，就可以根据客户需求来推荐。其他公司可能就简单地给你派个客户去就行，我们则是一对一，有针对性，安排的好	组织文化、社会价值	幸福感、志愿公益感
22	以前的工作可能不像 F 这里，使命感这么明确。F 是帮助弱势群体，它确实做到了。无论什么样的学员需要我们帮助我们必须帮助。我们不是客户第一位，是学员第一位	社会价值	志愿公益感、幸福感
23	原来出来的时候，觉得我可以对你好，但是不能说很无私地对你好。即使不是图什么，也是有什么目的，我为了这个目的接触的你，为了达成咱俩的共识而努力。现在呢，我一边倒地对你好，你要给我一点，就很感恩了，你看她给我发个信息就给我感动得不行。就是你不感激我，我还会这么做，现在跟以前是不一样了——什么都没有我也想帮你	志愿公益感、社会价值、幸福感	志愿公益感、幸福感

续表

序号	内容	独特性影响关键词	影响类别
24	别的公司跟F还不一样。我们做的是公益的,如果是纯营利了,就不一样了,就跟服务员就不会那么近了。F理念就不一样,别的公司服务对象是客户,我们是家政服务员	志愿公益感、社会价值	志愿公益感、幸福感
25	有一点对我特有触动,这不是社会企业么,刚开始来创办者就说,我们F是想给这些人培训,让他们就业,让他们自己做小老板,通过这个让他们发展自己	社会价值	志愿公益感
26	这里更多是多了沟通机会,因为有好多客户,以前就是做好自己的文职工作,现在就是得多沟通,自己在沟通这方面也进步了,以前特别不爱说话,现在更敢说了。我刚开始跟客户聊天都紧张,慢慢掌握了说话的方式方法,遇到问题就能解决掉。周围同事领导都帮助我、教我。刚闯入社会,慢慢来,锻炼自己,确实这里最锻炼的就是沟通	沟通能力提升、性格变化	能力提升感
27	收入上有提高,家里以前贫穷,孩子还要上学。以前家里收入才1000多元一个月,现在一个月4000多元。在这里我觉得挺好,老师很好,在这里就跟家里一样。我家里人也很支持,两个孩子在家里呆着也没收入,就靠我在这挣点。我在家里什么也没去过,在这没见过的见了,没吃过的也吃了,旅游的地方也去了。去年每周六都能参加活动,比如舞蹈、学电脑使用等,自己心情也就好	收入提升、福利、幸福感	收入保障、幸福感、福利水平
28	工作模式不一样。好处是我们包吃包住,可以省一些钱。我以前是做餐饮的,现在存的钱比以前多些,公司还给我们上了保险	收入保障、福利、幸福感	收入保障、福利水平、幸福感

一 社会企业F对工作者幸福感的影响

本书发现,社会企业F给工作者可以带来幸福感。幸福感是人们所拥有的客观条件以及人们的需求价值等因素共同作用而产生的个体对自身生存与发展状况的一种积极的心理体验,它是满意感、快乐感和价值感的有机统一。在进行初级编码的过程中,笔者发现,关于幸福感的编码包括自豪感、荣誉感、成绩感、满足感、正能量、感觉快乐、工作积极、有意义、增长自信、组织认同、人生价值。经过二次编码后，本书把自豪感、荣誉感、成绩感、正能量、有意义、人生价值归纳为满足感；把感觉快乐、工作积极、增长自信归纳为快乐感，组织认同是所有受访者身上都能展现出的一个特点，作为一个独立的编码。本书把幸福感界定为个体对自身状态的一种积极感受，既包括快乐感也包括满足感，还包括自身所感知到的自豪感和成就感。访谈中所有受访者都表达出了自己在F工作后的幸福感，但是不同类型的工作者感知到的幸福感来源略有不同。

（一）社会企业F员工的幸福感来源主要是志愿公益感的增强

社会企业F的员工能够明确感受到F作为社会企业与一般企业的不同，这种不同体现在企业的核心价值和对创新的要求。他们能感受到F的核心目标始终是为了帮助来自贫困地区的女性劳动者就业，而不是像其他企业以利润最大化为第一目标。同时，他们还能感受到社会企业F虽然在做公益的事，但仍不断要求创新，因此能不断带给员工新鲜感和挑战性。大部分F的员工都具备一定的经济基础和就业技能，很多员工在加入F之前，也有过其他单位工作经验，因此他们在社会企业工作并不仅仅希望获得收入的保障或提升，他们还有更多成长的需求。社会企业以社会价值为核心目标、注重公益志愿精神、追求创新、采用市场化手段解决社会问题，实际运作的过程和体验正好满足了员工在成长和发展方面的需求。此外，社会企业还可以促使一部分受访者的价值观发生变化。很多受访者表示，他们自从来了社会企业之后，更明显感受到人生的价值应该是努力去让社会受益，而不仅为了让个人受益。这种个人价值观方面的变化，不但使他们志愿公益感增强，也促使他们获得了更多的幸福感。

（二）社会企业F家政员的幸福感来源主要是收入和家庭地位的变化

收入提高是家政员感觉到幸福的最直接因素。由于F的女性家政员大多是来自贫困地区，因此，她们自身经济水平和知识技能水平十分有限，甚至过去没有工作。这批困难群体往往迫切需要提高收入、实现脱贫。她们更关注收入水平的变化，因此，收入状况成为影响她们幸福感的最重要因素。比如，受访者中很多人从贫困地区或偏远地区出来到了大城市，学到了更多的知识和文化，自己从无业状态转变为体面就业的状态，她们的收入不断提高甚至使整个家庭摆脱了贫困。随之带来的影响就是女性劳动者在家庭中的地位也发生了变化，很多家政员已经从单纯的农民或家庭主妇成为全家收入的主要来源和顶梁柱。她们在家庭中地位有所提高，更具有话语权，所获得的知识和技能可以在家庭中发挥重要作用。她们对自己的认同和自信心也随之提高，一些人认为自己"实现了人生价值"。

受访者 E，大学毕业后曾在华为公司工作，每月收入远高于现在的收入。她当时加入 F 是由于有朋友在这需要帮忙，同时她听说 F 帮助了很多来自她老家地区的贫困妇女，较为触动，就同意朋友来这短暂帮忙。但经过了两个月的工作后，她决定加入 F。她谈到现在自己的感受时说："因为 F 有这个举动，我参与进来了，很有荣誉感。我大学同学在别的公司，还有自己创业的，我现在工资跟以前比相差很多，但我现在做不是为了钱，当然生活保障是必须的。我朋友也有质疑的，我就跟她们说，我挺快乐的呀。我昨天还跟我朋友说，我特别愉快，每天心情都不一样，但都很愉快。我朋友说，我赚得比你多，但也没你这么愉快。我觉得现在活得更有价值了，更有价值感也更有存在感了。"

已经从家政员转变为 F 招生老师的一位受访者谈道："我觉得要是在私企上班，没啥特别的，但是我现在能在这上班，在公益的社会企业上班，我觉得很自豪。我从老家过来，一提起我们老家，所有人想到的都是贫穷。我从一个家政服务员做起，现在我很知足，待在这样的公司很自豪，因为做的工作很有意义。"

助人者自助，乐己者乐人。访谈中员工会多次提及他们在帮助弱势群体的工作过程中，也同时获得了自身的快乐和满足感。如一位督导老师说："去看看我们家政员工作做到位了，那种成绩感是没法用语言说的。尽一份爱心吧，找这个成绩感。""你看我 QQ 里，他们给我发的，有时候觉得累了,一看到他们发的,就觉得很开心,心里暖暖的。还觉得她们很需要我。我们这些人现在就这些想法,姐妹们来了,能帮助他们找到工作。我就是想能帮一个是一个。第一,能自己生存;第二,这个工作虽然有点累,但是能帮助到人,算是满足感吧。"

二 社会企业 F 对工作者志愿公益感的影响

社会企业 F 始终注重对工作者志愿公益感的培养,也会经常组织工作者参与各类志愿服务。志愿服务是任何人自愿贡献个人时间和精力,在不为物质报酬的前提下,为推动人类发展、社会进步和社会福利事业而提供的服务①。志愿服务是利他行为的一种形式,目的是为他人、团体、机构、某项事业或者整个社会提供帮助而不求物质回报②。受访者在访谈中表示,他们通过多次参与各类志愿服务,增强了自己的志愿公益感。本书把志愿公益感的影响定义为社会企业给工作者带来的对志愿公益精神和社会责任的认同以及参与志愿公益服务的意愿。社会企业对工作者志愿公益感的影响具体来说,体现在三个方面。

(一)认同志愿公益精神

社会企业 F 的工作者既有高学历的专家、学者,也包括仅有小学文化程度的家政员;既有长期从事管理工作的员工,也有一直从事一线基本业务的员工;有来自大都市的,也有来自贫困地区的。F 工作者的身份、背景、学历、年龄等不尽相同,但是在 F 工作后,工作者们对"志愿公益"这个名词发生了从完全陌生到认知、认同乃至乐于亲身参与这样的变化。

对社会企业员工来说,他们在工作后可以感受到 F 与一般企业的不同之处,特别是对于之前有过工作经历的员工来说,他们会把 F 与他们

---

① 丁元竹、江汛清:《志愿活动研究:类型、评价与管理》,天津人民出版社2001年版,第2页。
② [美]马克·A.缪其客、约翰·威尔逊:《志愿者》,魏娜等译,中国人民大学出版社2013年版,第2页。

自己以前的工作单位进行对比，进而发现F的特殊性。曾在私企工作过的一位受访者说："重要的不是赚多少钱或客户解决什么需求，最主要我觉得我在传递一种正能量，这会让客户觉得原来社会上有这么一批人在做这个事情。阿姨再贫困，也会有一批人在为她们做公益活动。"

一位督导老师受访时谈道："对这个企业，它不完全是慈善的，但的确是帮人的，有点商业但又不全是商业的，我觉得挺好。我不是为了挣多少钱。人呐，在这个年龄段，在社会上，能动的时候，能体现自己的价值就很好。F不像其他的企业，它趋向公益性，特别正规，不是那种纯商业化的东西。"

某个门店的店长认为在社会企业工作后，她对人与人之间的关系特别是奉献和回报之间的关系有了和以前不同的看法，她说："原来出来的时候，觉得我可以对你好，但是不能说很无私地对你好。即使不是图什么，也是有什么目的。我为了这个目的才接触的你，为了达成咱俩的共识而努力，我也希望咱俩是互相的。但现在呢，不是互相的了，我一边倒地对你好，你要给我一点（感谢），我就很感恩了。就是你不感激我，我还会这么做，现在跟以前是不一样了，什么都没有，我也想帮你。"

（二）主动关注弱势群体

访谈中，多位受访者认为，在社会企业工作后，他们对弱势群体的态度也发生了变化。他们从最一开始只是出于工作需要去关注弱势群体，到他们会主动关注弱势群体，甚至主动为弱势群体做出力所能及的贡献，这样一种转变是日积月累形成的，也反映出工作者的社会责任感在逐渐提升。

现在担任F高层管理者的一位受访者认为，他在加入F工作后的十多年里，心灵受到很多震撼，自己也收获很多。他现在会主动关注弱势群体，甚至尽可能地去维护弱势群体的利益。他说："对弱势群体（利益）的关注已经成为下意识的举动。比如我母亲雇佣保姆，这其实跟我工作没有关系，用的又不是我们学校的保姆，但我和我母亲在对待保姆上就有争论，那纯粹是下意识的。在客户和家政服务员有争论的时候，我可能下意识地就站在家政员这么一个立场。这就是十几年来自己的改变。"

负责家政学校招生的一位受访者认为，自己目前经常想主动去帮助别人，她说："你看，把他们招来了，他们要是反馈给我上不了户，我比他们还着急。可能出于一份良心吧，虽然我的工作已经完成了，但是还是会着急。我就是主动要去关注这些人。我就想，他们出来赚钱多不容易，就想要是能帮就帮一下。"

访谈中还发现，许多普通工作人员也会在日常主动去关注国家、社会和新闻媒体对弱势群体的报道，他们对社会的这份责任感逐渐内化于心。当时访谈中的一位督导老师说："现在中国大部分都脱贫了，但是看到还有一些偏远山区的贫困群体特别是留守孩子，心里特别酸。这个平台特别好，在生活上让她们提高，改善了一大块。"

（三）主动参与志愿公益行为

访谈中，有六成的受访者之前完全没有参与过志愿服务。但是在他们加入F后，至少参加过一次，并且表示以后还会继续参与。这些受访者不再单纯把参与志愿公益活动作为一项工作任务，而是把志愿公益活动作为了一种他们乐于自愿参与的活动。不管是员工还是家政员都可以在F工作后获得很多开展志愿公益活动的机会，也可以从中体会志愿服务的乐趣。这种变化与F的一些举措密不可分，如F建立了自己的家政艺术团，经常组织员工和家政员去工地、社区等地进行义演；F在日常授课中也会教授一些关于志愿公益精神的内容。对家政员来说，他们之前对志愿服务或公益事业了解可能不多，甚至完全不了解。但是通过F组织的艺术团、演出等活动，他们不但亲自参与了志愿服务，还在志愿服务中找到了快乐并且带动更多人参与志愿服务，逐渐意识到他们作为一个普通人也可以做公益。

F的一位高层管理者说："我现在是职业经理人，如果退休后F需要我做什么我会一直做。我不要一分报酬，既然说了做志愿者就不要报酬，没有问题。"

目前，许多F员工都会把做志愿服务作为自己日常生活的一部分，并且乐于为自己的工作付出时间和精力。员工这样的状态说明他们已经不仅仅把帮助家政员作为一项工作任务去对待，而是已经成为他们认同的个人价值实现的途径。一位员工说："我不会去想做这个工作这个月拿多少钱，下个月不平衡什么的。每个月工资我从来不问，自己有失误被罚被扣，也认同。我从来没有计较钱多少。我自己有时候还做义工，是来了F之后，这个工作跟这个有关联才做的义工。我有时候早晨会给老人们送粥，或者利用自己休息时间去家访一下，关注一下老人。我们每次去做义工，家访什么的，单位没人给我们报销路费啊什么的，没有，就是我们自己承担。一些老人子女不在家的，我多多少少地会给老人拿一些水果。去看看家政员在家沟通的情况，有什么需要了解的。去看看我们家政员做到位了，那种成绩感是没法用语言说的。我最远的客户在顺义，有时候休息的时候我还爱去老人家家访。"

在F工作时间不到一年的一位工作者说："我觉得我们就是义务付出。我们工资说实话真不高，但每天都这样。我平常7点起来，工作到晚上10点半。我每天得为她们找工作，每天都得忙到晚上10点多。有时候阿姨找工作，她们着急，我也着急。我觉得能帮助一个人就帮助一个人。有时候她们上户了，我自己也挺高兴的，为客户找到一个合适的阿姨，自己心里也挺开心的。"

某门店的一位店长除了做好本职工作，还会主动参与一些力所能及的项目，努力让自己参与更多有意义的工作，她提到主动参与了一份关于帮助中国留守儿童的项目，她说："前段时间我参与了中国留守儿童发布会，我觉得这是件有意义的工作。一开始找到我们机构，然后我组建了一个小组，组员都是挺小的孩子的妈妈，她们都是出来打工，对她们也有帮助吧。"

志愿公益感的形成需要一定的时间，这既需要自身的理解更需要企业文化的熏陶。从受访者对志愿公益事业的态度来看，他们从认知、理解到认同，再到主动参与，这样的一种变化是日积月累形成的，也反映出社会企业 F 对志愿公益精神的引导是潜移默化和长期的。

三　社会企业 F 对工作者创新能力的影响

作为一家社会企业，创新是社会企业 F 的本质特征之一。纵观 F 十几年的发展历程，它之所以能在经历了各种困难挫折后坚持到现在并且成为我国目前社会企业领域的代表之一，正是源于它在发展过程中的不断创新，这些创新既包括业务方面的创新也包括工作者思维方式的创新，具体表现在以下两个方面：

（一）不断创新思路和发展方式

首先，社会企业 F 用创新的思维发现并解决社会问题。F 的创办者在企业成立之初预计到家政市场的潜力，采用创新性的先培训后就业模式帮助贫困地区的妇女脱贫；同时在长期发展过程中，F 的工作者们不断用创新的思维去发掘资源，拓展新的思路和发展方式，持续地为解决社会问题而努力。

其次，开创"民办公助"模式，拓宽企业资源。F 在成立初期的一段时间里，一直靠自己去拓展生源，但是成效不大，直到开始和 A 省政府合作，招生困境才得到好转。2000 年初，那时我国社会组织和政府合作的模式还不普及，而 F 依据自己的经验，开创了"民办公助"模式，这种做法在当时服务行业是先例。当时 F 的一位创办者给国务院递交了一份报告，具体阐述了"民办公助"的想法，获得认可后，这种模式便在全国推广。之后的很多年，F 不断扩展企业合作的资源，与多地政府、企业建立起合作关系，以便不断寻找物资赞助或经费支持。探索资源的这些过程，对 F 的所有员工来说是极大的考验，各层级的员工都在不断思考企业的未来发展，不断去寻找新的资源。

再次，不断探索创新培训方式和企业人才培养模式。近十年来，家政行业如雨后春笋般蓬勃发展，随着国家生育政策的调整，家政行业更是迎来了新的发展机遇，这对 F 来说既是机遇又是挑战。此外，科技的进步促进了智能手机普及、新媒体手段广泛应用、远程教育得到推广等，人们的生活习惯也发生变化，更喜欢充分利用碎片化的时间进行高效的学习。因此F也不断探索和开发远程智能培训，想运用互联网技术开发线上线下结合的职业培训创新模式，探索规模化、有效果、有效率的新型职业教育方式。这种模式可以使家政员通过远程在线方式接受培训，在家政员所在地就可以完成理论学习以及实操演示，家政员到校后再在学校完成线下的实操课程和考核，这样就大大节省了时间成本。家政员上岗后，还可利用工作之余的碎片化时间灵活安排，持续学习，不断提高。

最后，实现"造血"的同时保障社会目标的实现。社会企业的性质决定了作为一个不以营利为目的的企业要想保持自身持续运转，就必须围绕社会目标的同时不断创新，实现经济上的自给自足。F成立并运转了一段时间之后发现，家政员虽然经过了系统的培训，但是在能否就业以及体面就业方面，F无法保障。因为培训结束后，这些学员是去其他的家政公司完成后续就业，因此她们的就业情况和生活状况F是无法保障。此外，F成立时投资者给予的经费是有限的，如果不再拓展资源，寻找新的盈利方式，F就很难保持运转。特别是经历了"非典"危机之后，由于缺少生源，F的运转经费非常紧张，更需要尽快去开拓途径，为自己"造血"。于是，F在2002年10月以企业的形式注册成立了家政服务中心，可以面向市场营利，为自己"造血"，这样F便实现了"前店后坊"的运作模式，家政服务中心与F培训学校相辅相成，共同去实现帮助贫苦地区妇女脱贫和体面就业的组织目标。

（二）工作者不断提升创新能力

社会企业F可以不断促使工作者提升创新能力。F作为一家致力于解决贫困问题的工作整合性社会企业，它需要不断开发、改进它的培训内容和授课方式才能提供更好的培训，还需要不断探索更好地为家政员实现体面就业、解决贫困问题的思路和做法。同时，正如有一位受访者提到，社会企业的跨界性要求社会企业的工作者也要具备跨界的技能，

"既要会和农民沟通,也要能随时去国际上筹款,还要始终有创新的思维去思考问题"。这位受访者还说:"你要懂市场。因为社会企业是一个交界处,创新的产物,在纯商业(领域),技能和规则是比较固定的,但是社会企业很多时候是没有的。社会企业是基于一个社会问题,用创新的方式回应这个问题。如果我就是一个公益机构,我每年拿到这个钱就可以了。但在社会企业,你得发自内心,爱这个工作,爱这个人群,你才能受得了。有各种各样的挑战,有市场的,有另外一头的,都会来挑战你。"

员工 Z,她从东北老家来到北京,作为一个年轻人想在北京找到一份自己喜欢又适合的工作,但是一直没实现。她之前学过医、做过绘画、珠宝设计行业等等,但认为一直不理想。后来她加入社会企业 F,认为自己实现了当初的梦想,她说:"F 一直在创新、改变、一直在激励我们。可以让每个人觉得自己是有价值的,或者成为有梦想的人,或者可以做好一件事情。"她认为社会企业给员工带来很大的挑战,很多工作非常困难,但是当克服这些困难完成工作时,会特别"兴奋"。

虽然 F 的主营业务看上去是做家政服务,工作内容看似简单,但是为了不断跟上时代、遵循市场的发展规律,更好地实现企业的价值目标,F 始终坚持创新。L 公益基金会的一位受访者说:"以前培训全都是老师上课,前两年每次去看他们上烹饪课,都是在教炒木须肉,每次去都是,现在去看就不一样了,开的课很多不一样。炒菜还是炒,包括中级班、高级版,月嫂,但每个班都是根据市场在不断应对,在调整,将来会通过网络上课。我们家政的教师可能就是本地农村的人,如果是普通的培训学校她可能就一直这么教下去,但是如果是在社会企业,就会逼着她不断学习、调整、改变、创新。因为烹饪课都可以网上看了,网上有更专业的课,还用你在那教什么呢?没有改变和创新可能就不需要你这么教了。"

L 基金会的一位高层管理者在谈及 F 这几年的发展时,认为从基金会到 F,这几年都非常重视年轻人带来的创新和活力,这种理念反过来又在不断推动组织和人员不断创新。该受访者谈道:"随着这几年整个机构对年轻人的重视,也给机构自身带来很多变化。特别是90后他们做事的方式、方法,其实也给机构带来很多活力。包括我们现在新的名片,还有网站,格调都是更加年轻化。你从网站上可以看出来,机构的创新性、时尚度,它的国际化,这些都是挺鲜明的一些特点。这些对机构内部工作的人,肯定是有影响的。如果你差距很大,你肯定是格格不入,或许就不能在这里头继续工作,在这里头干,经常给你带来的是挑战,是一种不舒服感。"

以上访谈及分析说明,同其他组织相比,社会企业具有一些独特的优势和影响力,对其工作者产生了较为深远的影响。这种影响是源于组织内个体自身的一种主观体验,是工作者个体基于自身经历并和其他组织比较的基础上产生的一种判断,这种独特性的影响不易察觉,但却是社会企业影响中不能忽略的重要方面。

笔者在访谈中还发现,受访者对社会企业影响的感知存在差异,这种差异主要表现在,员工和家政员对一些影响的感知程度不同。在30名受访者中,除了有两位受访者为社会企业工作者之外的人员,其余28名社会企业的工作者在感受到每种影响的比例上具有一定的特点,如表4-4所示。

表4-4　　　　　　　　分类受访者感知的影响类别比例

	志愿公益感	幸福感	能力提升感	家庭收获感	收入水平		福利水平	创新能力
					较高或正常	较低		
员工	16 (73%)	20 (91%)	22 (100%)	13 (59%)	6 (27%)	16 (73%)	5 (23%)	9 (41%)
家政员	2 (33%)	5 (83%)	6 (100%)	6 (100%)	5 (83%)	0 (0%)	3 (50%)	0 (0%)

注:括号里百分比为占受访者中同类工作者总人数百分比。

可以看出,两类工作者在能力提升感、幸福感和家庭收获感方面都有较强的感知,感知度均在50%以上,而对收入水平和创新能力方面则存在较大程度的差异。从受访者人数比例上看,员工和家政员都认可社会企业给他们带来能力提升方面的影响，感知度均是 100%。在幸福感方面，有 5 名家政员和 20 名员工对其认可，分别占 80% 和 91%。家庭收获感方面，员工和家政员分别有 59% 和 100% 的人认可。

两类工作者对收入方面影响的看法存在较大差异，有 5 名家政员明确认为他们收入较高或正常，比较满意，占受访家政员的 80%，没有家政员认为收入较低。而呈现巨大反差的是有 73% 的员工认为收入较低。他们认为自己收入水平低主要基于三个方面的对比，即与自己在社会企业工作之前的收入对比，与自己朋友的对比，与所接触过的家政员对比。

此外，员工在志愿公益感和创新能力方面感知程度比家政员更多，有 73% 的员工认为自己在志愿公益感方面有收获，有 41% 员工认为自己的创新能力增强，而没有家政员感知到创新能力的提升。

第四节 社会企业对工作者影响的模型构建

一 社会企业对工作者产生影响的原因

本书对各种影响之间的关系和成因也进行了探索和归纳。本书认为，有以下四个方面的因素促使社会企业对工作者产生影响，分别是，社会企业的公益性、社会企业的组织文化、工作者的榜样示范作用以及社会企业的商业性和创新要求，具体分析如下。

（一）社会企业的公益性

公益性体现为社会企业始终以实现社会价值而不是企业利润作为企业首要目标。访谈中共有 18 人提到社会企业 F 的公益性。F 首要的目标是帮助贫困地区的妇女实现就业和脱贫，而不是赚取利润。F 从创办者、管理者到中层、基层员工都始终奉行企业的这个目标。正是这样，在 F 遇到困难和突发情况甚至是企业遇到危机时刻，F 的创办者和管理者解决问题的思路和做法都体现出要优先社会使命和社会价值的实现，他们的做法也让所有员工深刻感悟到企业确实始终在维护家政员的利益。例如，有一年发生了家政员因为看护不注意使客户家孩子死亡的案件，在法院判决还没公布前，创办者们便已做出决定：不管最后家政员被判要赔偿多少，企业会出资替家政员赔偿。每当家政员与客户家庭发生冲突或矛盾时，门店的员工都会第一时间做疏导和调节工作，如果家政员最后还是被客户辞退，门店的员工会继续为该家政员认真寻找合适的客户，帮助其就业。当F培训后的家政员被其他家政企业"挖"走，或者转行去做了其他工作，F的管理者不但不阻拦，在员工提出疑问时还会教导自己的员工要思想放开，并且把这样的结果看成是企业目标的实现。社会企业F的公益性既帮助家政员提升了收入，又使员工逐渐增强了自身的社会责任感和幸福感。

正如一位接受访谈的曾经受雇于私企、享受高薪的受访者所说："我在这工作，每天都能感到正能量，我觉得现在活得更有价值了，更有价值感也更有存在感了。"这位受访者的回答反映了很多社会企业F工作者的心态，也能从中理解为何社会企业员工收入不高但还是坚持在社会企业工作，这正是因为社会企业能给他们带来其他组织无法带来的自我价值感和幸福感，而这与社会企业的公益性密不可分。

（二）社会企业的组织文化

组织文化是组织在长期的实践活动中所形成的并且为组织成员普遍认可和遵循的具有本组织特色的价值观念、团体意识、工作作风、行为规范和思维方式的总和①。访谈中有16人提到社会企业F的组织文化，具体包含三个方面：人性化管理、赋权和真诚。人性化管理是指F在对员工管理方面不是采取命令式、强制式方式，特别是在员工考勤、绩效考核方面淡化量化考核指标，注重在企业内部采用很多人性化的员工服务方案，比如女性员工的生理假期、免费旅游、艺术团、技能培训、企业内部工作者互助险等。赋权是指F对各层级管理者授予一定管理权限和自由度，可以允许这些管理者在不违反企业原则的条件下，大胆创新，用管理者自己的思路、办法去管理企业。赋权是社会企业一个重要的特

---

① 周三多主编：《管理学》，高等教育出版社2005年版，第207页。

点和优势，可以增强工作者的自信、技能和创造力，进而激发工作者的积极性和主动性。当 F 推出新计划时，高层管理者会鼓励计划的负责人大胆去试、去设计，包容可能出现的失误，这在很多工作者看来一开始也觉得不可思议。真诚是指 F 的员工发自内心的想为顾客和家政员更好地服务，也反映出所有工作者愿意在 F 工作并且始终为实现社会价值而努力。组织文化具有整合功能，可以使个人的行为、思想、习惯等与整个组织有机地整合在一起，形成相对稳固的文化氛围，凝聚成一种无形的合力，以此激发出组织成员的主观能动性，并为组织的共同目标而努力[①]。社会企业的组织文化使社会企业的工作者具有强烈的组织归属感和干事的动力，也为工作者们能持续为社会企业的目标而努力创造了良好的基础。

正如比尔·德雷顿在一本书的序言中说，如果你对所有的年轻人，包括弱势群体抱有期望，你就会改变他们的世界，从而打破不信任的枷锁。一但一个青少年有了梦想，建立了团队，改变了他的世界，他将成为生活的改变者，一次又一次地为任何需要解决的问题做出贡献[②]。

一位中层管理者认为，社会企业最突出的与众不同的特点就是给予了工作者足够多的空间去实验和创造。她说："我觉得如果去了商业机构可能不是这样的。在这里我觉得能让自己很开心，找到自己的价值。社会企业最大的特点，就是能赋予你最大的权限，让你去发挥。这些是商业机构给不了你的，商业机构可能会去权衡你的利益，计较你的失误。但 F 会给你试错的机会，让你去闯，走错了没关系。这方面对我的影响是最大的，商业机构可能不会对自己有那么高的认可，自己也不会成长得那么快。"

（三）工作者的榜样示范作用

社会企业中存在着较强的榜样示范作用。对任何一个工作者来说，如果他每天都和周围很多优秀的同事一起工作，并有足够多的机会认识

[①] 周三多主编：《管理学》，高等教育出版社 2005 年版，第 209 页。
[②] ［美］比尔·德雷顿，［英］肯·班克斯：《社会使命与价值创造 国际社会创新案例剖析》，许涛译，同济大学出版社 2020 年版，英文版序二。

各行业的社会企业家,这些人的优点一定会对工作者产生积极的示范作用。社会学习理论(Social Learning Theory)对榜样示范作用进行过分析,该理论认为,个体是通过对他人行为及强化性结果的观察,来获得新的行为反应或修正已有行为。工作者通过观察周围榜样的行为而模仿行为的过程是一种重要的学习方式,社会学习理论将其称之为"通过示范所进行的学习"。社会企业的工作者在和周围优秀的同事、社会企业家接触的过程中,也会发生模仿的行为,在早期关于社会企业的研究中很多学者把关注点放在社会企业家身上。社会企业家被认为是具有特殊的特征和领导能力以及具有强烈的激情以实现自己的目标,同时又具有优良的道德[1],对一个普通工作者来说,仅社会企业家自身的闪光点就已经足以成为工作者的榜样。

榜样示范作用还体现在 F 具有人性化的组织文化,企业在"管理"过程中较少采取由上至下的"管"的模式,更多依靠的是员工的自觉性以及周围同事和领导的榜样示范作用。对于员工来说,社会企业家的眼光、思路、做事方式会给员工带来最直接的影响。对家政员来说,F 的培训老师和门店员工是他们最直接的榜样。在家政员待岗期间,其他家政员也会成为他们的榜样。因为 F 通过多种活动载体和形式,帮助家政员构建了包含家政员姐妹、门店老师、培训老师、招聘和就业老师为主体的一级人际关系网,还构建了包含 F 其他的工作人员、客户家庭和 L 基金会的二级人际关系网。这些人际关系网络的形成,除了可以支持家政员进行心理适应和心理建设,也使榜样示范作用潜移默化产生效果,成为激发工作者不断进步的动力。

访谈中有 16 位工作者提到了榜样示范作用,其中,F 的一位高层管理者认为,他从 F 的一位社会企业家那里学到了社会企业的概念和知识,这位社会企业家的做法也让他对社会企业和社会企业家这类人群有了新的认识,甚至还对他的人生观、世界观、价值观产生了积极的影响。他

---

[1] Johanna Mair, Ignasi Martí, "Social Entrepreneurship Research: A Source of Explanation, Prediction, and Delight", *Journal of World Business*, Vol. 41, No. 1, 2006, p. 38.

说："我们校长在这待了三年,从早到晚工作,却连续三年一分钱不要。我以前都没见过这种人,来到这里我才发现原来社会还有这样的人,就是真正为了社会问题自己默默付出,自己努力。到这接触得多了,受到的影响多了,就会有心灵的震撼。"

一位年龄较大的基层员工认为F虽然工资水平一般,但是她热爱这里,认为可以和年轻人学到很多知识,也见识到了榜样的力量。她说："大家都是这样,都是兢兢业业的。从学校老师的状态到总部同事的状态都是这样,没有人敷衍了事,整个风气都是这样。你看我们有个年轻的同事,她已经是我们的领导,这就是榜样的力量。"

(四) 社会企业的商业性和创新要求

访谈中工作者多次提到"市场手段""商业""挑战""创新"等关键词,本书把这些关键词归纳为商业化和创新要求。世界经济论坛公布的一份报告显示,从全世界来看,社会企业面临以下困难：经费不足、公众的关注和认知度缺乏、政府支持不足、法律法规制度不完善、采购途径有限①。社会企业由于要不停地用创新的思维去发现问题、解决问题,同时还需要一直采用市场化手段为自己"造血"、不断去寻求多方资源和合作,这就对社会企业工作者提出了更多的挑战。鲍勃·多尔蒂(Bob Doherty)梳理了不同学者关于社会企业在管理中面临多重挑战的论述。一是社会企业要兼顾利润和社会价值双重底线；二是衡量社会企业的成绩存在困难；三是社会企业要兼顾多个利益相关者,并且要建立起足够的符合实际的管理结构；四是不管在成立之初还是规模扩张期,社会企业在找到合适的财务管理方式方面存在困难；五是社会企业要实现其潜在价值需要规划和战略管理能力②。这些困难和挑战就像双刃剑,

---

① The State of Social Enterprise: A review of global data 2013-2023, Schwab foundation, World Economic Forum, 2024, p. 13. 参见 https://www.weforum.org/publications/the-state-of-social-enterprise-a-review-of-global-data-2013-2023/.

② Bob Doherty, "Social enterprise management: how do social enterprises compete?", in Simon Denny, Fred Seddon, eds. *Social Enterprise Accountabislity and Evaluation around the World*, Routledge, 2013, p. 38.

不断督促社会企业员工提升能力、挑战自我。

社会企业F也是如此，虽然F员工的分工各不相同，但是都面临着同样的挑战。也正是这些挑战促使社会企业工作者要不断提升自身能力，让自己不断取得进步。正如基金会的一位中层员工所说："社会企业挑战很大，得到锻炼的机会也会比一般公益机构要多一些。因为能力要求高，得到的锻炼也多。一般公益机构得到的锻炼可能是有限的，但是社会企业不一样，社会企业很多是商业机构的东西，或是商业和公益交叉的，这个对人的改变是很不一样的。"需要指出的是，这种感受在员工中较为普遍，而家政员群体对此感受并不明显。

这位受访者认为，社会企业的性质决定了在社会企业工作的员工除了需要具有高度的责任感还必须要有较好的抗压能力。因为社会企业会不断对工作者提出挑战，需要他们不断创新。他认为对社会企业来说，客户不会因为社会企业的独特性质就更认同这个组织，客户更多的是市场化选择，但是社会企业同时还要肩负更多的社会责任，因此在社会企业工作比在其他公益机构挑战更大。在他看来，如果社会企业的员工不爱自己企业所要服务的人群是坚持不下来的。"比如家政，很多机器人就能取代你的工作了，你到底要给人提供什么培训？现在还要这么做下去吗？我们现在都是两周培训，以前都是三周，市场也在改变，现在人家来了就想赚钱，那干嘛要培训三周呢？都是很现实的。这些和公益机构就不一样，公益机构的反馈是来自捐助方，是很慢的，不会迅速地逼着你去改变，如果你稍微慢点，对公益机构来说，人家资助方还是会给钱做项目，但是，市场就不一样了。别的公司家政员可能是从市场上随便找来就上岗，不用培训的，你这培训三周，那在市场上别人可能就不愿意来，那你生源就少。对社会企业来说，本身的商业模式是很有挑战性的。我们比一般公益机构可能压力都大一些，我们还面临市场的压力，你失败就失败了，不像一般公益机构，你失败了换个资助方就行。"

二 社会企业对工作者影响的模型

前文已经归纳出社会企业对工作者的七个方面的影响，以及产生这些影响的原因。但在访谈中,笔者还发现了员工和家政员对影响感知程度的差异性,以及这几类影响之间也存在一定的关系。在主轴编码基础上,本书进行了选择性编码,通过对"核心类属"的构建,创建出明确的"故事线",归纳出社会企业对工作者的不同影响之间的关系。下面从五个方面对社会企业对工作者的影响以及它们之间的关系做进一步分析和阐述。

(一)幸福感增加可以促进所有社会企业工作者的家庭收获感提升

无论是员工还是家政员,访谈编码均反映出幸福感对家庭收获感的促进作用。一方面,家政员自己就业状态和人生路径的改变使他们增长了自信心和成就感,进而促使他们影响和帮助家人更多地去了解家政行业以及社会企业的经营理念,甚至促进他们家人和所在地区的人们在农村女性就业问题上发生观念的转变。另一方面,社会企业的工作者在工作中可以学到新的专业技能和知识,自身多方面能力得到提高,由此而带来的幸福感促使他们与家人分享,可以间接带动全家人能力提升。

(二)志愿公益感增强可以提升员工的幸福感

受访的22名员工中有15位员工认为社会企业带来的志愿公益感的增强是他们幸福感提升的最重要因素,而5位家政员未提及这两者之间的关系。访谈中,员工感受最多的影响便是志愿公益感的提升,而这一方面的影响也成为他们幸福感的最重要来源和坚持在社会企业工作下去的动力。志愿公益感的增强进一步增强了员工的社会责任感,促进了自信心、成就感和快乐感等的提升,也使他们幸福感得到增强。

(三)幸福感提升可以增加员工的家庭收获感和能力提升感

访谈中,超过50%的受访者认为自己在社会企业工作后,幸福感增加,而且在获得幸福感后他们反而更加具有责任感和使命感,并不断激励和鞭策自己,这种幸福感还使得他们很乐于把自己的思想、知识和技能分享给家人。同时,他们会更加愿意接受新知识、努力创新让自己不断有新的进步,进而不断提升知识水平和能力。

（四）收入增长可以提升家政员的幸福感

访谈中的 6 名家政员均表示收入增加使他们感到幸福。其中两位来自甘肃的受访者认为，家政员收入的增加对其个人、家庭带来巨大变化，她们自身的地位、生活状况都有很大改善，自信心和幸福感也明显提升。可见，收入增加可以给家政员带来一系列变化，包括家庭地位提升、脱贫、生活质量改善、自信心增强，这些都进一步促使家政员幸福感得到提升。

（五）志愿公益感增强可以提升家政员的家庭收获感

对家政员来说，虽然他们在日常工作中并不会所有人都参与很多志愿公益项目，但是由于社会企业始终以追求社会价值为目标，这种价值导向会贯穿到 F 很多志愿活动的设计和管理运行中，对家政员或多或少或直接或间接产生一定的影响。访谈中的 5 名家政员均表示以前不懂志愿和公益的概念，来到社会企业工作后，随着对志愿公益知识的了解，渐渐受到影响和激励，并通过自己传递给家人。其中有 2 名受访者表示，她们来到 F 后，参与过志愿活动并且还会继续参加。此外，所有的工作者都会在 F 培训的课程中接受到关于价值观、道德等方面的教育，使得他们的责任感、志愿公益感得到增强。在日常生活中，他们也会或多或少传递给家人相关的概念。

根据前文的分析可以看出，社会企业 F 对不同工作者影响之间的路径存在差异性，本书通过选择性编码归纳总结出了核心范畴，即社会企业对两类工作者影响的路径（见图 4-5 和图 4-6）。

最后，对本章研究还需做以下补充说明：第一，扎根理论存在着建构主义的性质，本书的发现也是基于笔者依据调研和访谈原始材料开展的建构成果，不同的研究者或许会因为各自视角不同、理解不同、价值观和偏好不同而利用同样的数据得出不同的结论，因此，本章的发现也只是众多解释中的一种。第二，扎根理论和案例研究特别是单案例研究强调案例的典型性，强调理论的形成和发现，不关注理论验证性，因此，由扎根方法和案例方法形成的结论还需要进一步检验才能验证其普遍适用性。第三，由于本书案例和样本有限，以此形成的结果不是最完善的，或许还有更多案例或更大的样本能提供更加丰富的研究结论。

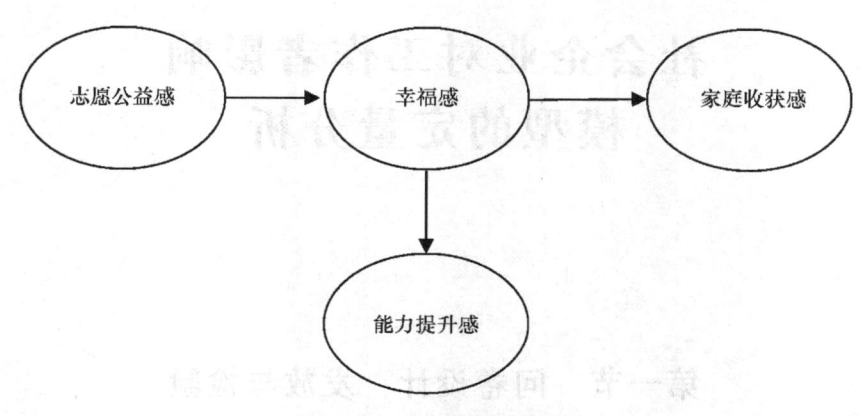

图 4-5　员工影响路径

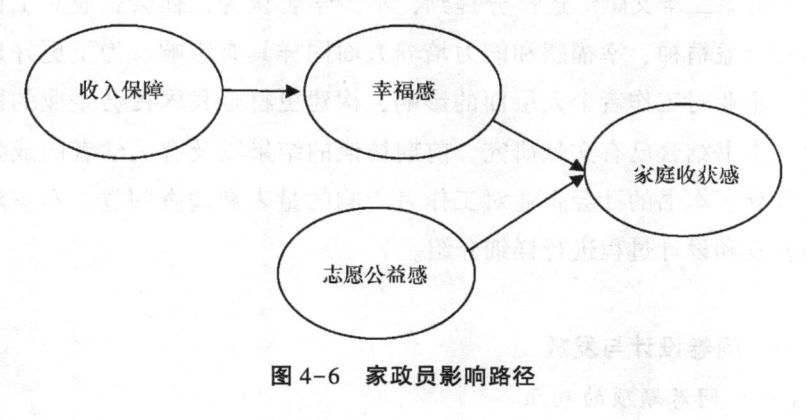

图 4-6　家政员影响路径

第五章

社会企业对工作者影响模型的定量分析

第一节 问卷设计、发放与检验

本书第二章文献综述部分提到,不少学者认为,社会企业对工作者个体在公益精神、幸福感和能力培养方面同样具有影响。为了更好地评估社会企业对工作者个人层面的影响,构建更符合我国社会企业的影响量表,本书结合已有文献研究、前期访谈的结果以及有关学者的成熟量表,设计了本书的社会企业对工作者影响的量表和调查问卷。本节对问卷的开发和设计过程进行详细介绍。

一 问卷设计与发放

(一)问卷题项的确立

在问卷设计好之后,笔者邀请相关专家和学者对问卷进行了审阅和修改。经过对专家意见进行汇总、整合,最终确定了问卷。

笔者在初步确定了问卷后,于2016年12月至2017年1月通过某基金会的介绍,给北京市一家社会企业工作者发放了预试问卷100份,回收86份。经过信效度检验,再次删除不合适题项,确定最终问卷。表5-1是本书设计的初始量表。

表 5-1　　　　　　　　　社会企业影响初步量表

编号	题项
志愿公益感 1	公益和志愿活动对我来说很重要
志愿公益感 2	我认为工作和生活要追求利益最大化
志愿公益感 3	我愿意参与志愿、公益活动去分享我的知识、技能
志愿公益感 4	我愿意通过志愿、公益活动告诉其他人我所知道的他们需要的信息
志愿公益感 5	我经常关注志愿、公益活动的信息
志愿公益感 6	我也支持我的家人参与志愿、公益活动
幸福感 1	现在的工作让我每天感觉很快乐
幸福感 2	现在的工作让我有自豪感
幸福感 3	现在的工作让我生活很有意义
幸福感 4	现在的工作也让我的家人感觉到快乐和幸福
幸福感 5	目前来说在这个企业工作比在其他地方工作让我感觉更快乐
家庭收获感 1	现在的工作促进了我的家庭和谐
家庭收获感 2	我的家人很支持我现在的工作
家庭收获感 3	我会把现在工作中的知识经验告诉家人
家庭收获感 4	我感觉现在能更好地和家人沟通
家庭收获感 5	我的家人现在也能从我的分享中获得收获
能力提升感 1	这里的工作使我掌握新的知识或技能
能力提升感 2	这里的工作使我能不断获取新的知识和技能
能力提升感 3	这里的工作使我积累了更丰富的经验
能力提升感 4	这里的工作使我的职业能力不断得到锻炼和提升
能力提升感 5	这里的工作使我眼界拓宽
收入保障 1	我感觉加入这里之后工资收入上有了明显提升
收入保障 2	我的工资水平与同行业企业相比算比较高的
收入保障 3	我现在的工资水平比我以前的工作要高
收入保障 4	我对现在的收入很满意
福利水平 1	企业为我缴纳社会保险
福利水平 2	资助或支持我们学习或进修培训

续表

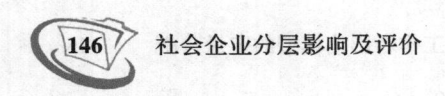

编号	题项
福利水平3	我可享有带薪假期
福利水平4	这个企业让我享有住房福利
创新能力1	我总是寻求运用新的流程技术和方法
创新能力2	我经常提出有创意的点子和想法
创新能力3	我经常与别人沟通并展示自己的新想法
创新能力4	为了实现新想法我应该想办法争取所需资源
创新能力5	为了实现新想法我应该制定合适的计划和规划
创新能力6	我感觉自己在创新方面还需要进一步提升能力
创新能力7	总体而言我是一个具有创新精神的人

（二）问卷的发放与回收

最终问卷于2017年3—6月分三批次发放。第一次是2017年3月借助某次活动，给社会企业F所有员工进行发放，当场收回。第二次是2017年5月采用滚雪球抽样和随机抽样结合的方式，给社会企业F的家政员发放，当时收回。第三次是2017年6月在笔者参加某次全国性的社会企业论坛时，给到场的社会企业工作者现场随机发放，样本主要来自7类不同行业的社会企业，分别是教育、服务、IT、金融、零售、食品和建筑设计。需要说明的是由于我国的社会企业处于发展初期，普遍来说员工数量不多，因为社会企业一般采取将志愿者和带薪工作结合的方式，会采用尽可能少的带薪雇员，因此本书定量部分虽涉及多个社会企业，但是问卷总量并不多。问卷共发放310份，回收302份，去除无效问卷，有效问卷共276份，有效率为89%。本研究对无效问卷进行了筛选，按照以下原则：（1）超过一半的题目未填写，为空白；（2）超过三分之二的题目均为同一答案；（3）整个问卷勾选的答案有规律性，如1，2，3，1，2，3；（4）超过一半的单选题选择了2个或以上答案。关于调查对象的基本情况见表5-2。

表 5-2　　　　　　　　　　　调查对象基本情况

		频率	百分比	有效百分比
年龄	20 岁及以下	2	0.7	0.8
	21—30 岁	44	15.9	18.0
	31—40 岁	61	22.1	24.9
	41—50 岁	125	45.3	51.0
	51 岁以上	13	4.7	5.3
	总计	245	88.8	100
	缺失	31	11.2	
性别	男	33	12.0	12.0
	女	241	87.3	88.0
	总计	274	99.3	100
	缺失	2	0.7	
婚姻状况	已婚	233	84.4	86.3
	未婚	37	13.4	13.7
	总计	270	97.8	100
	缺失	6	2.2	
子女情况	有子女	210	76.1	83.3
	无子女	42	15.2	16.7
	总计	252	91.3	100
	缺失	24	8.7	
当前每月收入	1000—3000 元	86	31.2	32.7
	3000—5000 元	144	52.2	54.8
	5000—7000 元	22	8.0	8.4
	7000—9000 元	5	1.8	1.9
	9000 元以上	4	1.4	1.5
	无收入	2	0.7	0.8
	总计	263	95.3	100
	缺失	13	4.7	
职务级别	高层	4	1.4	3.6
	中层	33	12.0	29.7
	基层	74	26.8	66.7
	总计	111	40.2	100
	缺失	165	59.8	

续表

		频率	百分比	有效百分比
来自贫困地区	是	101	36.6	39.9
	否	152	55.1	60.1
	总计	253	91.7	100
	缺失	23	8.3	
教育程度	小学	17	6.2	6.4
	初中	85	30.8	31.8
	高中	71	25.7	26.6
	中专	22	8.0	8.2
	大专	44	15.9	16.5
	本科	21	7.6	7.9
	硕士及以上	6	2.2	2.2
	其他	1	0.4	0.4
	总计	267	96.7	100
	缺失	9	3.3	
本单位工作年限	1—5年	201	72.8	77.3
	5—10年	35	12.7	13.5
	10—15年	19	6.9	7.3
	15年以上	5	1.8	1.9
	总计	260	94.2	100
	缺失	16	5.8	

二 初始问卷的检验

(一) 项目分析

一般认为，若是量表的所有题项是在测量相同的构念或某种潜在特质，则个别题项与此潜在特质间应有中高程度的相关，此部分的分析可采用积差相关法，求出量表总分与量表每个题项的相关，若是相关系数小于0.4，表示个别题项与量表构念只是一种低度关系，题项与量表构念间的关系不是十分密切，此量表题项可以考虑删除。[①]

---

① 吴明隆：《问卷统计分析实务——SPSS操作与应用》，重庆大学出版社2010年版，第160页。

第五章 社会企业对工作者影响模型的定量分析

本研究通过同质性检验法对量表中的题目进行项目分析。同质性检验法包括题项与量表总分的相关、共同因素的因素负荷量、整份量表的内部一致性信度检验值。表 5-3 显示了量表题目与总分的相关系数，从该量表可以看出，大多数题目与量表总分的相关系数都达到了 0.5 以上。只有家庭收获感 1 未达到 0.5。由于这个项目在访谈中有多次提到，本研究决定先予以保留，等再进行其他考察之后决定是否删除。

表 5-3　　　　　　　　　量表题目与量表总分相关系数

题项	相关系数		题项	相关系数	
志愿公益感 1	皮尔逊相关性	0.660**	家庭收获感 1	皮尔逊相关性	0.322**
	显著性（双尾）	0.000		显著性（双尾）	0.003
志愿公益感 2	皮尔逊相关性	0.623**	家庭收获感 2	皮尔逊相关性	0.722**
	显著性（双尾）	0.000		显著性（双尾）	0.000
志愿公益感 3	皮尔逊相关性	0.728**	家庭收获感 3	皮尔逊相关性	0.766**
	显著性（双尾）	0.000		显著性（双尾）	0.000
志愿公益感 4	皮尔逊相关性	0.730**	家庭收获感 4	皮尔逊相关性	0.739**
	显著性（双尾）	0.000		显著性（双尾）	0.000
志愿公益感 5	皮尔逊相关性	0.592**	家庭收获感 5	皮尔逊相关性	0.765**
	显著性（双尾）	0.000		显著性（双尾）	0.000
志愿公益感 6	皮尔逊相关性	0.680**	能力提升感 1	皮尔逊相关性	0.778**
	显著性（双尾）	0.000		显著性（双尾）	0.000
幸福感 1	皮尔逊相关性	0.822**	能力提升感 2	皮尔逊相关性	0.781**
	显著性（双尾）	0.000		显著性（双尾）	0.000
幸福感 2	皮尔逊相关性	0.895**	能力提升感 3	皮尔逊相关性	0.860**
	显著性（双尾）	0.000		显著性（双尾）	0.000
幸福感 3	皮尔逊相关性	0.789**	能力提升感 4	皮尔逊相关性	0.810**
	显著性（双尾）	0.000		显著性（双尾）	0.000
幸福感 4	皮尔逊相关性	0.846**	能力提升感 5	皮尔逊相关性	0.840**
	显著性（双尾）	0.000		显著性（双尾）	0.000
幸福感 5	皮尔逊相关性	0.759**	收入保障 1	皮尔逊相关性	0.846**
	显著性（双尾）	0.000		显著性（双尾）	0.000

续表

题项	相关系数		题项	相关系数	
收入保障2	皮尔逊相关性	0.894**	创新能力1	皮尔逊相关性	0.550**
	显著性（双尾）	0.000		显著性（双尾）	0.001
收入保障3	皮尔逊相关性	0.912**	创新能力2	皮尔逊相关性	0.720**
	显著性（双尾）	0.000		显著性（双尾）	0.000
收入保障4	皮尔逊相关性	0.859**	创新能力3	皮尔逊相关性	0.705**
	显著性（双尾）	0.000		显著性（双尾）	0.000
福利水平1	皮尔逊相关性	0.615**	创新能力4	皮尔逊相关性	0.700**
	显著性（双尾）	0.000		显著性（双尾）	0.000
福利水平2	皮尔逊相关性	0.722**	创新能力5	皮尔逊相关性	0.572**
	显著性（双尾）	0.000		显著性（双尾）	0.000
福利水平3	皮尔逊相关性	0.549**	创新能力6	皮尔逊相关性	0.674**
	显著性（双尾）	0.000		显著性（双尾）	0.000
福利水平4	皮尔逊相关性	0.633**	创新能力7	皮尔逊相关性	0.661**
	显著性（双尾）	0.000		显著性（双尾）	0.000

注：** 表示在0.01级别（双尾），相关性显著。* 表示在0.05级别（双尾），相关性显著。

（二）信度分析

本书利用Cronbach's Alpha信度系数法（The Cronbach's Alpha，简称a系数）检验测量题项的信度。一般认为，a系数超过0.7，说明信度符合要求。如果删除某个题项，a系数增大，则这个题项可以考虑删除。经过检验，所有题项中，只有志愿公益感2、家庭收获感1以及福利水平4这三个题项删除后a系数会显著增大，故这三个题项删除，如表5-4所示。删除后，再次检验各量表信度，均在0.7以上（见表5-5），也没有可以导致删除题项后a系数显著增大的题项。故题项保留，继续进行探索性因子分析检验。

表 5-4　　　　　　　　　　　量表信度检验

	总量表	志愿公益感	幸福感	家庭收获感	能力提升感	收入保障	福利水平	创新能力
Cronbach's Alpha	0.899	0.722	0.881	0.632	0.871	0.901	0.702	0.773
删除项后 Cronbach's Alpha 增加的题项及系数	Vol2 0.903；Fam1 0.907；Wel4 0.901	Vol2 0.746		Fam1 0.828			Wel4 0.757	

表 5-5　　　　　　　　　　　删除题项后再测信度

	总量表	志愿公益感	幸福感	家庭收获感	能力提升感	收入保障	福利水平	创新能力
Cronbach's Alpha	0.913	0.746	0.881	0.828	0.871	0.901	0.757	0.773

（三）探索性因子分析

依据 Kaiser 的观点，题项间是否适合进行因素分析，可以通过取样适切性量数（KMO）值来判断。当 KMO 值小于 0.5 时，表示题项变量间不适合进行因素分析；若 KMO 指标大于 0.6 表示可接受；大于 0.8，表示题项变量间的关系是良好的，适合进行因素分析；大于 0.9，则表示非常适合进行因素分析[①]。首先通过 KMO 的值可以看出，各量表 KMO 值均大于 0.5，但是创新量表介于 0.5—0.6 之间，不是很理想，见表 5-6。

表 5-6　　　　　　　　　　　各量表探索性因素分析

		志愿公益感	幸福感	家庭收获感	能力提升感	收入保障	福利水平	创新能力
KMO 取样适切性量数		0.749	0.826	0.798	0.809	0.796	0.617	0.564
巴特利特球形度检验	近似卡方	122.271	225.943	119.747	221.082	219.086	71.401	211.392
	自由度	10	10	6	10	6	3	21
	显著性	0.000	0.000	0.000	0.000	0.000	0.000	0.000

---

① 吴明隆：《问卷统计分析实务——SPSS 操作与应用》，重庆大学出版社 2010 年版，第 208 页。

通过探索性因子分析，还发现除了创新能力量表提取了三个公因子，其他量表均为一维。因此，对创新能力量表题项进行再次筛选。由于题项6出现交叉公因子，考虑先删除，删除后再测，发现题项5落在第二维度，且系数较高，也考虑删除。最终该量表题项为5项，KMO为0.733，量表为一维。同时，再次对其他量表表述和内容进行分析和筛选，力求量表简洁合理。能力提升量表中题项1和题项2内容重复，决定保留一项。若删除题项2，KMO值为0.777，删除题项1，KMO值为0.790，决定删除题项1，该量表最终为4个题项。经过检验，确定了最终各量表，题项如表5-7所示，量表信度和效度情况如表5-8所示。

表5-7　　　　　　　　　社会企业影响最终量表

编号	题项
志愿公益感1	公益和志愿活动对我来说很重要
志愿公益感2	我愿意参与志愿、公益活动去分享我的知识、技能
志愿公益感3	我愿意通过志愿、公益活动告诉其他人我所知道的他们需要的信息
志愿公益感4	我经常关注志愿、公益活动的信息
志愿公益感5	我也支持我的家人参与志愿、公益活动
幸福感1	现在的工作让我每天感觉很快乐
幸福感2	现在的工作让我有自豪感
幸福感3	现在的工作让我生活很有意义
幸福感4	现在的工作也让我的家人感觉到快乐和幸福
幸福感5	目前来说在这个企业工作比在其他地方工作让我感觉更快乐
家庭收获感1	我的家人很支持我现在的工作
家庭收获感2	我会把现在工作中的知识、经验告诉家人
家庭收获感3	我感觉现在能更好地和家人沟通
家庭收获感4	我的家人现在也能从我的分享中获得收获
能力提升感1	这里的工作使我能不断获取新的知识和技能
能力提升感2	这里的工作使我积累了更丰富的经验

续表

编号	题项
能力提升感 3	这里的工作使我的职业能力不断得到锻炼和提升
能力提升感 4	这里的工作使我眼界拓宽
收入保障 1	我感觉加入这里之后，工资收入上有了明显提升
收入保障 2	我的工资水平与同行业企业相比算比较高的
收入保障 3	我现在的工资水平比我以前的要高
收入保障 4	我对现在的收入很满意
福利水平 1	企业及时为我缴纳社会保险
福利水平 2	企业积极资助或支持我们学习或进修培训
福利水平 3	只要我愿意我可以充分享有允许的带薪假期
创新能力 1	我总是寻求应用新的技巧、技术和方法
创新能力 2	我经常提出有创意的点子和想法
创新能力 3	我经常与别人沟通并展示自己的新想法
创新能力 4	为了实现新想法，我应该想办法争取所需资源
创新能力 5	总体而言，我是一个具有创新精神的人

表 5-8　　　　　　　　　　预试量表最终信效度

	志愿公益感	幸福感	家庭收获感	能力提升感	收入保障	福利水平	创新能力
Cronbach's Alpha	0.746	0.881	0.828	0.871	0.901	0.757	0.773
KMO	0.749	0.826	0.798	0.790	0.796	0.617	0.733
累计解释率（%）	54.399	67.837	66.038	70.023	77.140	67.686	50.001

经过以上步骤，本书设计了社会企业影响问卷。该问卷主要分为四个部分：一是调查指导，向受访者介绍此次调查的目的和用途，并对如何填写进行解释。第二部分是受访者基本信息，第三部分是受访者对社会企业影响感知的问题，包括单选、多选和问答。第四部分是各量表。大多数情况下，李克特五点量表是最可靠的，选项超过五点，一般难有

足够的辨别力,三点量表限制了温和意见与强烈意见的表达①。因此本研究采取李克特五点式量表,从非常不同意到非常同意按 1—5 分计值。量表主要包含 7 个维度,分别测试社会企业在志愿公益感、幸福感、收入保障、家庭收获感、能力提升感、福利水平、创新能力方面的影响。

三 正式问卷的检验

（一）信度检验

本书利用 SPSS22.0 对整个问卷 7 个量表共 30 个题项进行了信度检测。总量表的克隆巴赫系数是 0.938,标准化系数是 0.941,都大于 0.8,见表 5-9。说明问卷的内部一致性信度非常好。

表 5-9　　　　　　　　　总量表信度检验

克隆巴赫系数	基于标准化项目的克隆巴赫系数	项数
0.938	0.941	30

利用软件对各分量表进行信度检测,志愿公益感、幸福感、家庭收获感、能力提升感、收入保障、福利水平和创新能力对应的量表克隆巴赫系数分别为：0.886、0.897、0.863、0.915、0.903、0.779、0.872,见表 5-10。表明问卷各量表内部一致性信度非常好,量表非常理想。

表 5-10　　　　　　　　　各量表信度检验

构面	项目编码	克隆巴赫系数	项数
志愿公益感	志愿公益感 1	0.886	5
	志愿公益感 2		
	志愿公益感 3		
	志愿公益感 4		
	志愿公益感 5		

---

① 吴明隆：《SPSS 统计应用实务：问卷分析与应用统计》,科学出版社 2003 年版,第 23 页。

续表

构面	项目编码	克隆巴赫系数	项数
幸福感	幸福感1	0.897	5
	幸福感2		
	幸福感3		
	幸福感4		
	幸福感5		
家庭收获感	家庭收获感1	0.863	4
	家庭收获感2		
	家庭收获感3		
	家庭收获感4		
能力提升感	能力提升感1	0.915	4
	能力提升感2		
	能力提升感3		
	能力提升感4		
收入保障	收入保障1	0.903	4
	收入保障2		
	收入保障3		
	收入保障4		
福利水平	福利水平1	0.779	3
	福利水平2		
	福利水平3		
创新能力	创新能力1	0.872	5
	创新能力2		
	创新能力3		
	创新能力4		
	创新能力5		

（二）效度检验

通过对数据进行 KMO 抽样适当性和 Bartlett 球形检验，如表 5-11，可看出，社会企业影响量表因子分析的 KMO 值是 0.917，Bartlett 球形检验的卡方值是 5566.868，自由度为 435，显著性为 0.000，非常适合进行因子分析。

表 5-11　　　　　　　　　　　总量表效度检验

KMO 取样适切性量数		0.917
Bartlett 的球形度检验	上次读取的卡方	5566.868
	自由度	435
	显著性	0.000

采取主成分分析法提取特征值大于 1 的共同因素，在此基础上采取最大方差法，共提取出 7 个主成分，7 个因子特征值分别为 11.256、3.007、1.997、1.755、1.484、1.474 和 1.151。采用直交旋转的最大变异法后，7 个因子的特征值变为 3.740、3.348、3.290、3.272、3.256、2.898 和 2.322，可以解释所有题项 73.750% 的变异量，见表 5-12。

表 5-12　　　　　　　　　　　总量表方差解释

总方差解释									
成分	初始特征值			提取载荷平方和			旋转载荷平方和		
	总计	方差(%)	累计(%)	总计	方差(%)	累计(%)	总计	方差(%)	累计(%)
1	11.256	37.520	37.520	11.256	37.520	37.520	3.740	12.468	12.468
2	3.007	10.024	47.545	3.007	10.024	47.545	3.348	11.160	23.629
3	1.997	6.658	54.203	1.997	6.658	54.203	3.290	10.965	34.594
4	1.755	5.851	60.054	1.755	5.851	60.054	3.272	10.906	45.499
5	1.484	4.945	64.999	1.484	4.945	64.999	3.256	10.852	56.351
6	1.474	4.914	69.913	1.474	4.914	69.913	2.898	9.660	66.011
7	1.151	3.837	73.750	1.151	3.837	73.750	2.322	7.740	73.750

提取方法：主成分分析。

从图 5-1 碎石图可以看出，前 7 个因子都处在非常陡峭的斜率上，而从第 8 个因子开始斜率逐渐趋于平缓。因此，可认为前 7 个因子是重要并且显著的因子，后续因子的贡献率逐渐变小，可以忽略。碎石图进一步验证了研究提取 7 个因子的合理性。

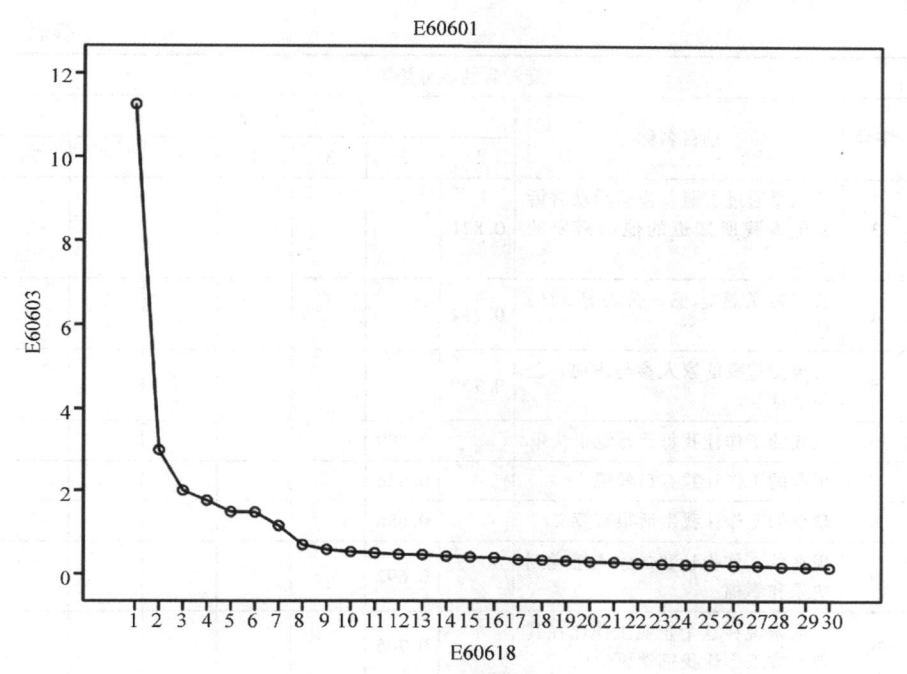

第五章　社会企业对工作者影响模型的定量分析

图 5-1　总量表碎石图

表 5-13 为旋转成分矩阵图，通过 Kaiser 标准化正交旋转法，可看出 30 个观测变量明显聚焦为 7 个维度，分别命名为志愿公益感，包括 1—5 题，幸福感，包括 6—10 题，家庭收获感，包括 11—14 题，能力提升感，包括 15—18 题，收入保障，包括 19—22 题，福利水平，包括 23—25 题和创新能力，包括 26—30 题。

表 5-13　　　　　　　　正式量表旋转后的成分矩阵

序号	题目名称	旋转后的成分矩阵[a]						
		成分						
		1	2	3	4	5	6	7
1	公益和志愿活动对我来说很重要	0.770						
2	我愿意参与志愿、公益活动去分享我的知识、技能	0.830						

续表

		旋转后的成分矩阵[a]						
序号	题目名称	成分						
		1	2	3	4	5	6	7
3	我愿意通过志愿、公益活动告诉其他人我所知道的他们需要的信息	0.821						
4	我经常关注志愿、公益活动的信息	0.712						
5	我也支持我的家人参与志愿、公益活动	0.759						
6	现在的工作让我每天感觉很快乐		0.689					
7	现在的工作让我有自豪感		0.826					
8	现在的工作让我生活很有意义		0.658					
9	现在的工作也让我的家人感觉到快乐和幸福		0.692					
10	目前来说在这个企业工作比在其他地方工作让我感觉更快乐		0.705					
11	我的家人很支持我现在的工作						0.731	
12	我会把现在工作中的知识、经验告诉家人						0.711	
13	我感觉现在能更好地和家人沟通						0.758	
14	我的家人现在也能从我的分享中获得收获						0.756	
15	这里的工作使我能不断获取新的知识和技能					0.805		
16	这里的工作使我积累了更丰富的经验					0.836		
17	这里的工作使我的职业能力不断得到锻炼和提升					0.830		
18	这里的工作使我眼界拓宽					0.759		
19	我感觉加入这里之后,工资收入上有了明显提升			0.786				
20	我的工资水平与同行业企业相比算比较高的			0.873				
21	我现在的工资水平比我以前的要高			0.879				

续表

旋转后的成分矩阵ᵃ

序号	题目名称	成分						
		1	2	3	4	5	6	7
22	我对现在的收入很满意			0.835				
23	企业及时为我缴纳社会保险						0.790	
24	企业积极资助或支持我们学习或进修培训						0.818	
25	只要我愿意我可以充分享有允许的带薪假期						0.731	
26	我总是寻求应用新的技巧、技术和方法				0.642			
27	我经常提出有创意的点子和想法				0.811			
28	我经常与别人沟通并展示自己的新想法				0.810			
29	为了实现新想法，我应该想办法争取所需资源				0.571			
30	总体而言，我是一个具有创新精神的人				0.768			

提取方法：主成分分析。

旋转方法：Kaiser 标准化最大方差法。

a. 旋转在 7 次迭代后已收敛。

通过对各分量表进行检验，结果显示分量表均为一维，如表 5-14，各分量表克隆巴赫系数均大于 0.8，KMO 大于 0.6，累计解释率也均在 60%以上。可见，各分量表的信效度也都良好。

表 5-14　　　　　　　　**各量表信效度**

	志愿公益感	幸福感	家庭收获感	能力提升感	收入保障	福利水平	创新能力
Cronbach's Alpha	0.886	0.897	0.863	0.915	0.903	0.813	0.872
KMO	0.872	0.880	0.826	0.852	0.847	0.696	0.858
累计解释率（%）	69.415	70.924	71.297	79.875	77.560	73.367	66.359

（三）验证性因子分析

为了充分验证量表的信效度，本书借助 AMOS 软件对量表进行了验证性因子分析。各项指标如表 5-15 和表 5-16 所示。可见，题目具有较好的信度和效度。

表 5-15　　　　　　　　　验证性因子分析

构面	题项	显著性估计				标准化	题目信度	组成信度	收敛效度
		非标准化	S.E.	C.R.	P		SMC	CR	AVE
志愿公益感	志愿公益感1	1				0.708	0.501	0.890	0.620
	志愿公益感2	0.961	0.075	12.806	***	0.828	0.686		
	志愿公益感3	1.021	0.078	13.117	***	0.851	0.724		
	志愿公益感4	1.022	0.086	11.934	***	0.768	0.590		
	志愿公益感5	0.976	0.081	12.015	***	0.773	0.598		
幸福感	幸福感1	1				0.776	0.602	0.898	0.639
	幸福感2	1.128	0.075	15.146	***	0.850	0.723		
	幸福感3	1.073	0.073	14.738	***	0.831	0.691		
	幸福感4	1.069	0.079	13.513	***	0.773	0.598		
	幸福感5	0.971	0.073	13.308	***	0.764	0.584		
家庭收获感	家庭收获感1	1				0.736	0.542	0.867	0.620
	家庭收获感2	0.881	0.072	12.241	***	0.765	0.585		
	家庭收获感3	0.924	0.073	12.629	***	0.790	0.624		
	家庭收获感4	1.070	0.079	13.570	***	0.853	0.728		
能力提升感	能力提升感1	1				0.847	0.717	0.917	0.734
	能力提升感2	1.050	0.058	18.054	***	0.862	0.743		
	能力提升感3	1.098	0.056	19.580	***	0.907	0.823		
	能力提升感4	1.048	0.064	16.295	***	0.809	0.654		
收入保障	收入保障1	1				0.780	0.608	0.904	0.703
	收入保障2	1.162	0.074	15.631	***	0.871	0.759		
	收入保障3	1.211	0.078	15.512	***	0.865	0.748		
	收入保障4	1.111	0.075	14.887	***	0.835	0.697		

续表

构面	题项	显著性估计				标准化	题目信度	组成信度	收敛效度
		非标准化	S.E.	C.R.	P		SMC	CR	AVE
福利水平	福利水平1	1				0.753	0.567	0.823	0.609
	福利水平2	0.967	0.077	12.523	***	0.866	0.750		
	福利水平3	0.898	0.080	11.181	***	0.715	0.511		
创新能力	创新能力1	1				0.736	0.542	0.876	0.586
	创新能力2	1.286	0.100	12.926	***	0.801	0.642		
	创新能力3	1.265	0.092	13.731	***	0.853	0.728		
	创新能力4	0.971	0.091	10.695	***	0.667	0.445		
	创新能力5	1.242	0.101	12.236	***	0.759	0.576		

表5-16　　　　　　　　　　　区别效度

构面	AVE	区别效度						
		创新	福利水平	收入满意	能力	家庭	幸福	志愿公益
创新能力	0.586	**0.766**						
福利水平	0.609	0.471	**0.780**					
收入保障	0.703	0.347	0.410	**0.838**				
能力提升感	0.734	0.544	0.465	0.327	**0.857**			
家庭收获感	0.620	0.564	0.436	0.305	0.558	**0.787**		
幸福感	0.639	0.534	0.532	0.497	0.606	0.694	**0.799**	
志愿公益感	0.620	0.561	0.390	0.159	0.411	0.534	0.475	**0.787**

注：对角线粗体字是 AVE 根号值。

下三角为构面的 Pearson 相关值。

本书通过验证性因子分析，采用极大似然法进行参数估计后得出社会企业影响模型的标准化估计值，根据模型测试结果，CFI 为 0.943，TLI 为 0.936，GFI 和 AGFI 均在 0.8 以上，RMSEA 为 0.054，根据结构方程整体模型拟合的评估指标及标准判断，模型适配度各项指标均在适配度标准范围内，且良好，具体见图5-2。因此，本研究的理论模型与实际情况基本相符。

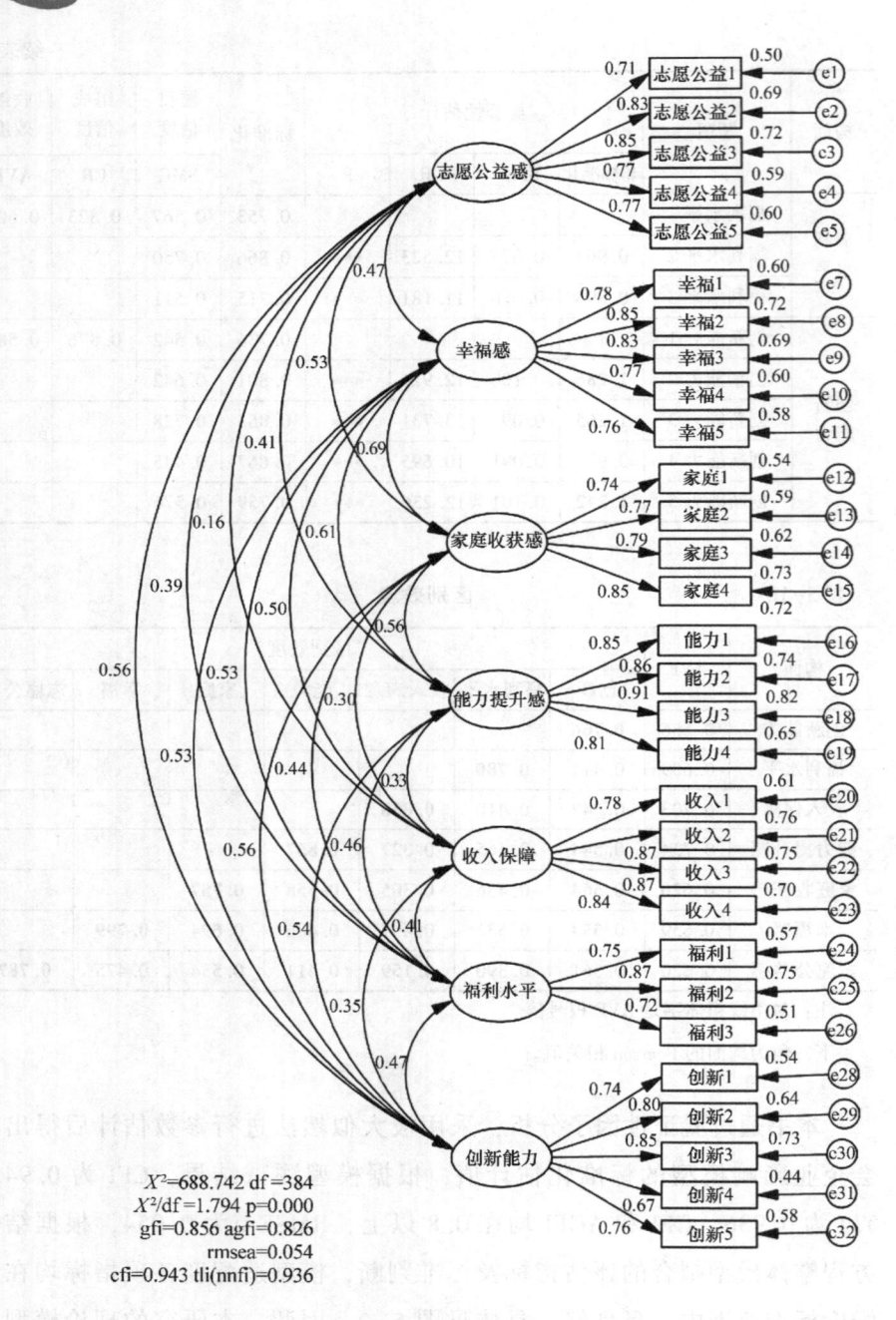

图 5-2　验证性因子分析

第二节 研究结果分析

一 员工和家政员对社会企业影响的总体感知情况

(一) 对影响感知情况的描述性统计

本书对问卷题项的回答进行统计分析,在回答"你认为在社会企业工作后自己是否有变化"时,社会企业的工作者们回答"是"的占96.4%,有94.9%的人认为这些变化和现在有关,有92.3%的人认为现在的社会企业给自己带来了影响。如果分成两类群体来看,员工和家政员均有90%以上的人认为是有变化,而且均有超过90%的人认为这些变化和现在的单位有关。有87.6%的员工和95.6%的家政员认为现在的工作单位给自己带来影响,具体情况见表5-17。

表5-17 对自身变化情况的描述性统计

类别	题项			频率	百分比	有效百分比
员工	自己是否有变化	有效	有	108	93.1	94.7
			没有	4	3.4	3.5
			不清楚	2	1.7	1.8
			总计	114	98.3	100
		缺失	系统	2	1.7	
		总计		116	100	
	您觉得这些变化是否和现在单位有关	有效	是	104	89.7	92.9
			否	4	3.4	3.6
			不清楚	4	3.4	3.6
			总计	112	96.6	100
		缺失	系统	4	3.4	
		总计		116	100	
	您觉得现在的工作单位是否给您带来任何影响	有效	是	99	85.3	87.6
			否	7	6.0	6.2
			不清楚	7	6.0	6.2
			总计	113	97.4	100
		缺失	系统	3	2.6	
		总计		116	100	

续表

类别	题项			频率	百分比	有效百分比
家政员	自己是否有变化	有效	有	156	97.5	97.5
			没有	1	0.6	0.6
			不清楚	3	1.9	1.9
			总计	160	100	100
	您觉得这些变化是否和现在单位有关	有效	是	154	96.3	96.3
			不清楚	6	3.8	3.8
			总计	160	100	100
	您觉得现在的工作单位是否给您带来任何影响	有效	是	153	95.6	95.6
			不清楚	7	4.4	4.4
			总计	160	100	100

在回答多选题"认为有哪些影响"时,根据有效百分比显示,58.8%的员工选择了"人际交往",其次是"知识",占55.1%,"心理和收入"分别占52.2%和50%。而80.4%的家政员选择了"技能",72.7%的家政员选择了"收入",60.1%选择了"知识"。在回答"这些影响是哪些因素"引起时,员工中有61.4%选择了"公益精神的提倡",占比最高,55.8%选择了"各种培训",而家政员有83.2%选择了"提供就业机会",69.6%选择了"各种培训"。这一结果与前文所验证出的结论也保持了一致性。

本研究计算了所有样本各维度得分的平均值,从各构面平均值的统计结果可看出,如表5-18所示,各影响维度的平均值均在3分以上,得分最低为员工的收入保障方面,为3.419分,得分最高为员工的能力提升感,得分为4.146分,中位数均在3.5分以上。说明调查对象总体对这几个维度的感知程度在中等以上,社会企业对调查对象的影响是存在的。至于这些影响的程度和对不同类别工作者的影响是否具有差异性,在下文进一步进行了验证。

第五章　社会企业对工作者影响模型的定量分析

表 5-18　　　　　社会企业影响各维度平均值描述统计表

		志愿公益感	幸福感	家庭收获感	能力提升感	收入保障	福利水平	创新能力
N	有效	276	276	276	276	276	276	276
	缺失	0	0	0	0	0	0	0
平均值		4.033	3.807	3.883	4.146	3.419	3.922	3.859
中位数		4.000	3.879	4.000	4.000	3.500	4.000	4.000
标准偏差		0.590	0.661	0.592	0.539	0.809	0.712	0.584
范围		3.40	3.60	3.00	2.00	4.00	3.67	3.00
最小值		1.60	1.40	2.00	3.00	1.00	1.33	2.00
最大值		5.00	5.00	5.00	5.00	5.00	5.00	5.00

（二）样本总体对影响感知情况的差异性统计

为了比较了不同特点的样本其所受影响的差异性，本书继续对样本从婚姻情况、子女情况、青年情况、教育情况进行检验。

（1）婚姻情况

经检验，各构面在婚姻情况方面，已婚和未婚的样本差异不显著，见表 5-19 和表 5-20。

表 5-19　　　　　婚姻情况差异性统计

构面	婚姻情况	数字	平均值（E）	标准偏差	标准误差平均值
志愿公益感	已婚	233	4.013	0.596	0.039
	未婚	37	4.151	0.509	0.084
幸福感	已婚	233	3.810	0.660	0.043
	未婚	37	3.832	0.654	0.108
家庭收获感	已婚	233	3.909	0.575	0.038
	未婚	37	3.775	0.699	0.115
能力提升感	已婚	233	4.141	0.545	0.036
	未婚	37	4.182	0.495	0.081
收入保障	已婚	233	3.444	0.786	0.051
	未婚	37	3.301	0.933	0.153

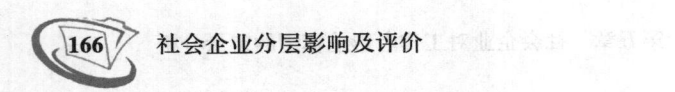

续表

构面	婚姻情况	数字	平均值（E）	标准偏差	标准误差平均值
福利水平	已婚	233	3.916	0.729	0.048
	未婚	37	3.892	0.629	0.103
创新能力	已婚	233	3.835	0.573	0.038
	未婚	37	3.945	0.651	0.107

表 5-20　　　　　　　　　　　独立样本检验 1

构面		列文方差相等性检验		平均值相等性的 t 检验						
		F	显著性	t	自由度	显著性（双尾）	平均差	标准误差差值	差值的95%置信区间	
									下限	上限
志愿公益感	已假设方差齐性	0.996	0.319	-1.332	268	0.184	-0.138	0.104	-0.342	0.066
	未假设方差齐性			-1.495	53.036	0.141	-0.138	0.092	-0.323	0.047
幸福感	已假设方差齐性	0.211	0.646	-0.189	268	0.850	-0.022	0.117	-0.252	0.208
	未假设方差齐性			-0.190	48.399	0.850	-0.022	0.116	-0.255	0.211
家庭收获感	已假设方差齐性	4.875	0.028	1.274	268	0.204	0.134	0.105	-0.073	0.340
	未假设方差齐性			1.106	44.088	0.275	0.134	0.121	-0.110	0.377
能力提升感	已假设方差齐性	0.215	0.643	-0.433	268	0.665	-0.041	0.095	-0.229	0.146
	未假设方差齐性			-0.464	50.861	0.645	-0.041	0.089	-0.220	0.137
收入保障	已假设方差齐性	1.644	0.201	0.999	268	0.319	0.143	0.143	-0.139	0.424
	未假设方差齐性			0.881	44.473	0.383	0.143	0.162	-0.183	0.469

续表

构面		列文方差相等性检验		平均值相等性的 t 检验					差值的95%置信区间	
		F	显著性	t	自由度	显著性（双尾）	平均差	标准误差差值	下限	上限
福利水平	已假设方差齐性	0.418	0.518	0.193	268	0.847	0.024	0.127	-0.225	0.274
	未假设方差齐性			0.215	52.618	0.831	0.024	0.114	-0.204	0.253
创新能力	已假设方差齐性	3.156	0.077	-1.069	268	0.286	-0.110	0.103	-0.314	0.093
	未假设方差齐性			-0.974	45.276	0.335	-0.110	0.113	-0.339	0.118

（2）子女情况

在子女情况方面，有子女和无子女的样本在家庭收获感方面存在显著差异，其列文方差相等性检验 F 值达到显著，F = 5.601，P = 0.019 < 0.05，不假设方差相等栏 t 值为 2.300，自由度为 53.480，P = 0.025 < 0.05，达 0.05 显著水平，平均数差异值为 0.255。说明有子女和无子女的社会企业工作者在家庭收获感方面存在显著差异，有子女的工作者家庭收获感略高于无子女的工作者，见表 5-21 和表 5-22。

表 5-21 子女情况差异性统计

构面	子女情况	数字	平均值（E）	标准偏差	标准误差平均值
志愿公益感	有子女	210	4.022	0.606	0.042
	无子女	42	4.095	0.492	0.076
幸福感	有子女	210	3.813	0.675	0.047
	无子女	42	3.790	0.623	0.096
家庭收获感	有子女	210	3.925	0.571	0.039
	无子女	42	3.670	0.672	0.104
能力提升感	有子女	210	4.132	0.542	0.037
	无子女	42	4.202	0.463	0.071

续表

构面	子女情况	数字	平均值（E）	标准偏差	标准误差平均值
收入保障	有子女	210	3.450	0.795	0.055
	无子女	42	3.224	0.918	0.142
福利水平	有子女	210	3.919	0.734	0.051
	无子女	42	3.833	0.647	0.100
创新能力	有子女	210	3.832	0.583	0.040
	无子女	42	3.919	0.615	0.095

表 5-22　独立样本检验 2

构面		列文方差相等性检验		平均值相等性的 t 检验					差值的95%置信区间	
		F	显著性	t	自由度	显著性（双尾）	平均差	标准误差差值	下限	上限
志愿公益感	已假设方差齐性	2.287	0.132	-0.732	250	0.465	-0.073	0.099	-0.269	0.123
	未假设方差齐性			-0.839	680.339	0.404	-0.073	0.087	-0.246	0.100
幸福感	已假设方差齐性	0.120	0.730	0.199	250	0.843	0.022	0.113	-0.200	0.244
	未假设方差齐性			0.210	61.866	0.835	0.022	0.107	-0.191	0.236
家庭收获感	已假设方差齐性	5.601	0.019	2.563	250	0.011	0.255	0.100	0.059	0.451
	未假设方差齐性			2.300	53.480	0.025	0.255	0.111	0.033	0.478
能力提升感	已假设方差齐性	0.681	0.410	-0.789	250	0.431	-0.071	0.090	-0.247	0.106
	未假设方差齐性			-0.877	65.663	0.384	-0.071	0.081	-0.232	0.090
收入保障	已假设方差齐性	0.676	0.412	1.637	250	0.103	0.226	0.138	-0.046	0.497
	未假设方差齐性			1.487	53.978	0.143	0.226	0.152	-0.079	0.530

续表

构面		列文方差相等性检验		平均值相等性的t检验					差值的95%置信区间	
		F	显著性	t	自由度	显著性（双尾）	平均差	标准误差差值	下限	上限
福利水平	已假设方差齐性	0.407	0.524	0.703	250	0.483	0.086	0.122	-0.154	0.326
	未假设方差齐性			0.765	64.000	0.447	0.086	0.112	-0.138	0.309
创新能力	已假设方差齐性	1.263	0.262	-0.876	250	0.382	-0.087	0.099	-0.283	0.109
	未假设方差齐性			-0.845	56.679	0.402	-0.087	0.103	-0.294	0.119

（3）教育情况

为了探寻社会企业对不同教育程度工作者的影响差异，本书根据受访者的受教育程度，将学历在高中及以下者作为第一组，高中以上者作为第二组。经检验，志愿公益感、幸福感、收入保障、福利水平、创新能力几个方面影响结果均呈现显著性差异。其中，志愿公益感和幸福感的 P 值甚至接近或小于 0.001，达到显著水平。高中以上的受访者在志愿公益感、幸福感、福利水平和创新能力几个方面均显著高于高中及以下受访者。但是在收入保障一项，高中以上者显著低于高中及以下者，见表 5-23 和表 5-24。该结果一定程度反映出教育程度越高，社会企业工作者对志愿公益感、幸福感、福利水平和创新能力方面的感知程度越强。

表 5-23   教育情况差异性统计

构面	教育程度	数字	平均值（E）	标准偏差	标准误差平均值
志愿公益感	高中及以下	201	3.961	0.584	0.041
	高中以上	71	4.217	0.560	0.067

续表

构面	教育程度	数字	平均值（E）	标准偏差	标准误差平均值
幸福感	高中及以下	201	3.721	0.645	0.046
	高中以上	71	4.037	0.628	0.075
家庭收获感	高中及以下	201	3.839	0.554	0.039
	高中以上	71	3.964	0.665	0.079
能力提升感	高中及以下	201	4.100	0.523	0.037
	高中以上	71	4.239	0.560	0.066
收入保障	高中及以下	201	3.489	0.743	0.052
	高中以上	71	3.215	0.944	0.112
福利水平	高中及以下	201	3.868	0.714	0.050
	高中以上	71	4.066	0.661	0.078
创新能力	高中及以下	201	3.794	0.568	0.040
	高中以上	71	4.006	0.589	0.070

表 5-24　　独立样本检验 3

构面		列文方差相等性检验		平均值相等性的 t 检验					差值的 95% 置信区间	
		F	显著性	t	自由度	显著性（双尾）	平均差	标准误差差值	下限	上限
志愿公益感	已假设方差齐性	0.005	0.946	-3.211	270	0.001	-0.256	0.080	-0.413	-0.099
	未假设方差齐性			-3.275	127.418	0.001	-0.256	0.078	-0.411	-0.101
幸福感	已假设方差齐性	0.036	0.850	-3.573	270	<0.001	-0.316	0.088	-0.490	-0.142
	未假设方差齐性			-3.619	125.782	<0.001	-0.316	0.087	-0.489	-0.143
家庭收获感	已假设方差齐性	1.732	0.189	-1.552	270	0.122	-0.125	0.081	-0.284	0.034
	未假设方差齐性			-1.424	106.352	0.157	-0.125	0.088	-0.300	0.049

续表

构面		列文方差相等性检验		平均值相等性的t检验					差值的95%置信区间	
		F	显著性	t	自由度	显著性（双尾）	平均差	标准误差差值	下限	上限
能力提升感	已假设方差齐性	3.249	0.073	-1.892	270	0.060	-0.139	0.074	-0.284	0.006
	未假设方差齐性			-1.832	116.015	0.070	-0.139	0.076	-0.290	0.011
收入保障	已假设方差齐性	6.036	0.015	2.487	270	0.013	0.275	0.110	0.057	0.492
	未假设方差齐性			2.220	102.254	0.029	0.275	0.124	0.029	0.520
福利水平	已假设方差齐性	0.182	0.670	-2.041	270	0.042	-0.197	0.097	-0.388	-0.007
	未假设方差齐性			-2.118	131.843	0.036	-0.197	0.093	-0.382	-0.013
创新能力	已假设方差齐性	0.303	0.582	-2.669	270	0.008	-0.211	0.079	-0.367	-0.055
	未假设方差齐性			-2.622	118.932	0.010	-0.211	0.081	-0.371	-0.052

（4）青年情况

根据《中长期青年发展规划（2016—2025年）》[①]对青年年龄段的划分，本书把35岁及以下的调查对象视为青年，35岁以上的视为非青年，对问卷中提供了年龄的受访者进行了统计。经检验，青年和非青年在创新能力方面存在显著差异，其他方面差异不明显。其列文方差相等性检验F值达到显著，$F=4.716$，$P=0.031<0.05$，不假设方差相等栏t值为2.391，自由度为118.584，$P=0.018<0.05$，达0.05显著水平，平均数差异值为0.212。说明青年和非青年的社会企业工作者在创新能力

---

① 参见《中共中央国务院印发〈中长期青年发展规划（2016—2025年）〉》，https://www.gov.ln/zhengce/202203/lotent_36，2024年12月20日。

方面存在显著差异,青年工作者创新能力略高于非青年的工作者,见表 5-25 和表 5-26。

表 5-25　　　　　　　　　青年情况差异性统计

构面	是否青年	数字	平均值（E）	标准偏差	标准误差平均值
志愿公益感	青年	74	4.089	0.575	0.067
	非青年	170	3.989	0.596	0.046
幸福感	青年	74	3.854	0.676	0.079
	非青年	170	3.778	0.678	0.052
家庭收获感	青年	74	3.837	0.663	0.077
	非青年	170	3.886	0.575	0.044
能力提升感	青年	74	4.230	0.585	0.068
	非青年	170	4.116	0.509	0.039
收入保障	青年	74	3.285	0.933	0.109
	非青年	170	3.438	0.772	0.059
福利水平	青年	74	3.977	0.741	0.086
	非青年	170	3.862	0.692	0.053
创新能力	青年	74	3.992	0.669	0.078
	非青年	170	3.780	0.554	0.043

表 5-26　　　　　　　　　独立样本检验 4

构面		列文方差相等性检验		平均值相等性的 t 检验					差值的95%置信区间	
		F	显著性	t	自由度	显著性（双尾）	平均差	标准误差差值	下限	上限
志愿公益感	已假设方差齐性	0.058	0.810	1.213	242	0.226	0.100	0.082	-0.062	0.261
	未假设方差齐性			1.230	143.536	0.221	0.100	0.081	-0.060	0.260
幸福感	已假设方差齐性	0.313	0.576	0.800	242	0.424	0.075	0.094	-0.110	0.261
	未假设方差齐性			0.801	139.408	0.424	0.075	0.094	-0.111	0.262

续表

构面		列文方差相等性检验		平均值相等性的 t 检验					差值的95%置信区间	
		F	显著性	t	自由度	显著性（双尾）	平均差	标准误差差值	下限	上限
家庭收获感	已假设方差齐性	3.903	0.049	-0.582	242	0.561	-0.049	0.084	-0.214	0.117
	未假设方差齐性			-0.550	122.967	0.583	-0.049	0.089	-0.225	0.127
能力提升感	已假设方差齐性	4.833	0.029	1.530	242	0.127	0.114	0.074	-0.033	0.260
	未假设方差齐性			1.448	123.265	0.150	0.114	0.078	-0.042	0.269
收入保障	已假设方差齐性	4.553	0.034	-1.330	242	0.185	-0.153	0.115	-0.379	0.073
	未假设方差齐性			-1.235	118.453	0.219	-0.153	0.124	-0.398	0.092
福利水平	已假设方差齐性	0.700	0.404	1.162	242	0.246	0.114	0.098	-0.080	0.308
	未假设方差齐性			1.131	130.804	0.260	0.114	0.101	-0.086	0.315
创新能力	已假设方差齐性	4.716	0.031	2.574	242	0.011	0.212	0.082	0.050	0.374
	未假设方差齐性			2.391	118.584	0.018	0.212	0.089	0.036	0.387

当前有越来越多的社会企业更加重视青年的作用，本书在访谈过程中，社会企业的高层管理者也表达出青年群体在组织中的重要作用。为了进一步研究青年群体在社会企业中的情况，本部分对总体样本中可以界定为青年的样本做进一步探索和分析。

从教育程度来看，青年群体中，教育程度为高中及以下的青年和高中以上的青年在志愿公益感、幸福感和创新能力方面有显著差异。这三个方面的 P 值均小于 0.05，达到显著水平。说明教育程度为高中以上的

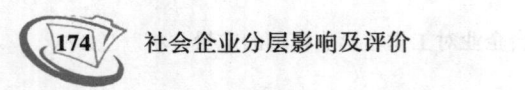

青年在这几个方面感知的影响略高于高中及以下的青年。

表 5-27　　　　　　　　　　青年教育情况差异性统计

构面	教育程度	数字	平均值（E）	标准偏差	标准误差平均值
志愿公益感	高中及以下	31	3.831	0.550	0.099
	高中以上	41	4.254	0.523	0.082
幸福感	高中及以下	31	3.606	0.650	0.117
	高中以上	41	4.059	0.638	0.100
家庭收获感	高中及以下	31	3.683	0.592	0.106
	高中以上	41	3.957	0.709	0.111
能力提升感	高中及以下	31	4.161	0.634	0.114
	高中以上	41	4.317	0.521	0.081
收入保障	高中及以下	31	3.406	0.834	0.150
	高中以上	41	3.207	1.023	0.160
福利水平	高中及以下	31	3.859	0.842	0.151
	高中以上	41	4.024	0.647	0.101
创新能力	高中及以下	31	3.787	0.702	0.126
	高中以上	41	4.122	0.610	0.095

表 5-28　　　　　　　　　　独立样本检验 5

构面		列文方差相等性检验		平均值相等性的 t 检验					差值的95%置信区间	
		F	显著性	t	自由度	显著性（双尾）	平均差	标准误差差值	下限	上限
志愿公益感	已假设方差齐性	0.258	0.613	-3.317	70	0.001	-0.423	0.127	-0.677	-0.168
	未假设方差齐性			-3.294	62.986	0.002	-0.423	0.128	-0.679	-0.166
幸福感	已假设方差齐性	0.006	0.941	-2.960	70	0.004	-0.453	0.153	-0.758	-0.148
	未假设方差齐性			-2.952	64.080	0.004	-0.453	0.153	-0.760	-0.146

续表

构面		列文方差相等性检验		平均值相等性的 t 检验					差值的95%置信区间	
		F	显著性	t	自由度	显著性（双尾）	平均差	标准误差差值	下限	上限
家庭收获感	已假设方差齐性	0.293	0.590	-1.740	70	0.086	-0.274	0.157	-0.588	0.040
	未假设方差齐性			-1.784	69.255	0.079	-0.274	0.154	-0.580	0.032
能力提升感	已假设方差齐性	0.817	0.369	-1.143	70	0.257	-0.156	0.136	-0.428	0.116
	未假设方差齐性			-1.112	57.282	0.271	-0.156	0.140	-0.436	0.125
收入保障	已假设方差齐性	0.773	0.382	0.880	70	0.382	0.198	0.225	-0.251	0.648
	未假设方差齐性			0.906	69.558	0.368	0.198	0.219	-0.239	0.635
福利水平	已假设方差齐性	3.164	0.080	-0.945	70	0.348	-0.166	0.175	-0.516	0.184
	未假设方差齐性			-0.911	54.619	0.366	-0.166	0.182	-0.530	0.199
创新能力	已假设方差齐性	0.326	0.570	-2.161	70	0.034	-0.335	0.155	-0.644	-0.026
	未假设方差齐性			-2.119	59.457	0.038	-0.335	0.158	-0.651	-0.019

从工作时长来看，本研究把青年在社会企业工作时长以5年进行划分，青年群体中，工作时长在5年以上的青年比时长在5年及以下的青年在福利水平和创新能力方面有显著差异。这两个方面的P值均小于0.05，达到显著水平。工作时长在5年以上的青年工作者感受到的福利水平和创新能力要高于工作时长在5年及以下的青年。一定程度反映出，在社会企业工作时间越长，青年工作者可能感知到的福利水平和创新能力更强。

社会企业分层影响及评价

表 5-29　　　　　　　　　　　青年工作时长差异性统计

构面	工作时长	数字	平均值（E）	标准偏差	标准误差平均值
志愿公益感	小于等于 5 年	58	4.051	0.573	0.075
	大于 5 年	13	4.169	0.599	0.166
幸福感	小于等于 5 年	58	3.837	0.657	0.086
	大于 5 年	13	3.969	0.804	0.223
家庭收获感	小于等于 5 年	58	3.783	0.664	0.087
	大于 5 年	13	4.115	0.682	0.189
能力提升感	小于等于 5 年	58	4.241	0.568	0.075
	大于 5 年	13	4.231	0.608	0.169
收入保障	小于等于 5 年	58	3.281	0.914	0.120
	大于 5 年	13	3.346	1.148	0.318
福利水平	小于等于 5 年	58	3.861	0.733	0.096
	大于 5 年	13	4.308	0.659	0.183
创新能力	小于等于 5 年	58	3.900	0.661	0.087
	大于 5 年	13	4.308	0.641	0.178

表 5-30　　　　　　　　　　　独立样本检验 6

构面		列文方差相等性检验		平均值相等性的 t 检验					差值的 95%置信区间	
		F	显著性	t	自由度	显著性（双尾）	平均差	标准误差差值	下限	上限
志愿公益感	已假设方差齐性	0.039	0.845	-0.666	69	0.508	-0.118	0.177	-0.472	0.236
	未假设方差齐性			-0.647	17.278	0.526	-0.118	0.182	-0.503	0.266
幸福感	已假设方差齐性	1.356	0.248	-0.627	69	0.533	-0.132	0.210	-0.551	0.287
	未假设方差齐性			-0.551	15.792	0.589	-0.132	0.239	-0.639	0.375
家庭收获感	已假设方差齐性	0.000	0.999	-1.623	69	0.109	-0.332	0.205	-0.740	0.076
	未假设方差齐性			-1.595	17.472	0.129	-0.332	0.208	-0.770	0.106

续表

构面		列文方差相等性检验		平均值相等性的t检验					差值的95%置信区间	
		F	显著性	t	自由度	显著性（双尾）	平均差	标准误差差值	下限	上限
能力提升感	已假设方差齐性	0.272	0.603	0.060	69	0.952	0.011	0.176	-0.341	0.363
	未假设方差齐性			0.058	17.015	0.955	0.011	0.184	-0.378	0.399
收入保障	已假设方差齐性	1.216	0.274	-0.220	69	0.827	-0.065	0.294	-0.651	0.522
	未假设方差齐性			-0.190	15.582	0.852	-0.065	0.340	-0.788	0.658
福利水平	已假设方差齐性	0.018	0.892	-2.018	69	0.047	-0.446	0.221	-0.888	-0.005
	未假设方差齐性			-2.161	19.270	0.044	-0.446	0.207	-0.879	-0.014
创新能力	已假设方差齐性	0.006	0.937	-2.021	69	0.047	-0.408	0.202	-0.810	-0.005
	未假设方差齐性			-2.061	18.185	0.054	-0.408	0.198	-0.823	0.008

上文从不同角度对总体样本对社会企业影响的一些差异性做了分析。由于本研究的调查对象有两大类别，一类是纯社会企业的员工，由公司招聘或者从其他单位、其他岗位调入任职，另一类的调查对象是社会企业的帮扶对象即家政员。这两类调查对象其实有自己不同的特点和需求。在前期访谈过程中，本书就发现社会企业对其不同类型的工作者有着不同的影响。对社会企业员工来说，社会企业带给他们更多的是一种成就感和快乐感，但是他们对收入水平普遍认为不是很高。家政员绝大部分来自贫困地区，对他们来说，社会企业对他们最大的影响是给他们进行了培训，提供了就业机会和稳定的收入，甚至帮助全家脱贫，这是最直接最基础的影响。因此，本书对社会企业这7个方面的影响进行了更进

一步的分析，以便更深入地了解不同类型工作者对社会企业影响感知上的差异性以及不同影响之间的关系。

二 社会企业对两类工作者影响的模型

结合前文访谈的结果，可以看出社会企业对员工和家政员这两类工作者的影响是存在的，如表5-31所示，两类工作者在各维度的影响的平均分上存在不同，但是影响程度和不同群体之间的差异性还需要进一步验证。

表5-31　　　　　　　　　平均值分组统计

构面	类别	数字	平均值（E）	标准偏差	标准误差平均值
志愿公益感	员工	116	4.116	0.597	0.055
	家政员	160	3.973	0.579	0.046
幸福感	员工	116	3.995	0.633	0.059
	家政员	160	3.670	0.649	0.051
家庭收获感	员工	116	3.973	0.649	0.060
	家政员	160	3.818	0.540	0.043
能力提升感	员工	116	4.211	0.557	0.052
	家政员	160	4.098	0.522	0.041
收入保障	员工	116	3.290	0.874	0.081
	家政员	160	3.512	0.746	0.059
福利水平	员工	116	3.996	0.687	0.064
	家政员	160	3.868	0.727	0.058
创新能力	员工	116	3.872	0.633	0.059
	家政员	160	3.849	0.547	0.043

经过进一步对不同类别人员进行独立样本检验，可看出，员工和帮扶对象家政员在志愿公益感、幸福感、家庭收获感和收入保障四个方面具有显著差异，其显著性水平均小于0.05，见表5-32。员工的志愿公益感、幸福感和家庭收获感高于家政员，而家政员对收入保障的看法要高于员工。

表 5-32　　　　　　　　　　独立样本检验 7

构面		列文方差相等性检验		平均值相等性的 t 检验						
		F	显著性	t	自由度	显著性（双尾）	平均差	标准误差差值	差值的95%置信区间	
									下限	上限
志愿公益感	已假设方差齐性	0.128	0.720	1.990	274	0.048	0.142	0.071	0.001	0.283
	未假设方差齐性			1.980	243.389	0.049	0.142	0.072	0.001	0.284
幸福感	已假设方差齐性	0.809	0.369	4.147	274	0.000	0.325	0.078	0.171	0.479
	未假设方差齐性			4.164	251.423	0.000	0.325	0.078	0.171	0.478
家庭收获感	已假设方差齐性	1.223	0.270	2.162	274	0.031	0.155	0.072	0.014	0.296
	未假设方差齐性			2.101	219.688	0.037	0.155	0.074	0.010	0.301
能力提升感	已假设方差齐性	5.220	0.023	1.731	274	0.085	0.113	0.066	-0.016	0.242
	未假设方差齐性			1.713	238.248	0.088	0.113	0.066	-0.017	0.244
收入保障	已假设方差齐性	3.113	0.079	-2.262	274	0.024	-0.221	0.098	-0.414	-0.029
	未假设方差齐性			-2.206	223.520	0.028	-0.221	0.100	-0.419	-0.024
福利水平	已假设方差齐性	0.980	0.323	1.476	274	0.141	0.128	0.087	-0.043	0.299
	未假设方差齐性			1.489	255.652	0.138	0.128	0.086	-0.041	0.297
创新能力	已假设方差齐性	4.901	0.028	0.327	274	0.744	0.023	0.071	-0.117	0.164
	未假设方差齐性			0.319	225.499	0.750	0.023	0.073	-0.121	0.167

(一) 社会企业对员工的影响

从社会企业员工各维度的分数统计表（见表5-33）中可看出，员工各维度的平均分在3.2分以上，其中，平均分最高是能力提升感为4.211分，次之是志愿公益感得分，为4.116分。在志愿公益感维度里，有三个题项"我愿意参与志愿、公益活动去分享我的知识、技能""我愿意通过志愿、公益活动告诉其他人我所知道的他们需要的信息""我也支持我的家人参与志愿、公益活动"平均分均为4分以上。得分最低的是收入保障，为3.290分，收入保障维度的四个题项平均分均在4分以下。在回答多选题"认为有哪些影响"时，58.8%的员工选择了"人际交往"，占比最高，其次是"知识"，占到55.1%。社会企业员工有94.7%的人认为自己在加入社会企业后自身有变化，92.9%认为变化是和现在的社会企业有关系，有87.6%的员工认为社会企业给他们带来了影响，96.4%的员工认为这些影响对自己有帮助。

表5-33　　　　　社会企业员工各维度分数统计

构面	数字	最小值	最大值	合计	平均值	标准差	偏度统计	偏度标准错误	峰度统计	峰度标准错误
志愿公益感	116	1.60	5.00	477.40	4.116	0.597	-0.504	0.225	1.455	0.446
幸福感	116	2.40	5.00	463.40	3.995	0.633	-0.078	0.225	-0.518	0.446
家庭收获感	116	2.00	5.00	460.87	3.973	0.649	-0.364	0.225	0.0348	0.446
能力提升感	116	3.00	5.00	488.50	4.211	0.557	0.026	0.225	-0.733	0.446
收入保障	116	1.25	5.00	381.69	3.290	0.874	-0.068	0.225	-0.252	0.446
福利水平	116	2.00	5.00	463.58	3.996	0.687	-0.445	0.225	0.088	0.446
创新能力	116	2.20	5.00	449.20	3.872	0.633	0.263	0.225	-0.430	0.446

为了进一步研究社会企业员工这7个维度影响之间的关系，根据前文访谈的结果，结合已有研究，本书提出以下假设。

假设1：社会企业员工志愿公益感对幸福感有正向作用

第五章 社会企业对工作者影响模型的定量分析

假设2：社会企业员工幸福感对家庭收获感有正向作用

假设3：社会企业员工幸福感对能力提升感有正向作用

通过对不同群体各维度进行相关性分析，可以看出，社会企业员工各维度之间均有显著相关，如表5-34所示。其中幸福感和家庭收获感、能力提升感的相关性达到0.55以上，说明相关性较高。

表5-34　员工各维度相关性

构面		志愿公益感	幸福感	家庭收获感	能力提升感	收入保障	福利水平	创新能力
志愿公益感	Pearson 相关性	1	0.435**	0.464**	0.374**	0.162**	0.325**	0.526**
	显著性（双尾）		0.000	0.000	0.000	0.007	0.000	0.000
	N	276	276	276	276	276	276	276
幸福感	Pearson 相关性	0.435**	1	0.625**	0.559**	0.457**	0.477**	0.482**
	显著性（双尾）	0.000		0.000	0.000	0.000	0.000	0.000
	N	276	276	276	276	276	276	276
家庭收获感	Pearson 相关性	0.464**	0.625**	1	0.499**	0.287**	0.409**	0.498**
	显著性（双尾）	0.000	0.000		0.000	0.000	0.000	0.000
	N	276	276	276	276	276	276	276
能力提升感	Pearson 相关性	0.374**	0.559**	0.499**	1	0.312**	0.406**	0.502**
	显著性（双尾）	0.000	0.000	0.000		0.000	0.000	0.000
	N	276	276	276	276	276	276	276
收入保障	Pearson 相关性	0.162**	0.457**	0.287**	0.312**	1	0.358**	0.309**
	显著性（双尾）	0.007	0.000	0.000	0.000		0.000	0.000
	N	276	276	276	276	276	276	276
福利水平	Pearson 相关性	0.325**	0.477**	0.409**	0.406**	0.358**	1	0.426**
	显著性（双尾）	0.000	0.000	0.000	0.000	0.000		0.000
	N	276	276	276	276	276	276	276
创新能力	Pearson 相关性	0.526**	0.482**	0.498**	0.502**	0.309**	0.426**	1
	显著性（双尾）	0.000	0.000	0.000	0.000	0.000	0.000	
	N	276	276	276	276	276	276	276

注：**在置信度（双测）为0.01时，相关性是显著的。

表 5-35 模型回归分析及中介效果系数表

路径	R	R²	调整后的R²	Durbin-Watson(U)	非标准化系数 B	标准误	标准系数 贝塔	t	显著性	共线性统计 VIF		间接效果	Sobel z test
志愿公益感—幸福感	0.626ª	0.392	0.387	1.796	0.664	0.077	0.626	8.572	0.000	1.000			
幸福感—家庭收获感	0.758ª	0.575	0.571	1.964	0.777	0.063	0.758	12.411	0.000	1.000	志愿公益感—家庭收获感	0.516	7.067
幸福感—能力提升感	0.723ª	0.523	0.519	1.921	0.637	0.057	0.723	11.187	0.000	1.000	志愿公益感—能力提升感	0.423	6.827

第五章 社会企业对工作者影响模型的定量分析

本书利用 SPSS 软件对各构面进行了回归分析。如表 5-35 所示，志愿公益感对幸福感、幸福感对家庭收获感以及幸福感对能力提升感三个路径的回归结果，均不存在自我相关，非标准化系数均<0.001，说明影响成立，且标准化系数均大于 0.6，说明具有较高影响。经过 Sobel z test 检验，公益志愿感对家庭收获感以及公益志愿感对能力提升感的影响，检验结果均大于 1.96，一个是 7.067，一个是 6.827，说明幸福感均起到间接效应。本书用结构方程模型法绘制了如图 5-3 所示的模型图，经过检验，各项指标均较为理想，说明模型可接受。

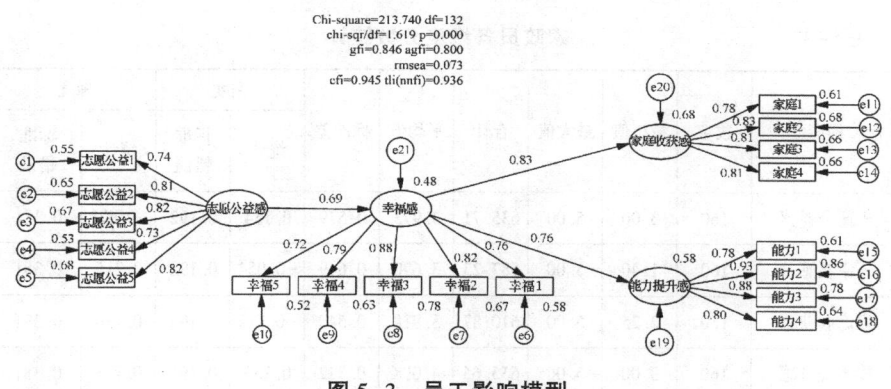

图 5-3 员工影响模型

表 5-36 结构方程模型检验结果 1

路径			非标准化			显著性	标准化
			Estimate	S.E.	C.R.	P	Estimate
幸福感	<—	志愿公益感	0.696	0.113	6.138	***	0.694
家庭收获感	<—	幸福感	0.856	0.115	7.417	***	0.828
能力提升感	<—	幸福感	0.628	0.090	6.990	***	0.761

通过 AMOS 进行模型检验，如表 5-36 所示，可看出在员工方面，志愿公益感对幸福感、幸福感对家庭收获感以及幸福感对能力提升感的影响均显著，标准化系数分别为 0.694、0.828、0.761，说明这三种影响

都比较大,假设成立。

(二) 社会企业对家政员的影响

从社会企业的帮扶对象即家政员各维度的统计表(见表 5-37)中可看出,家政员各维度的平均分在 3.5 分以上,其中,平均分最高是能力提升感为 4.098 分,且能力提升感的四个题项平均分均在 4 分以上。次之是志愿公益感得分,为 3.973 分,排第三位是福利水平维度得分,为 3.868。在回答多选题"认为有哪些影响"时,80.4%的家政员选择了"技能",72.7%的家政员选择了"收入",60.1%的家政员选择了"知识"。

表 5-37　　　　　　　家政员各维度分数统计

构面	数字	最小值	最大值	合计	平均值	标准差	偏度		峰度	
							统计	标准错误	统计	标准错误
志愿公益感	160	3.00	5.00	635.71	3.973	0.579	0.154	0.192	-0.671	0.381
幸福感	160	1.40	5.00	587.23	3.670	0.649	-0.054	0.192	0.215	0.381
家庭收获感	160	2.25	5.00	610.87	3.818	0.540	-0.119	0.192	0.136	0.381
能力提升感	160	3.00	5.00	655.65	4.098	0.522	0.139	0.192	0.163	0.381
收入保障	160	1.00	5.00	561.89	3.512	0.746	-0.783	0.192	1.324	0.381
福利水平	160	1.33	5.00	618.94	3.868	0.727	-0.506	0.192	0.555	0.381
创新能力	160	2.00	5.00	615.86	3.849	0.547	-0.283	0.192	0.926	0.381

结合前文的访谈结果和已有研究,对家政员提出以下假设:

假设 4:家政员的收入保障对幸福感有正向作用

假设 5:家政员的幸福感对家庭收获感有正向作用

假设 6:家政员的志愿公益感对家庭收获感有正向作用

从家政员的数据来看,家政员各维度中,幸福感和收入保障相关性最高,达到 0.620,和家庭收获感相关性次之,为 0.503,其他各维度之间存在显著相关性,但是系数均未超过 0.5,见表 5-38。

表 5-38 家政员各维度影响相关性

构面		志愿公益感	幸福感	家庭收获感	能力提升感	收入保障	福利水平	创新能力
志愿公益感	Pearson 相关性	1	0.274**	0.410**	0.308**	0.181*	0.298**	0.451**
	显著性（双尾）		0.000	0.000	0.000	0.022	0.000	0.000
	N	160	160	160	160	160	160	160
幸福感	Pearson 相关性	0.274**	1	0.503**	0.426**	0.620**	0.472**	0.406**
	显著性（双尾）	0.000		0.000	0.000	0.000	0.000	0.000
	N	160	160	160	160	160	160	160
家庭收获感	Pearson 相关性	0.410**	0.503**	1	0.412**	0.329**	0.410**	0.451**
	显著性（双尾）	0.000	0.000		0.000	0.000	0.000	0.000
	N	160	160	160	160	160	160	160
能力提升感	Pearson 相关性	0.308**	0.426**	0.412**	1	0.388**	0.409**	0.465**
	显著性（双尾）	0.000	0.000	0.000		0.000	0.000	0.000
	N	160	160	160	160	160	160	160
收入保障	Pearson 相关性	0.181*	0.620**	0.329**	0.388**	1	0.441**	0.280**
	显著性（双尾）	0.022	0.000	0.000	0.000		0.000	0.000
	N	160	160	160	160	160	160	160
福利水平	Pearson 相关性	0.298**	0.472**	0.410**	0.409**	0.441**	1	0.469**
	显著性（双尾）	0.000	0.000	0.000	0.000	0.000		0.000
	N	160	160	160	160	160	160	160
创新能力	Pearson 相关性	0.451**	0.406**	0.451**	0.465**	0.280**	0.469**	1
	显著性（双尾）	0.000	0.000	0.000	0.000	0.000	0.000	
	N	160	160	160	160	160	160	160

注：** 在置信度（双测）为 0.01 时，相关性是显著的。
* 在置信度（双测）为 0.05 时，相关性是显著的。

利用 SPSS 对各构面进行回归分析。如表 5-39 所示，收入保障对幸福感、幸福感对家庭收获感以及志愿公益感对家庭收获感三个路径的回归结果，均不存在自我相关，标准化系数显著性均 < 0.001，说明影响成立。经过 Sobel z test 检验，检验结果为 5.892，大于 1.96，说明幸福感在收入保障对家庭收获感的影响中起到间接效应。利用结构方程模型绘

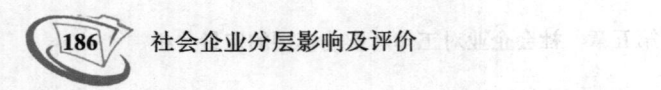

表 5-39　模型回归分析及中介效果系数

路径	R	R^2	调整后的 R^2	Durbin-Watson(U)	非标准化系数 B	标准误	标准系数 贝塔	t	显著性	共线性统计 VIF		间接效果	Sobel z test
收入保障—幸福感	0.620[a]	0.385	0.381	1.775	0.539	0.054	0.620	9.942	0.000	1.000			
幸福感—家庭收获感	0.503[a]	0.253	0.248	1.972	0.419	0.057	0.503	7.315	0.000	1.000		收入保障—家庭收获感	
志愿公益感—家庭收获感	0.410[a]	0.168	0.163	1.935	0.383	0.068	0.410	5.650	0.000	1.000		0.226	5.892

制如图 5-4 所示的模型图，经过检验，各项指标均较为理想，说明模型可接受。

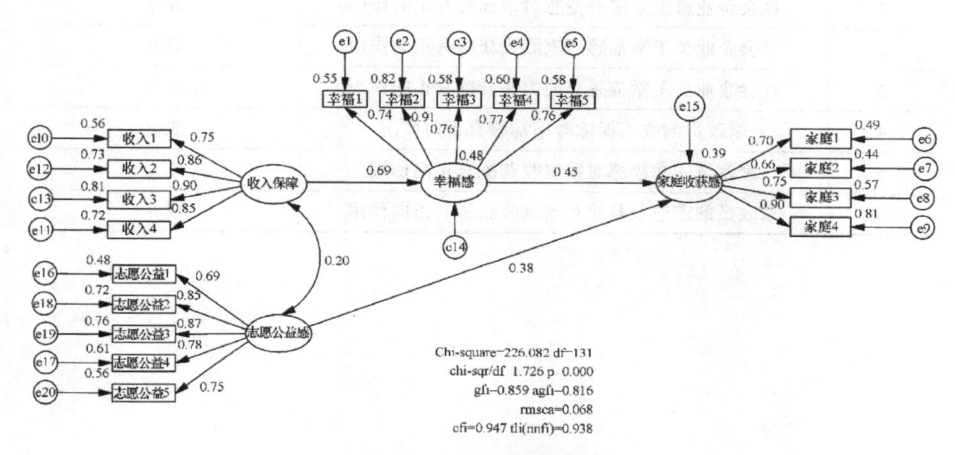

图 5-4 家政员影响模型

通过 AMOS 进行模型检验，可看出在家政员方面，收入保障对幸福感、幸福感对家庭收获感以及志愿公益感对家庭收获感的影响均为显著关系，标准化系数分别为 0.692、0.446、0.381，见表 5-40。可看出收入保障对家政员幸福感的影响较大，因此假设成立。

表 5-40　　　　　　　　结构方程模型检验结果 2

路径			非标准化			显著性	标准化
			Estimate	S.E.	C.R.	P	Estimate
幸福感	<—	收入保障	0.613	0.086	7.160	***	0.692
家庭收获感	<—	幸福感	0.427	0.085	5.017	***	0.446
家庭收获感	<—	志愿公益感	0.371	0.085	4.380	***	0.381

通过以上分析，本书的研究假设情况如表 5-41 所示，均成立。假设的结果与前文质性研究的结果保持了一致。

表 5-41　　　　　　　　　研究假设结果检验情况

假设	变量及描述	检验结果
1	社会企业员工志愿公益感对幸福感有正向作用	成立
2	社会企业员工幸福感对家庭收获感有正向作用	成立
3	社会企业员工幸福感对能力提升感有正向作用	成立
4	家政员的收入保障对幸福感有正向作用	成立
5	家政员的幸福感对家庭收获感有正向作用	成立
6	家政员的志愿公益感对家庭收获感有正向作用	成立

第六章

社会企业分层影响原因及评价体系设计

第一节 社会企业分层影响产生的原因

通过前文的研究可以发现，社会企业除了会对国家和地区层面产生影响，也会对企业的工作者产生影响。如图 6-1 所示，从国家层面到地区层面再到工作者个体层面，社会企业的影响体现出了分层性。

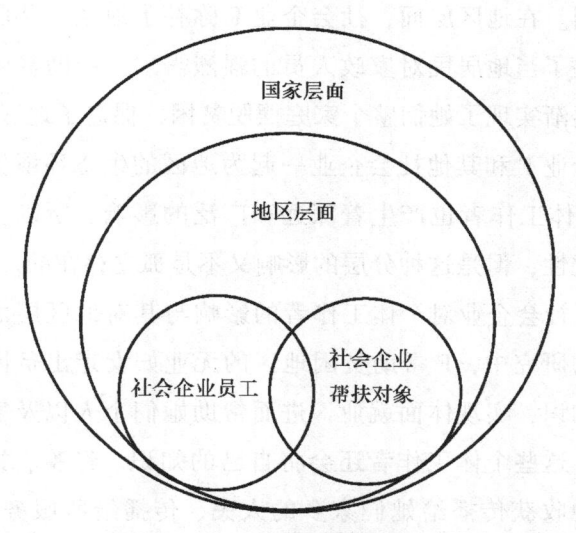

图 6-1 社会企业分层影响示意图

虽然社会企业具有分层影响，但各层次影响之间也不是孤立的，本节在此对社会企业不同影响之间的关系进行简要的讨论。马克思主义哲学认为，联系是普遍的和客观的，每个公民个体与其所在的社区、城市、地区乃至整个国家都有着千丝万缕的联系，因此，社会企业任何一个层面的影响也都不是孤立存在的。例如，社会企业 F 可以帮助来自合作省份的贫困妇女实现就业，进而帮助她和她的家庭实现脱贫，而当这样的个体逐渐增多后，社会企业便促进和带动某个城市、某个省份乃至一个地区贫困女性群体的脱贫。我国目前脱贫攻坚已取得全面胜利，在推进中国式现代化的过程中，还有诸多不同领域的社会企业正在致力于解决各种各样的社会问题，这些必将为我国带来长远影响。

具体来说，在国家层面，社会企业 F 以社会企业家的独特眼光识别出对社会问题的解决办法，即以"民办公助"的方式通过家政培训和在家政行业就业使贫困地区女性摆脱贫困。这种创新的思路为一大批贫困地区的女性带来人生的转折点。同时，F 促进了整个国家家政行业的发展、推动了社会治理模式的转型，也对社会政策的制定和文化的传播发挥了积极作用。在地区层面，社会企业 F 弥补了地区公共服务供给不足的问题，解决了当地居民对家政人员的强烈需求，帮助贫困地区妇女实现就业，也逐渐实现了她们整个家庭摆脱贫困，促进了地区经济的发展。此外，社会企业 F 和其他社会企业一起为地区的生态环境保护默默做着贡献，F 对个体工作者也产生着深远和广泛的影响。所以，社会企业的影响具有层次性，但是这种分层的影响又不是孤立存在的。

一方面，社会企业对个体工作者的影响与其对地区层面的影响相联系。在本书的研究中，F 帮助贫困地区的无业妇女走出贫困，帮助她们获得技能、知识，实现体面就业，进而帮助她们个人以及家庭脱贫。在这个过程中，这些个体工作者还会将自己的知识、经验、技能、体会以及其他方面的收获传播给她们家乡的人民、传播给所服务的客户家庭，在这样的传播机制下，社会企业 F 起初对个体的影响就扩散到千家万户乃至多个城市和地区。社会企业 F 在多年发展的过程中，已经有多位优秀的家政员从贫困的无业状态起步，逐渐成长，去了更多的地方自己创

第六章 社会企业分层影响原因及评价体系设计

业,开启了人生新的篇章。在这样的模式下,日积月累,这些工作者家庭所在的贫困地区以及这些工作者所涉足的地区就会获得间接的影响,包括但不局限于这些地区人民的技能提升、知识水平增长、经济发展、志愿文化传播等。从这个方面来说,社会企业 F 对个体工作者的影响就与社会企业对地区层面的影响联系起来。

另一方面,社会企业对地区层面的影响与其对国家层面的影响也是密不可分。社会企业 F 成立后,其所培训的家政员一开始主要是为所在地的居民提供服务,所以社会企业 F 对其所在地的贡献不言而喻。当 F 的实践获得成功后,其运作模式就复制推广到了更多合作地,这些合作地也已经建立起了类似 F 的家政培训机构,去解决当地的贫困问题。而 F 的管理理念、制度等通过多个合作地的宣传,继续在全国家政行业进行推广并不断被复制。在这个角度上,F 除了对自己企业所在地产生影响,又通过这个起点逐渐把影响扩展到多个省份,然后逐渐对全国的制度、政策、文化等产生影响。从这个方面来说,社会企业对地区层面的影响就又与其对国家层面的影响联系起来。

可以看出,社会企业的影响具有分层性,但是也需要看到不同层次影响之间的关系。另外,对研究者来说,在关注到社会企业影响发生的同时,也要思考这些影响产生的根本原因,以及在这些影响之下体现出的社会企业这一组织的独特性。在质性研究部分,本书发现了社会企业 F 的独特性影响,同时归纳出社会企业 F 影响产生的四个原因:社会企业的公益性、组织文化、工作者的榜样示范作用以及社会企业商业化和创新的要求。正如某研究发现,社会企业家的成功具备四个最突出的因素:具有创新性、具有驱动力、具有组建关系网的能力以及具有持续学习和成长的能力[1]。这一观点和本书发现的社会企业 F 的独特性影响以及影响产生的原因具有较高的一致性。为此,本书认为,要理解社会企业影响产生的根本原因,要从社会企业最主要的两个

---

[1] David A. Sherman, *Social Entrepreneurship: Pattern-Changing Entrepreneurs and the Scaling of Social Impact*, Doctorate of Management Programs, Case Western Reserve University, 2005, p. 16.

特征来分析，一个是社会企业的社会价值导向，另一个是社会企业的商业性，此外还有社会企业家和工作者的重要作用。

一　社会企业的社会价值导向

社会企业的社会价值导向决定了社会企业的一切行为方式。社会价值导向是社会企业区别于其他商业企业最本质的特征，正是这个特征决定了社会企业的工作方式，包括社会企业运营方式、对工作者的管理方式、对外界资源的获取和协作方式以及工作者的态度和行为方式。也正是这个本质特征赋予了社会企业工作者更高的要求。当社会企业员工认同社会企业追求社会价值这一核心目标时，他们的世界观、人生观和价值观就会随之发生变化，他们会认同这个组织、这份事业，认同公益志愿精神，在潜移默化的工作体验中，增强自己的责任感、成就感和幸福感。

从社会企业F对国家层面和地区层面的影响来看，社会企业的社会价值导向是这些影响得以产生的最基本因素。社会企业F成立之初就是为了解决贫困问题，为扶贫探索新的路径。它始终坚持社会价值导向，在企业遭遇挫折和困境的情况下，也始终坚守它的初心。在社会价值导向下，该社会企业秉持的理念和采取的方式都是为了保障家政员利益、帮助他们脱贫，所以F不断推进行业变革、推动行业政策出台、进行机构重组等举措的出发点也都是实现社会价值，这种企业的价值观也使得社会企业F在市场竞争中取得胜利，使F获得了消费者、公众、政府、企业和其他社会组织的青睐和认可，使得F得以在国家和地区层面以及工作者层面均产生积极且深远的影响。

从社会企业F对工作者层面的影响来看，社会价值导向是对工作者产生影响的最首要因素。在社会价值导向下，社会企业也形成了自己的企业规范。所谓规范就是群体成员共同遵循的一些标准，包括态度、价值观、行为等。群体规范让成员明确了自己在特定的情境下哪些应该做，

第六章 社会企业分层影响原因及评价体系设计

哪些不应该做①。社会企业的规范要求社会企业的运转和工作方式都要围绕社会价值这个根本点。本书的案例企业 F,在其发展历程中每次重要转折、管理层重大决策以及日常工作中各级工作者的行为方式,都反映出这个企业的规范就是要尽一切可能去帮助贫困弱势人群实现就业和脱贫。在这种规范下,与这个目标一致的行为就会被企业采用并延续,不一致的行为则不被这个企业采纳和认可。在这种规范下,社会企业工作者也许并不会获得较高且符合自己预期的收入,但是他们依然会自觉坚持做好自己的工作。有学者对这种现象进行过分析,如贝琳达·贝尔和海伦·豪认为,社会企业员工之所以会接受较低的回报是因为员工们渴望去为那些能给社会创造价值的组织工作。这种把获得为社会创造价值的机会与较低的工资进行互换的行为是员工利他行为的体现②。

本书发现的工作者入职前后动机的变化也体现出社会企业社会价值导向的作用。本书发现受访者入职前后的动机均有变化,就入职后的动机而言,受访者提到最多的是"带来社会价值"。在受访者认为社会企业所具有的独特性影响中,幸福感和志愿公益感都占据重要比例。这说明,社会企业的工作经历确实使工作者能够从心底对社会企业的核心目标产生认同并做到自觉遵循。工作者在工作的实践中不断增强了自身的志愿公益感和社会责任意识,也逐渐体会到自身的价值和幸福感。

从前文研究可以看出,不管是员工还是家政员,社会企业都会促进他们志愿公益感和幸福感的提升,这些影响又会对其他方面的影响产生作用。对员工来说,本书发现社会企业 F 可以促进员工志愿公益感的提升,而志愿公益感促进了他们幸福感的提升,幸福感又促进了家庭收获感的提升。这个现象或许可以解释本书在访谈阶段发现的一个问题,即

---

① J. Richard, Hackman, "Group Influences on Individuals in Organizations" in Marvin D. Dunnette, Leaetta M. Hough, eds., *Handbook of industrial and organizational psychology*, Vol. 3, Palo Alto: Consulting Psychologists Press, 1992, pp. 235-250.

② Belinda Bell, Helen Haugh, "Working for a social enterprise an exploration of employee rewards and motivations", in Simon Denny, Fred Seddon, eds. *Social Enterprise Accountability and Evaluation around the World*, New York: Routledge, 2014, pp. 86-87.

社会企业F的员工为何收入不高但仍坚定地留在F而不去收入更高的其他单位？通过研究，本书认为最主要因素就是社会企业让工作者树立起了追求社会价值这样的人生观和价值观。这种价值观让工作者在工作中收获到了对企业的认同感、自身的满足感、志愿公益感和幸福感，从而促使他们坚定地留在社会企业。而对家政员来说，社会企业F在社会价值导向下，通过各种方法促进了家政员收入的提高、幸福感和志愿公益感的增强，这些影响又直接促进了他们家庭收获感的增加。不管是家政员还是员工都能感受到社会企业F与其他组织的不同，特别是F与其他家政公司的不同。

纵观社会企业F的发展历程和取得的成绩，其之所以能在国家层面、地区层面和工作者个体层面均产生影响，主要原因就在于它把社会价值作为企业发展的根本定位，始终把解决贫困女性体面就业进而帮助她们脱贫放在企业发展的首位。经过F多年的努力和带动，家政行业以及这个行业的从业者这些年来发生了较大的改变。家政行业中一批又一批的从业者对工作的认知和择业观较20多年前已发生了巨大变化。家政员他们的家人乃至社会都已经广泛认同这个行业，大批的家政员也因为加入这个行业而早已摆脱了贫困。这样的变化和成就离不开F当年对行业的一系列改革举措，也离不开F长期坚持的社会价值这一核心目标。

二 社会企业的商业性

社会企业的商业性特征是社会企业影响产生的第二个主要原因。

从社会企业F对国家和地区层面的影响看，F带动了整个家政行业的变革、带动贫困群体走出一条创新的脱贫道路、为国家和地区的经济和扶贫事业做出巨大贡献，这要得益于F的社会企业家独特的商业创新眼光和思维。在取得了一系列成就之后，家政行业竞争日趋激烈，坚持社会目标的F依然能持续运营而没有被市场淘汰，也是由于它不断坚持商业化运行和创新。社会企业的商业性特征决定了社会企业不同于传统非营利组织以接受慈善和捐赠为收入的主要来源，而是要通过采取市场化手段为自己创收。因此，商业性特征也必然要求社会企业要适应市场竞争性规律而有所创新，即社会企业要在技术、产品、服务、质量等业务方面具有竞争力和创新性，还要不断探索对社会问题的创新性的解决方案。

从社会企业F对工作者层面的影响来看，社会企业的商业性特征使得社会企业工作者需要不断提升自己各方面的能力，这也恰巧成为工作者进步的驱动力。社会企业始终以社会价值为导向，开展着很多非营利组织所从事的工作和内容，但社会企业又不能像一般的非营利组织那样，依靠慈善和社会捐赠维持生存，还要按照企业的经营方式去运营，以自身的经营活力和竞争力去开拓市场、获取资源。因此，社会企业的商业性既给工作者带来巨大挑战，也促进他们各方面能力的提升，同时也促使工作者逐渐形成自信心、成就感和幸福感。特别是对于工作整合型社会企业来说，社会企业的创新和市场化方式可以有效帮助弱势群体，可以从时间、成本、权利、保障等多方面实现对弱势群体的帮扶。当然，这个目标的实现，要求工作者需要有耐心、细心、包容心和责任心，还需要工作者不断学习和创新。从本书的研究结果来看，工作者能力的提升不仅仅是单一的业务能力，还涉及多方面的知识和综合能力，而且工作者在社会企业里获得的能力也往往不同于其他组织。可见，同一般意义上的商业性企业相比，社会企业有其自身的独特性。社会企业是一个跨界的组织，在这样的组织里工作，工作者就必须具备跨界的视野和能力，也只有始终保持创新的动力和能力才能适应组织发展的要求。

以上从社会企业最本质的两个特点对社会企业影响发生的原因进行了进一步的讨论。笔者认为有必要再对社会企业的独特性影响进行一些分析，因此在下文再做一些补充。

目前，社会企业的价值和影响已经得到全世界的广泛认可，社会企业在促进社会变革、社会创新以及促进社会的包容性等方面发挥着不可估量的作用。社会企业这些成就的取得是和其特殊性的影响分不开的。社会企业的特殊性决定了它具有其他组织不能替代的特殊价值和独特影响。在已有的研究中，一些学者对社会企业的独特性价值进行过研究，如卡罗·波兹卡和迪夫尼认为社会企业对社会有五项突出的贡献，即促进福利系统的转换、创造就业机会、增强社会凝聚力与创造社会资本、促进地方发展及增强第三部门的动态性①。学者们的研究主要从社会企业对国家、社会的角度或者从社会企业与其他组织的区别的角度去分析社会企业的独特性影响，本书重点则是从个体工作者的角度分析了社会企业的独特性影响。

本书访谈中的大部分受访者都能感受到社会企业与其他组织的不同，并且认为在社会企业工作过程中获得的幸福感和志愿公益精神是社会企业最显著的独特性影响。受访者得出的这种判断是工作者长期受到社会企业组织文化熏陶的结果。组织文化一般是组织成员共享的一套能够将本组织与其他组织区分开来的意义体系②，这种文化已经根植于工作者的内心并持续发挥作用。由于社会企业始终以实现社会价值为首要目标，同时又兼具商业性的特点，使得社会企业形成了一种不断追求社会价值和社会担当的组织文化。本书的受访者感觉到，社会企业与其他组织的不同就是源于社会企业自己独特的组织文化，这样的组织文化也正是社会企业独特性影响的体现。这些对个体工作者的独特性影响成为社会企业众多影响中的一部分，共同体现了社会企业的价值。

以上从两个方面对社会企业影响产生的原因进行了分析，还可以看出，社会企业对志愿失灵现象之下很多无法解决的社会问题进行了有效的解决。在解决贫困问题方面，传统的方式往往是通过捐助、慈善方式，或者志愿者的服务、政府补贴等方式去解决，效果是一次性并且缓慢的。贫困者并没有真正被赋权和赋能，每次只能依靠外界的输出来给自己"供血"。社会企业则是通过给贫困者赋权和赋能的方式让贫困者自己拥有脱贫的能力，实现永久性的脱贫。一些传统非营利组织经常遇到的资

---

① Jacques Defourny, "Introduction: From Third Sector to Social Enterprise," in Carlo Borzaga & Jacques Defourny, eds. *The Emergence of Social Enterprise*, London & New York: Routledge, 2001, pp. 1–24.

② Howard S. Becker, "Culture: A Sociological View", *The Yale Review*, Vol. 71, No. 4, 1982, pp. 513–527.

源短缺、效率低下、服务效果不佳等问题，社会企业都需要尽可能避免，因为只有这样社会企业才能在市场中具有竞争力。所以社会企业就要在社会价值为目标的导向下，采取商业企业的运行方式不断创新。这个过程就需要社会企业家和企业内部的所有工作者需要通过自己各种技能，去协调好多个利益相关者的关系，创造各种资源获取途径，也正是因此才使社会企业给工作者带来单纯商业性企业和传统非营利组织所不具备的影响。通过前文对受访者的访谈也可以看出，社会企业具有传统非营利组织所没有的优势，社会企业对工作者的要求也因此不同。

总之，社会企业是对政府失灵、市场失灵、志愿失灵现象的良好回应，它的社会价值不仅体现在社会企业对国家和地区的影响，还体现在它对其工作者的影响，尤其对工作者的影响更为深远和复杂。就如蝴蝶效应的理论，不起眼的一个小动作或小变化却能引起一连串的巨大反应，社会企业对个体工作者的影响看似是独立的个体现象，但是当每个工作者持续对他们的家人、朋友产生影响，特别是当有越来越多的社会企业工作者感受到这些影响时，这种影响的作用将是巨大的。因此，社会企业对工作者的影响虽然较难观察和测量，但却是研究社会企业时必不可少的内容。

三　社会企业家和工作者的作用

这里提到社会企业家和工作者主要是想强调"人"的因素对社会企业的至关重要性，但是在社会企业里"人"的因素可能又比一般组织起到更为关键的作用。对所有组织来说，人才和智力支持都很重要，但是在社会企业领域，人才可能显得更为稀缺也更具有难以替代性。因为社会企业的天生属性决定了这类组织要面临比其他组织更多的风险和挑战。对商业企业来说，一个好的企业家需要有足够的创新能力、管理能力等，可能他实现了企业的盈利目标就算完成了任务。但是对社会企业来说，经济上的盈利只能是组织目标中最基础的任务，实现社会价值才是最终目标，而社会价值不仅仅体现在组织本身、社区或者某个城市、某个省份，而很可能是要延伸到整个地区、国家乃至全世界。所以诸如"阿育王"这个社会企业组织一直强调系统化的变革，甚至颠覆性的变革。他们一直重视去挖掘全世界具备社会企业家精神的领导者，引导这些领导者去对有问题的系统进行变革，解决各种社会痛点问题。从我国当前社会企业发展情况来看，据《中国社会企业发展研究报告（NO.2）》显示，在研究团队调查的126家社会企业中，有80家面临"专业人才缺乏"的挑战，占调查整体样本的63.5%，"专业人才缺乏"成为社会企业在发展过程中面临的主要挑战[1]。

从本书社会企业F来看，当时的创办者到后来的很多管理者和工作者们都体现出社会企业家精神。当时的创办者以敏锐的眼光发现解决贫困地区脱贫致富的新思路，一反当时行业常态，采取先培训后就业的方式促进帮扶的群体实现体面就业和脱贫。之后采取了一系列"首创"方式推动行业政策、制度、行业运转模式等方面的创新，将影响推广到全国。同时，社会企业F的工作者们时刻都会面临资金、场地、人员流失等方面的困难。他们要处理好"盈利"和"社会价值"这两个目标之间的平衡，这就需要工作者们具备不同于一般企业或社会组织的能力。可见，"人"的因素对社会企业的至关重要性。也正是因为有众多这样具备多重能力、兼具企业和公益思维，决心打破传统，实现创新变革来促进社会目标的人们，社会企业才能得以发展，并越来越彰显其巨大的影响力。而原本作为社会企业帮扶对象的弱势群体，在受到社会企业的影响和社会企业家的榜样示范作用下，除了自身生存和生活状况得到改善，还让自己并带动身边的人在思想上、行动上不断进步和提升。从另一个角度继续促进社会企业影响的广度和深度不断扩展。这些都成为社会企业影响产生作用的重要原因。

此外，还值得注意的是，青年已经成为当前社会企业的主力。马克思指出："一个时代的精神，是青年代表的精神；一个时代的性格，是

---

[1] 徐家良、张其伟：《中国社会企业发展实践与展望（2021—2022年）》，载徐家良主编《中国社会企业发展研究报告（No.2）》，社会科学文献出版社2023年版，第15页。

青年代表的性格。"马克思始终高度重视青年在推动历史发展中的地位作用，将青年的成长同无产阶级事业以及人类社会的前途命运紧密相连。当前，青年需要广泛参与社会创新和社会治理是全世界的共识。当前，世界上越来越多的社会企业更加重视培养青年一代的责任和创新意识。以前文提到过的"阿育王"为例，他们一直重视对青年的培养，视每个青年为变革者，并且在当地很多大学后来延伸至中小学开展多种项目，鼓励青少年创造影响广泛、具有积极意义的变革。他们目前还在青年中开展"每人都是创变者"（Everyone A Changemaker）的项目。本书的案例社会企业F也越发重视青年人才的培养。在和社会企业F的高层管理者访谈中，他们表示从青年身上看到了创新的活力、钻研的精神和服务社会的品质。而从社会企业工作者的访谈中，又能看到社会企业家和领导者的榜样示范作用，这些榜样者很多就是青年。本书研究结果也发现社会企业中的青年群体在创新能力方面具有较明显的优势。《生生不息：中国社会创业家新生代数据画像》中提到，根据他们调查结果，创始人年龄平均不到40岁，最小24岁，本科以上占80%，说明40岁以下高学历人群成为社会企业创业的主力军。[1]

党的二十大报告提出实施科教兴国战略，强化现代化建设人才支撑。党的二十届三中全会明确提出构建支持全面创新体制机制，在青年人才教育和培养方面推出一系列举措，对全面深化改革推进中国式现代化做出一系列部署。习近平总书记说，青年是社会上最富活力、最具创造性的群体，理应走在创新创造前列。[2] 社会企业在青年人的教育和培养方面有着极大的优势和发展空间，我国的社会企业要坚持守正创新，做好青年一代的培养，为我国发展注入强大精神动力和人才支持。

---

[1] 陈迎炜、呼锦平、王红红、张元、顾小双：《生生不息：中国社会创业家新生代数据画像》，载杨团主编《慈善蓝皮书：中国慈善发展报告（2018）》，社会科学文献出版社2018年版，第269页。

[2] 习近平：《在同各界优秀青年代表座谈时的讲话》，2013年5月4日，《论党的青年工作》，中央文献出版社2022年版，第20页。

第二节 社会企业评价体系的设计

一 关于社会企业评价的思考

本书认为,对任何组织来说,要建立评价制度,首先应对组织的目标或组织希望创造的"影响"有正确的判断,进而在此基础上再进行相应的评价。同样,社会企业的评价也是如此。评价者首先要对社会企业的影响有全面的了解,才能明确如何进行评价。然而,对社会企业的评价要难于对一般企业的评价,因为一般企业借助可测量的指标就可以进行绩效或影响评价,如经济指标、市场份额、顾客满意度、质量好坏指标等。但是,评价社会企业还需要考虑一些不可测量的指标,需要融合企业和非营利组织评价的思路。本书第二章已对社会企业与商业企业和非营利组织的区别进行了阐述,社会企业同时具有企业和非营利组织的特点,具有跨界性,需要兼顾社会利益和经济利益,并要面对各种各样的利益相关者,这就使得社会企业在处理这些关系的过程中面临诸多困难和挑战。此外,本书发现,社会企业除了对企业外部的国家和地区层面存在影响,对企业内部的工作者也具有重要影响。因此,全面认识社会企业的影响就需要把社会企业对工作者的影响作为重要内容,进而把这种影响纳入到评价体系中。本书认为进行社会企业评价有以下三个方面需要重点思考。

(一) 社会企业评价需要全面考虑不同方面和不同层次的影响

第一,社会企业评价要全面把握其不同方面的影响。在已有的研究中,大部分学者关注了社会企业对国家和地区的影响,也有少部分学者关注到了社会企业对内部工作者个体的影响。如金·奥尔特指出,社会企业和其他所有社会项目一样有直接的影响也有间接的影响,社会企业的影响有很多,如社会企业可以帮助低收入工人赚取工资、也可以帮助他们学习到可进行转化的技术,包括硬技术(具有功能性的技能)和软技术(社会和人际交往技能),还可以帮助人们累积财富,通过就业创

第六章 社会企业分层影响原因及评价体系设计

造税费增长、经济机会增长，通过住房所有权获得经济安全、食物安全和质量保障等①。金·奥尔特指的间接的影响就包含了对工作者个体的影响。再如海伦·豪的研究，她认为社会企业的间接价值包括个人对独立性、赋权感、自信心、满意度和自我评价体系的感知，这些间接价值也体现出社会企业对个体工作者会产生影响②。

本书的研究结果表明，社会企业在国家层面和地区层面都具有重要的影响，这些影响也成为社会企业的社会价值最容易显现之处，而目前对社会企业的关注也主要集中于社会企业在国家和地区这两个层面的影响，因为社会企业会对整个国家的制度、政策、文化以及对某些地区的经济、生态环境、公共服务等带来直接的重要的影响。而本书的视角更主要聚焦于社会企业对个体层面的影响，通过前文的研究可以看出，社会企业F这样的组织，它既对个体工作者会产生一般性的影响，如提供收入、福利，使自己获得能力提升以及家庭获得收获，也会给工作者带来社会企业的独特性影响。社会企业可以给工作者同时带来幸福感、志愿公益感和创新能力的提升，也正是社会企业独特价值的体现。本书还发现了这些影响之间存在一定的关系，在前文的员工影响模型和家政员影响模型中，可以看出社会企业在个体层面的影响针对不同类型工作者还会出现差异性，但志愿公益感和幸福感是始终具有的。可能以后其他学者在研究社会企业的影响时，会有更多的发现，也会发现更多的关于不同方面影响之间的关系，但是社会企业在多方面具有影响这一点是始终需要考虑的。

从本书的研究结果看，本书的一部分结果印证了金·奥尔特和海伦·豪的研究结果，同时又有了新的发现。本书的研究结果也再次说明，社会企业对工作者的影响是存在的而且是多方面的，因此社会企业评价

---

① Kim Alter, Social Enterprise Typology, 2007, p. 68, http://www.virtueventures.com/resources/setypology, 2024年7月2日。
② Helen Haugh, "Social Enterprise: Beyond Economic Outcomes and Individual Returns", in Johanna Mair, Jeffrey Robinson, Kai Hockerts, eds. *Social Entrepreneurship*, London: Palgrave Macmillan, 2006, pp. 195–196.

应该考虑这方面的影响。

第二,对社会企业评价要考虑其不同层次的影响。前文已经介绍过,根据汉克·A.贝克的理论,社会影响评价分为微观、中观和宏观三个层面①。根据本书的研究可以看出,社会企业正是一种可以同时达到这三个层面影响的组织。社会企业之所以在当今众多组织中脱颖而出,就在于它影响面广泛,它不仅仅追求组织自身的发展和影响,更重要的是追求对全社会的更具规模的影响力。而社会企业能够产生这种规模影响力的一个重要因素,就是可以把个人技能层面的影响力扩大到成为组织整体层面的核心竞争力②,从而再进一步去影响更广泛的组织、人群和社会。

社会企业产生的影响会比一般企业或者非营利组织更广泛。因此,对社会企业进行评价,既不能简单按照一般企业的评价方法,也不能简单按照一般非营利组织的评价方法,对社会企业的评价必须涵盖对社会企业不同层次影响的评价。

(二)社会企业的评价方法和评价内容需要改进

目前对社会企业的评价指标主要有三大类,一是经济指标,二是环境指标,三是社会指标。涉及评价指标,不同的评价体系其构成千差万别,而且存在社会指标与经济指标和环境指标重叠的情况。此外,如学者指出,社会企业的一些成果较容易测量,比如员工数,但是有一些可持续发挥作用的影响过去一直没有评估并且较难评估,比如自尊心的增长或社区的凝聚度③。对于目前的评价体系来说,大部分评价是依托经济指标的测量,对于个人层面的影响基本没有详细纳入评价体系里,而

---

① Henk A. Becker, "Social impact assessment", *European Journal of Operational Research*, Vol. 128, No. 2, 2001, p. 316.

② David A. Sherman, Social Entrepreneurship: Pattern-Changing Entrepreneurs and The Scaling of Social Impact, 2006, https://community-wealth.org/sites/clone.community-wealth.org/files/downloads/paper-sherman.pdf, 2024年7月2日。

③ Darby Lauren, Jenkins Heledd, "Applying sustainability indicators to the social enterprise business model: The development and application of an indicator set for Newport Wastesavers, Wales", *International journal of social economics*, Vol. 33, No. 5/6, 2006, p. 412.

第六章 社会企业分层影响原因及评价体系设计

且已有的对个人层面的考察大部分是满意度的测量，没有更加细致的考核内容，具体可以从两个方面理解这个问题：

一是在评价方法和途径上，目前已有的评价手段大部分都是依靠量化的手段，但仅依靠量化的手段进行评价是远远不够的。例如，前文已介绍过的许多国家所使用的社会企业评价体系（SIA），这个体系确实对社会企业评价具有重要作用，也有着很强的市场需求，但对社会企业来说，单纯采用这种评价体系去依靠量化的方式进行评价是不全面的。因为社会企业的价值和影响更为复杂，特别是诸如社会企业对工作者的影响，通过量化手段很可能无法全面地了解这种影响最真实的情况。而且社会企业种类繁多、不同国家、地域和行业都有不同的特点，在社会企业的影响和价值表现上也会呈现出差异性。因此，对社会企业进行评价除了需要量化的手段，也需要通过案例、访谈等质性研究的手段，去充分了解量化手段无法解决的问题，也就是说，在对社会企业评价之前，进行大量的访谈、跟踪、观察以及进行历史回顾、国内外比较等，都是必要的。

二是在评价内容上，目前使用的社会企业评价体系大部分都没有设立社会企业对内部工作者影响的考察指标。以前文介绍过的 B 型企业认证体系为例，目前来看他们的这个体系是比较贴近社会企业现状的，虽然该体系已经考虑到社会企业对个体的一些影响，但这个体系还不是很完善，因为它在员工的评价指标方面没有进行更深入的设计，而且该评价体系设计当初也主要是基于欧美社会企业的经验，并不一定完全适用于我国特定国情背景下的社会企业。通过本书的研究，可以发现，社会企业除了对国家、社会有重要的影响，对个体层面的影响更为潜移默化和深远。因此，如果单纯采用量化指标对社会企业的经济和环境影响进行评价是远远不够的，研究者们还需要评价社会企业对个体层面的影响，特别是需要深入思考中国本土的社会企业应该如何评价。

（三）充分借鉴和参考目前已有的关于社会企业的评价指标

一些社会企业发展较早的国家开发了许多适用于社会企业评价的指

标体系，这些已有的评价指标体系具有重要参考意义。例如美国的社会企业评价指标体系，它以美国经济优先权委员会提出的"SA8000"为代表，主要从劳动保障、人权保障和管理体系三个角度，对社会企业社会责任提出最低标准，其中员工利益是重点。"SA8000"是从员工角度评价社会企业社会责任的评价体系，该标准分为三个部分54项条款，由9个要素组成，即童工、健康与安全、歧视、工作时间、强迫劳动、工资报酬、集体谈判与结社自由、惩罚性措施以及管理体系，这9个要素又向下分为若干子要素，共同构成社会企业评价指标体系[①]。

此外，前文介绍过的由B实验室（B Lab）开发的B型企业认证体系是目前在全世界影响力不断扩大的一种评价体系。近几年我国通过B型企业认证的社会企业逐渐增多，这个体系目前在我国的影响力逐渐提升，成为我国目前很多社会企业开展评价时参考的标准。B型企业认证体系已经考虑到了社会企业对个体工作者的一部分影响，如表6-1所示，该体系在一级指标里专门有对员工效益的测量，这是社会企业评价体系的重大进步。

表6-1　　　　　　　　B型企业认证体系[②]

一级指标	二级指标	指标内容
员工效益	薪酬、福利、培训	支付基本生活工资、提供健康保健福利和职业发展、员工参与度、流动率、健康和安全的工作环境、意在利润分享、职工优先认股权和员工持股的所有制
社区效益	创造就业、多元化、公民参与和慈善捐赠、当地参与度、供应商、分销商和产品	雇佣当地人和为长期失业的人群创造就业机会；董事会、管理团队、员工和供应链的多元化；关注员工的志愿精神和慈善捐赠情况；存款时选择当地独立的金融机构和支持当地企业以及由少数族裔或女性创办的企业；提升透明度、公开披露供应链的社会和环境绩效

---

① 沙勇：《我国社会企业评价指标体系研究》，《江苏社会科学》2013年第2期。
② 资料来源：B实验室官网，https://standards.bcorporation.net/en-us/draft/standards/what-are-the-requirements-for-b-corp-certification，2024年6月20日。同时参见［美］瑞安·霍尼曼《共益企业指南：如何打造共赢商业新生态》，游海霞、王群译，中信出版社2017年版。

续表

一级指标	二级指标	指标内容
环境效益	土地、办公室、厂房；能源、水和材料；排放量和废旧产品处理；交通、配送和供应商	提高能源、水和废物处理的效率，使用可再生能源，鼓励员工选择替代性通勤方式，提高办公楼的室内空气质量等；评估产品的全部环节；废旧产品回收项目和温室气体排放监管；鼓励供应商提高环境绩效
长期效益（公司治理）	使命和参与度；透明度；企业结构	将可持续发展承诺纳入企业使命声明，就企业社会和环境价值观开展员工培训，从利益相关方收集反馈等；与员工共享财务信息，对外发布年度报告，业内合作开发社会和环境标准等；考察企业是否将自身的使命制度化地纳入企业治理文件
核心效益（核心商业模式）	动机、公平贸易	提供惠及弱势群体的社区的产品和服务；通过公平贸易实践帮助供应商和生产商脱贫；帮助供应商成为合作社的所有者

B 实验室（B Lab）还支持开发了一项评估体系叫全球影响力投资评估体系（Global Impact Investing Rating System），简称 GIIRS，如表 6-2 所示。该体系从 5 个方面评估企业的社会影响力，这个评估体系也考虑到了企业对员工的影响。

表 6-2　　　　　　　　　企业评价概览表①

权重	影响领域	具体指标
7.5%	管理	企业使命；利益相关者贡献；管理结构；控制；总体透明度
25%	员工	企业如何对待员工，包括补偿、利益、培训、所有权、工作环境
27.5%	社区	企业对外部社区利益相关者的影响
10%	环境	企业直接和间接的环境影响以及运作方式

---

① 资料来源：The Global Impact Investing Ratings System，https://thenewmediagroup.co/the-global-impact-investing-ratings-system/，表格为笔者根据 The Global Impact Investing Ratings System 自行整理。2024 年 7 月 10 日。

续表

权重	影响领域	具体指标
30%	聚焦社会化的或环境化的商业模式	企业核心的影响力商业模型，在超越简单的商业实践带来的巨大影响之外增强积极的影响

另外，北京市、安徽省和四川省成都市也已开发了自己的社会企业认定系统。通过北京市的社会企业认证标准（表6-3）可以看出，指标主要还是侧重社会企业对企业外部的影响。虽然没有专门面向对个体工作者产生影响的指标，但已是我国社会企业发展史上的重大进步。

表6-3　　　　　　　　　　北京市社会企业认证标准[①]

指标	内容
使命任务	有具体明确的社会目标，以社会问题和民生需求为导向，以解决社会问题、创新社会治理、提升公共服务水平为首要目标或宗旨，包括但不限于养老服务、公益慈善、社区服务、物业管理、环境保护、精准扶贫、文化体育、生态农业、食品安全等
注册信息	在北京依法登记注册成立两年以上的企业或社会组织，并有相应的合格纳税记录
信用状况	有良好的信用，企业高管或社会组织负责人近三年没有被登记管理机关通报的失信行为
经营管理	有不少于3人的全职受薪团队，具有健全财务制度、实行独立核算，企业或社会组织内部经营管理科学规范
社会参与	以企业或社会组织自身力量为基础，积极整合社会资源，广泛动员各类社会力量参与解决社会问题，形成社会合力
社会效益	有可测量的证据显示其创造的市场成果及社会价值
可持续发展能力	有清晰的商业模式、能实现财务可持续性和盈利性的商业计划以及有价值的产品或服务，有机制保证其社会目标的稳定

---

① 根据《北京市社会企业认证办法（试行）》整理制作。资料来源：《北京市社会企业认证办法（试行）》，2018年，http://www.gongyishibao.com/html/xinwen/14585.html，2024年7月30日。

续表

指标	内容
创新性	运用市场机制、现代信息技术等创新手段和方法，有效推动社会痛点堵点难点以及基层社会治理"最后一公里"问题的解决，提高保障和改善民生水平
行业影响	对本领域产生一定的社会影响，得到行业认可

2022年安徽省民政厅联合安徽省发展和改革委员会等出台了《安徽省社会企业认定培育试点管理办法（试行）》，对全省社会企业的认定和培育试点工作进行了明确。认定条件中明确社会企业认定对象为3A级以上社会组织、企业和农民专业合作社。对认定社会企业提出以下要求：依法登记注册且连续从事经营活动一年以上，有具体明确的社会目标，内部经营管理模式规范可行，财务制度健全，实行自主经营、独立核算，全职受薪员工不少于3人的市场主体。同时文件对社会企业的收入来源、社会效益和服务覆盖面都做了规定。在监督管理方面，明确要求试点市民政、市场监督管理部门引入专业机构，定期对社会企业进行评估，并发布年度影响力评估报告。对社会属性监管中发现存在社会目标不稳定的社会企业，及时给予预警，督促社会企业改进，并适时跟踪评估[①]。文件也规定了社会企业的摘牌退出机制。

成都市也已开展社会企业评估工作，由社会企业的行业专家、财务专家等成立专项影响力评估小组对社会企业进行经济绩效和社会影响力评估。我国的社会企业正处于蓬勃发展时期，有效评价一个社会企业既可以激发社会企业家和社会企业自身的积极性，也可以进一步激发市场活力，提高社会服务效率。但总体来看，目前我国社会企业评价尚未形成统一的评价标准或测量工具，不少评价是参考国外的指标体系或者非营利组织的评价体系，依托的测量工具更多是基于社会投资回报、成本效益分析法等侧重经济指标衡量的方法。社会实践的评估也更多是在地方实践，尚没有上升到国家层面，因此我国社会企业的评价工作和评价体系建设依然任重道远。

---

① 参见安徽省民政厅等《安徽省社会企业认定培育试点管理办法（试行）》，2022年6月，http://mz.ah.gov.cn/group5/M00/08/0D/wKg8v2a5fvSAVPvLAARUI9gIvX8196.pdf，2024年9月30日。

二 社会企业评价体系的设计建议

本书通过实证研究和文献研究，发现社会企业具有分层影响，包括对国家层面、地区层面和工作者层面的影响。对社会企业的评价也需要考虑这些不同层面的影响，而不是仅评估社会企业对国家、地区层面的影响。因此，基于本书的研究结果，本书对社会企业评价构建了两级评价指标体系的框架，包含三项一级指标和十三项二级指标。一级指标分别是：（1）社会企业对国家层面影响的指标；（2）社会企业对地区层面影响的指标；（3）社会企业对工作者层面影响的指标。这三项一级指标分别对应的是社会企业的三层影响，具体如下：

第一项一级指标是社会企业对国家层面的影响，目的是评价社会企业对国家宏观层面的影响。该项的二级指标包括社会治理指标，指社会企业对国家社会治理效果、治理模式等方面带来的改进，如社会企业对社会问题的解决程度、社会企业的某项方案、产品或者创意被推广或复制的程度、社会企业对社会治理模式的改变或完善程度等；产业/行业贡献指标主要指社会企业对促进国家的某些产业发展的贡献以及对产业或行业制度建设、标准建设等方面的贡献；政策、制度、文化指标包括社会企业对国家政策和制度方面的推进作用，也包括对传统文化的保护、宣传、弘扬以及社会企业在国内和国际影响力的传播。

第二项一级指标是社会企业对地区层面的影响，目的是评价社会企业对地区、城市或社区的影响。该项的二级指标包括地区经济指标、地区公共服务指标、地区文化指标和地区生态环境指标。地区经济指标主要评价社会企业对地区经济的贡献，如提供的 GDP、税收、降低失业率、促进扶贫等；地区公共服务指标包括地区就业岗位提供率、地区的公共服务供给，如基础设施建设、教育、卫生医疗等、居民满意度、慈善及公益事业捐赠或项目开展情况等；地区生态环境指标主要指社会企业对区域生态环境保护方面的贡献，如资源消耗和回收再利用情况、交通或物流等方面能耗和资源节约程度等。

第三项一级指标是社会企业对工作者层面的影响,目的是评价社会企业对其工作者的影响。根据前文的研究发现,社会企业对工作者个体也会产生影响,因此本书认为在社会企业指标评价体系中需要纳入社会企业对个体影响的评价。本书在发现的社会企业对个体工作者七个方面的影响基础上,对这些影响进行了归纳,形成了第三项指标中的二级指标,包括收入指标;知识、技能指标;社会责任指标;福利保障指标;创新发展指标;社会关系指标和幸福感指标。其中,收入指标用于评价工作者获得的工资、经济报酬的情况。知识技能指标用于评价工作者文化知识和技能的提升情况,以及他们接受教育或取得各类资格水平认证、测试等情况。社会责任指标主要评价工作者社会责任感、志愿公益感等。福利保障指标用于评价工作者获得的各项工作或生活的福利、保障等,例如社会企业给工作者提供的保险、休假、学习深造等方面的保障或措施。创新发展指标用于评价工作者创新能力提升程度以及工作者拥有的发明或专利情况。社会关系指标用于评价工作者家庭关系和谐程度,社会关系网络发达程度和社会地位情况。幸福感指标是测量工作者对社会企业的认同程度、自身的工作满意度和幸福感。

该体系具体指标见表6-4。

表6-4　　　　　　　社会企业评价框架示意图

一级指标	二级指标	内容
国家层面的影响	社会治理指标	对社会问题的解决程度
		方案、产品或创意的推广或复制程度
		对社会治理模式的改变或促进程度
	产业/行业贡献指标	对促进某个产业/行业形成的贡献
		对产业/行业制度建设、标准建设等贡献
	政策、制度、文化指标	对国家某项政策或制度的贡献
		典型人物或事迹传播情况
		文化保护、弘扬方面的贡献
		国际影响力(国际认可度、获奖情况)

续表

一级指标	二级指标	内容
地区层面的影响	地区公共服务指标	就业岗位提供率
		地区或社区公共服务提供情况（基础设施建设、教育、医疗卫生等）
		地区或社区居民的满意度
		地区慈善、公益事业捐赠或项目开展情况
	地区经济指标	对地区的经济贡献度（GDP、税收等）
		降低失业率的贡献、巩固脱贫成果的贡献
	地区生态环境指标	能源、水、土地等使用
		废弃物排放和处理
		交通、产品、物流
		资源回收和利用
工作者层面的影响	收入指标	获得的工资、经济报酬
	知识、技能指标	知识和技能提升情况、接受教育或资格水平认证等情况
	社会责任指标	社会责任感、志愿公益感等
	福利保障指标	获得的各项工作和生活福利、保障等
	创新发展指标	创新能力提升度、发明或专利拥有情况
	社会关系指标	家庭关系、社会关系、社会地位
	幸福感指标	收获感、满意度、幸福感

需要说明的是，该指标体系框架的设计思路既来源于本书的研究发现也参考了国内外已有的关于社会企业评价的研究成果，未来也可能随着研究的扩展和深入，不同研究者会有更丰富的发现，对该指标体系的权重和验证也还需要在未来做进一步研究。此外，工作者层面的指标在未来的研究中，还可以进一步细化，针对不同特质的人群设计更有针对性的指标。比如，本书在前文提到了社会企业对青年群体的影响，社会企业可以结合自己组织的特点和青年的特点，进行区分测评来衡量组织的影响力。

第七章

结论与展望

第一节 研究结论

本书通过文献回顾,对社会企业的概念、特点、影响和评价进行了详细梳理,并通过对我国一家知名的社会企业进行案例分析和对其工作者进行深度访谈,借助问卷调查,发现并探讨了社会企业具有的分层影响。本书认为,社会企业除了对国家和地区产生影响外,也对内部工作者产生了深远的影响。具体来说,本书的研究结论主要有:(一)社会企业具有分层影响;(二)社会企业对员工和家政员具有不同的影响路径;(三)社会企业评价需要考虑社会企业对内部工作者的影响。具体阐述如下:

(一)社会企业具有分层影响

本书发现社会企业不仅对企业外部也对企业内部工作者具有影响。社会企业的影响可以分为三层:第一层是对国家层面的影响,第二层是对地区层面的影响,第三层是对企业工作者层面的影响。

第一,社会企业对国家层面具有影响。其影响主要体现为社会企业对社会治理、制度、政策、社会文化建设等方面所作的贡献以及对某个产业或某个行业发展带来的促进作用。

首先,社会企业"跨界"的特性使社会企业可以有效地解决社会问题,促进社会治理。社会企业不同于传统的非营利组织和追求利润最大化的商业企业,它同时兼具两者的一些特征和优点。社会企业以追求社会价值为首要目标,同时又具有商业化的运作方式和创新精神,它可以关注到传统的三大部门（政府、企业、非营利组织）所不能观察到的社会问题，并以创新的思维、商业化的手段去解决这些问题。因此，社会企业可以准确地察觉到社会的一些痛点问题，并对这些问题"对症下药"，还可以创造出以往没有的解决方案，为国家的社会治理出谋划策，提供新思路，助力改善广大人民的生活。社会企业的创新思路和解决方案甚至可以在世界范围进行复制，给全世界带来改变。本书的社会企业F正是针对贫困地区的妇女，探索走出一条通过提供培训使这些妇女成为家政员进而摆脱贫困的道路，这样的思路和探索为我国当时的扶贫事业和帮助女性就业做出了积极的贡献。

其次，社会企业的出现是对国家传统治理模式的一种突破。社会企业可以有效弥补市场失灵、政府失灵和志愿失灵这些现象所带来的问题，可以有效弥补政府在公共服务上的供给不足。当前全球性和国家性的社会问题不断增多，传统意义上的社会三大部门难以对这些问题进行及时、有效的回应，而社会企业可以成为这些部门的有益补充。社会企业广泛参与到社会治理中，有效地提供了社会服务，提升了社会治理效果。正是社会企业的出现让人们认识到，很多社会问题的解决，除了依靠企业和传统的非营利组织之外，还可以依靠社会企业去完成。近二十多年是我国社会企业开始出现并不断发展的阶段，也是我国社会治理模式不断转变和深化发展的重要时期，社会企业对促进我国加快形成共建共治共享的社会治理格局具有极大促进作用。社会企业F探索出的"民办公助"的模式，在当时成为社会组织参与公共服务、社会组织与政府合作的典范。

再次，社会企业可以促生和引领产业或行业的发展。社会企业对社会问题的解决方案具有创新性甚至变革性，这些方案往往是过去从来没有尝试过或成功过的，所以这些方案的实施和推动往往会促使一个新兴产业或行业的兴起。例如，社会企业F对贫困妇女进行家政培训到实现就业的探索，使过去自发形成的"保姆"市场成为一个规范化、制度化、标准化的新兴产业，促使我国逐渐形成了现代意义上的规范化的

"家政业",并影响着千家万户。F还推动了在所在地率先推出保险制度和带薪休假制度,这些都引领了整个行业的变革和发展。

此外,社会企业可以推动国家公共政策的改进、制度的完善和文化的传播。社会企业在改善社会治理模式、提供社会服务、促进产业发展的过程中,会推动国家各方面新的政策和制度出台。社会企业F推动了家政服务行业方面的培训制度、家政员权利保障制度、保险制度等,F探索的"民办公助"模式现在已经推广到育儿、养老、教育等多个领域。各类社会企业的发展会激发各类社会企业相关政策以及不同行业政策的制定和改进。目前,从我国部分省市出台的社会企业的认定办法可以看出,社会企业的相关政策和规定未来会逐渐增多和完善。在文化方面,社会企业所蕴含的创新、公益和志愿精神会在社会企业发展过程中得到良好的传播。我国的众多社会企业已经在国际社会展现出具有中国特色的社会企业形象,它们生产或提供了带有中国文化印记的产品和服务,向世界讲述着中国故事,也弘扬了中国的优秀文化。

第二,社会企业对地区层面具有影响。这层影响主要指社会企业对某个地区或城市、社区带来的影响。社会企业可以给地区带来最直接的影响,主要体现在公共服务、经济发展和生态环境几个方面。

首先,社会企业可以解决地方政府在某些公共服务供给不足方面的问题。社会企业可以依据地区的实际情况,在地区和城市中协调各种资源,为地区和城市发展服务,如社会企业可以对一些地区或城市的弱势群体给予帮助、提供就业;开展多种慈善项目、进行教育培训;为城市和社区提供社会服务和各类志愿服务。通过提供产品或者服务,社会企业可以增加一个社区或城市居民的满意度。本书的社会企业F为一些合作地的贫困妇女提供了培训和教育,不仅促进了劳动者知识和能力的提升,也为学校所在地的市民家庭提供了高质量的社区服务、养老和家政服务。

其次,社会企业对地区经济发展具有直接的促进作用。社会企业可以带动地区的产业发展,增加经济产值和税收;降低地区的失业率和贫困率；提升地区的经济水平。社会企业F帮助多个合作地的贫困妇女群体解决了就业、实现了脱贫，甚至帮助她们全家实现了脱贫，进而还促进了这些地区的经济发展。这些本身来自贫困地区的妇女再次融入到其他城市，又为其他城市的经济发展持续做出贡献。

再次，社会企业可以促进地区生态环境的良好发展。社会企业可以通过创新资源的使用和再利用途径，针对区域性的生态环境问题，设计和开发新的环保项目和产品或者提出新的解决方案，促进地区生态环境的保护和可持续发展。

第三，社会企业对内部工作者层面具有影响。这层影响主要体现在社会企业对其内部的个体工作者较为隐性的影响。通过实证研究，本书发现社会企业对工作者具有七个方面的影响，既有一般性影响也有独特性影响。社会企业对工作者一般性的影响包括收入保障、福利水平、家庭收获感和能力提升感四个方面。而社会企业对工作者的独特性影响是工作者感受到的只有社会企业才能带来的影响，体现了社会企业的独特价值。社会企业的独特性影响包括工作者幸福感、志愿公益感和创新能力三个方面。在幸福感方面，社会企业可以提升员工的志愿公益感，增加贫困地区家政员的收入和改变女性家政员的家庭地位，使得这些工作者幸福感提升。在志愿公益感方面，社会企业可以帮助工作者认同志愿公益精神，自发关注弱势群体并主动参与志愿公益。在创新方面，社会企业要求工作者不断创新思路，提升创新能力。

（二）社会企业对员工和家政员具有不同的影响路径

本书发现，社会企业对不同类型工作者的影响路径不同。对社会企业员工来说，志愿公益感对幸福感有正向作用，幸福感对家庭收获感和能力提升感有正向作用。在幸福感的间接效应下，志愿公益感可以促进家庭收获感和能力提升感增加。对社会企业家政员来说，收入保障对幸福感、幸福感对家庭收获感以及志愿公益感对家庭收获感的影响均显著，幸福感在收入保障对家庭收获感的影响中具有间接效应。

(三) 社会企业评价需要考虑社会企业对内部工作者的影响

本书认为在评价社会企业时需要考虑社会企业对内部工作者的影响，在设计社会企业评价体系时需要把这方面因素作为指标内容纳入进来。本书构建了社会企业评价指标体系的框架，框架分为三项一级指标，十三项二级指标，用于综合评价社会企业对国家、地区和个人的三层影响。

第二节　现实启示与研究展望

本书依据我国社会企业的案例对社会企业的影响和评价进行了分析和思考，得到的现实启示如下：

(一) 需要全面认识和评价社会企业的影响。社会企业的影响除了可以进行测量、较为显性的影响之外，还包括对个体的、隐性的、不易测量的影响。从本书的研究结果看，社会企业对个体具有七类影响，其中既有一般性的影响，也有社会企业独特的影响。因此，在判断和评价社会企业时，要综合考虑社会企业不同层次、不同类别、不同时期和阶段的影响，特别是对社会企业内部个体工作者的影响。这种对个体的影响可能评估时更具有难度，但这类影响不能忽视，而且也应该成为社会企业价值体现的构成要素之一。

(二) 社会企业要注重对自身工作者的引导和培养。社会企业具有不同于商业组织和一般非营利组织的特点，它在志愿公益感、创新能力以及价值观、社会责任感方面对其工作者具有重要且独特的影响；而工作者也会因这些影响而产生甚至增进对企业的认同感以及自己乐观、积极的心态。这样的结果对社会企业自身发展极有益处，可以降低企业员工的离职率，增强对组织的归属感和信心，进而可以减少社会企业成本，形成良性循环。社会企业对工作者积极方面的影响随着时间、影响范围的扩大和叠加，也会对工作者社会关系中的其他个体产生影响，进而会对整个社会产生积极的影响。因此，社会企业在自身建设、管理和运营中应注重给予工作者更多关怀，提供更多的教育、锻炼和提升的平台，促进工作者的全面发展。

（三）社会企业要重视对青年一代的教育和培养。在当前的时代背景下，我国社会企业领域不管在理论研究还是实践层面，青年的重要作用已经愈发凸显。在很多领域青年已经成为社会创新和创业的主体，但是当前青年对社会企业的认知和了解远远没有跟上实践的步伐，甚至很多社会企业本身也是后知后觉。习近平总书记指出，青年是创新的重要生力军。全社会都要关心青年的成长和发展，营造良好创新创业氛围，让广大青年在中国式现代化的广阔天地中更好展现才华①。国家的希望在青年，民族的未来在青年。社会企业在我国发展前景广阔，全社会都要更加重视对青年的教育和培养。

本书仅仅是探讨了社会企业这个领域中的部分话题，由于社会企业在我国总体来看还处于发展初期，仍有很多研究领域有待拓展和进行更细致更系统的研究。未来可以从以下两个方面进一步展开研究。

（一）扩大研究的样本量。社会企业在不同历史时期、不同地域都会有变化和差异性，因此只有对社会企业进行广泛的调研，才能更加准确、及时地反映社会企业的全貌。因此，在未来的研究中，研究者可以一方面深入聚焦个别典型的社会企业，研究其多方面的影响，比较不同社会企业影响的异同，另一方面，可以广泛地对社会企业进行调研，进一步验证影响的代表性和普遍性，同时，从中总结和提炼出更多具有示范或推广价值的有益做法和经验。

（二）进一步开展社会企业的评价研究。在推进中国式现代化建设的进程中，有关社会企业的政策、理论研究等会不断丰富，社会企业本身的发展模式也会不断变化。因此，关于社会企业的评价研究也需要在发展中不断充实研究内容、扩大研究范围，拓展研究思路。研究表明，社会企业的影响虽然具有层次性，但是相互之间也不是孤立的。例如，

---

① 习近平：《习近平给中国国际大学生创新大赛参赛学生代表的回信》，2014 年 10 月 16 日，http://cpc.people.com.cn/n1/2024/1017/c64094-40341382.html，2024 年 10 月 17 日。

社会企业对国家产生影响也必然会对地区、城市、社区和工作者产生影响。所以对社会企业的影响既需要有针对性地加以识别，也需要对其整体影响进行考察。未来还需要在不断深入调研我国社会企业的基础上，不断研究和完善适用于我国社会企业的评价体系。

附录 A

半结构化访谈提纲

第一次访谈提纲：

1. 个人基本情况
2. 来社会企业 F 工作的背景和初衷
3. 社会企业 F 对自己的影响
4. 所了解到的社会企业 F 的故事

第二次访谈提纲：

1. 您当初加入这里的原因是什么？是否有离职或跳槽的打算？为什么？
2. 您认为自己在社会企业工作后是否有收获或者变化？对家人是否也有影响？
3. 您认为自己获得的收获或者变化是由哪些因素带来？
4. 您认为哪些是社会企业独特的影响？
5. 您如何评价目前所工作的社会企业以及整个社会企业行业？

附录 B

调查问卷内容

社会企业家政员调查问卷

您好：

非常感谢您为调查提供宝贵的数据。此次调查基于目前本人进行的社会企业的研究。本次调研所搜集的数据仅供学术研究使用。本人向您郑重承诺，此次调查保证匿名和保密。请您根据自己的实际情况如实作答，感谢您的帮助！

第一部分 基本信息

填写说明：本部分旨在了解您及所在社会企业的基本信息，请根据您的真实情况填写，在对应选项上打"√"。

1. 性别：□（1）男　　□（2）女
2. 年龄：_____
3. 教育程度：□（1）小学　　□（2）初中　　□（3）高中
　　　　　　□（4）中专　　□（5）大专　　□（6）本科
　　　　　　□（7）硕士及以上　□（8）其他
4. 婚姻状况：□（1）已婚　　□（2）未婚
5. 子女情况：□（1）有子女　　□（2）无子女
6. 在这个家政公司的工作年限：
　　□（1）1—5（含）年
　　□（2）5—10（含）年
　　□（3）10—15（含）年

☐（4）15年以上

7. 来这个家政公司之前，是否有过其他工作经历：

☐（1）有　　　　　☐（2）没有

8. 目前个人每月收入：

☐（1）1000元—3000（含）元

☐（2）3000元—5000（含）元

☐（3）5000元—7000（含）元

☐（4）7000元—9000（含）元

☐（2）9000元以上

9. 在来这里工作之前，您的每月收入（如果之前没有工作经历，就填家庭收入情况）：

☐（1）0—1000元　　　　　☐（2）1000—3000元

☐（3）3000—5000元　　　　☐（4）5000元以上

10. 您来自＿＿＿＿＿＿省（自治区）＿＿＿＿市＿＿＿＿县

11. 是否来自贫困地区：☐（1）是　　　☐（2）否

第二部分　社会企业影响

1. 您觉得在这里工作后，和以前的自己相比，自己是否有变化？

☐（1）有　　　☐（2）没有　　　☐（3）不清楚

2. 您觉得这些变化是否和加入现在的家政公司有关？（如果上一题选择"没有"或"不清楚"则直接回答第3题）

☐（1）是　　　☐（2）否　　　☐（3）不清楚

3. 您觉得加入这里后是否给您或家庭带来过任何方面的影响？

☐（1）是　　　☐（2）否　　　☐（3）不清楚

4. 如果选择是，请回答：是哪些方面的影响？

☐（1）收入　　　☐（2）知识　　　☐（3）技能

☐（4）心理　　　☐（5）情感　　　☐（6）人际交往

☐（7）家庭关系　　☐（8）性格、脾气

□（9）其他＿＿＿＿＿＿＿＿＿＿（请补充）

5. 您觉得加入这里后给您带来的影响对您是否有帮助？

□（1）有帮助　　□（2）没有帮助　　□（3）不清楚

6. 如果这些影响对您有帮助，请回答：您觉得哪些方面或做法让您受到这些影响？（可多选）

□（1）提供了就业机会

□（2）姐妹们长期的帮助

□（3）各种培训

□（4）各种文体活动

□（5）各种保险、福利

□（6）工作本身的性质

□（7）公益精神的提倡

□（8）其他人的魅力或榜样示范作用

□（9）老师们的帮助

□（10）其他＿＿＿＿＿＿＿＿＿＿（请补充）

7. 如果这些影响对您没有帮助，请回答：您觉得哪些方面或做法让您受到这些影响？（可多选）

□（1）收入不满意

□（2）福利、保障不满意

□（3）组织管理方式不满意

□（4）和客户的人际关系不好

□（5）和企业老师们的人际关系不好

□（6）这个企业本身的问题

□（7）经常加班

□（8）客户要求太高

□（9）说不清楚

□（10）其他＿＿＿＿＿＿＿＿＿＿（请补充）

社会企业分层影响及评价

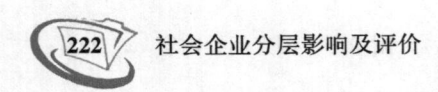

以下问题主要是想考察社会企业对个人的影响程度,请您依据您个人的情况在相应的空格内打"√"。

对创新行为的感知	非常同意	同意	中立	不同意	非常不同意
8. 我总是寻求应用新的技巧、技术和方法					
9. 我经常提出有创意的点子和想法					
10. 我经常与别人沟通并展示自己的新想法					
11. 为了实现新想法,我应该想办法争取所需资源					
12. 总体而言,我是一个具有创新精神的人					
家庭收获	非常同意	同意	中立	不同意	非常不同意
13. 我的家人很支持我现在的工作					
14. 我会把现在工作中的知识、经验告诉家人					
15. 我感觉现在能更好地和家人沟通					
16. 我的家人现在也能从我的分享中获得收获					
能力提升	非常同意	同意	中立	不同意	非常不同意
17. 这里的工作能使我不断获取新的知识或技能					
18. 这里的工作使我积累了更丰富的经验					
19. 这里的工作使我的职业能力不断得到锻炼和提升					
20. 这里的工作使我眼界拓宽					
幸福感	非常同意	同意	中立	不同意	非常不同意
21. 现在的工作让我每天感觉很快乐					
22. 现在的工作让我有自豪感					
23. 现在的工作让我生活很有意义					
24. 现在的工作也让我的家人感觉到快乐和幸福					

续表

	非常同意	同意	中立	不同意	非常不同意
25. 目前来说在这个企业工作比在其他地方工作让我感觉更快乐					
志愿公益精神	非常同意	同意	中立	不同意	非常不同意
26. 志愿和公益活动对我来说很重要					
27. 我愿意参与志愿、公益活动去分享我的知识、技能					
28. 我愿意通过志愿公益活动告诉其他人我所知道的他们需要的信息					
29. 我经常关注志愿、公益活动的信息					
30. 我也支持我的家人参与志愿、公益活动					
对薪酬体系的感知	非常同意	同意	中立	不同意	非常不同意
31. 我感觉加入这里后,工资收入上有了明显提升					
32. 我的工资水平与同行业企业相比算比较高的					
33. 我现在的工资水平比我以前的工作要高					
34. 我对现在的收入很满意					
福利	非常同意	同意	中立	不同意	非常不同意
35. 企业及时为我缴纳社会保险					
36. 企业积极资助或支持我们学习或进修培训					
37. 只要我愿意我可以充分享有允许的带薪假期					

38. 如果您在来到这里之前,有在其他地方工作过,请回答:

您觉得和以前工作单位相比,现在的工作单位对您来说有哪些不同?

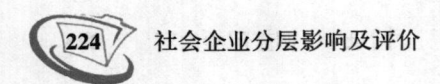

39. 请详细描述一下现在这个公司对您及家人有哪些影响以及是怎样影响的？可以说曾经经历的事情，例子等。

问卷调查结束，非常感谢您的填写！祝您健康快乐！阖家幸福！

社会企业员工调查问卷

您好：

非常感谢您为调查提供宝贵的数据。此次调查基于目前本人进行的社会企业的研究。本次调研所搜集的数据仅供学术研究使用。本人向您郑重承诺，此次调查保证匿名和保密。请您根据自己的实际情况如实作答，感谢您的帮助！

第一部分　基本信息

填写说明：本部分旨在了解您及所在社会企业的基本信息，请根据您的真实情况填写，在对应选项上打"√"。

1. 性别：□（1）男　　　　□（2）女

2. 年龄：_____

3. 教育程度：□（1）小学　　□（2）初中　　□（3）高中
　　　　　　□（4）中专　　□（5）大专　　□（6）本科
　　　　　　□（7）硕士及以上　□（8）其他

4. 婚姻状况：□（1）已婚　　　　□（2）未婚

5. 子女情况：□（1）有子女　　　□（2）无子女

6. 在这个家政公司的工作年限：
　　□（1）1—5（含）年　　　　□（2）5—10（含）年
　　□（3）10—15（含）年　　　□（4）15年以上

7. 来这个家政公司之前，是否有过其他工作经历：
　　□（1）有　　　　□（2）没有

8. 目前个人每月收入：
　　□（1）1000元—3000（含）元
　　□（2）3000元—5000（含）元
　　□（3）5000元—7000（含）元

☐（4）7000元—9000（含）元

☐（2）9000元以上

9. 在来这里工作之前，您的每月收入（如果之前没有工作经历，就填家庭收入情况）：

☐（1）0—1000元

☐（2）1000—3000元

☐（3）3000—5000元

☐（4）5000元以上

10. 您来自_____省（自治区）_____市_____县

11. 是否来自贫困地区：

☐（1）是　　　　☐（2）否

第二部分　社会企业影响

1. 您觉得在这里工作后，和以前的自己相比，自己是否有变化？

☐（1）有　　　☐（2）没有　　☐（3）不清楚

2. 您觉得这些变化是否和加入现在的家政公司有关？（如果上一题选择"没有"或"不清楚"则直接回答第3题）

☐（1）是　　　☐（2）否　　　☐（3）不清楚

3. 您觉得加入这里后是否给您或家庭带来过任何方面的影响？

☐（1）是　　　☐（2）否　　　☐（3）不清楚

4. 如果选择是，请回答：是哪些方面的影响？

☐（1）收入　　　　☐（2）知识　　　　☐（3）技能

☐（4）心理　　　　☐（5）情感　　　　☐（6）人际交往

☐（7）家庭关系　　☐（8）性格、脾气

☐（9）其他_____（请补充）

5. 您觉得加入这里后给您带来的影响对您是否有帮助？

☐（1）有帮助　　☐（2）没有帮助　　☐（3）不清楚

6. 如果这些影响对您有帮助，请回答：您觉得现在的单位哪些方面

或做法让您受到这些影响？（可多选）

- □（1）提供了就业机会
- □（2）同事们长期的帮助
- □（3）各种培训
- □（4）各种文体活动
- □（5）各种保险、福利
- □（6）工作本身的性质
- □（7）公益精神的提倡
- □（8）其他人的魅力或榜样示范作用
- □（9）其他＿＿＿＿＿＿＿＿＿＿＿＿（请补充）

7. 如果这些影响对您没有帮助，请回答：您觉得现在的单位哪些方面或做法让您受到这些影响？（可多选）

- □（1）工资待遇不满意
- □（2）福利、保障不满意
- □（3）组织管理方式不满意
- □（4）和同事的人际关系不好
- □（5）和领导的人际关系不好
- □（6）这个单位本身的问题
- □（7）经常加班
- □（8）领导要求太高
- □（9）说不清楚
- □（10）其他＿＿＿＿＿＿＿＿＿＿＿＿（请补充）

以下问题主要是想考察社会企业对个人的影响程度，请您依据您个人的情况在相应的空格内打"√"。

对创新行为的感知	非常同意	同意	中立	不同意	非常不同意
8. 我总是寻求应用新的技巧、技术和方法					
9. 我经常提出有创意的点子和想法					
10. 我经常与别人沟通并展示自己的新想法					
11. 为了实现新想法，我应该想办法争取所需资源					
12. 总体而言，我是一个具有创新精神的人					
家庭收获	非常同意	同意	中立	不同意	非常不同意
13. 我的家人很支持我现在的工作					
14. 我会把现在工作中的知识、经验告诉家人					
15. 我感觉现在能更好地和家人沟通					
16. 我的家人现在也能从我的分享中获得收获					
能力提升	非常同意	同意	中立	不同意	非常不同意
17. 这里的工作能使我不断获取新的知识或技能					
18. 这里的工作使我积累了更丰富的经验					
19. 这里的工作使我的职业能力不断得到锻炼和提升					
20. 这里的工作使我眼界拓宽					
幸福感	非常同意	同意	中立	不同意	非常不同意
21. 现在的工作让我每天感觉很快乐					
22. 现在的工作让我有自豪感					
23. 现在的工作让我生活很有意义					
24. 现在的工作也让我的家人感觉到快乐和幸福					
25. 目前来说在这个企业工作比在其他地方工作让我感觉更快乐					

续表

对创新行为的感知	非常同意	同意	中立	不同意	非常不同意
志愿公益精神	非常同意	同意	中立	不同意	非常不同意
26. 志愿和公益活动对我来说很重要					
27. 我愿意参与志愿、公益活动去分享我的知识、技能					
28. 我愿意通过志愿公益活动告诉其他人我所知道的他们需要的信息					
29. 我经常关注志愿、公益活动的信息					
30. 我也支持我的家人参与志愿、公益活动					
对薪酬体系的感知	非常同意	同意	中立	不同意	非常不同意
31. 我感觉加入这里后,工资收入上有了明显提升					
32. 我的工资水平与同行业企业相比算比较高的					
33. 我现在的工资水平比我以前的工作要高					
34. 我对现在的收入很满意					
福利	非常同意	同意	中立	不同意	非常不同意
35. 企业及时为我缴纳社会保险					
36. 企业积极资助或支持我们学习或进修培训					
37. 只要我愿意我可以充分享有允许的带薪假期					

38. 如果您在来到这里之前,有在其他地方工作过,请回答:

您觉得和以前工作单位相比,现在的工作单位对您来说有哪些不同?

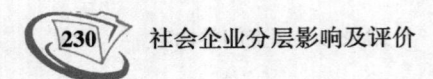

39. 请详细描述一下现在这个公司对您及家人有哪些影响以及是怎样影响的？可以说曾经经历的事情，例子等。

问卷调查结束，非常感谢您的填写！祝您健康快乐！阖家幸福！

参考文献

中文著作

陈振明:《公共管理学》,中国人民大学出版社 2003 年版。

陈振明:《政策科学——公共政策分析导论》,中国人民大学出版社 2003 年版。

褚松燕:《中外非政府组织管理体制比较》,国家行政学院出版社 2008 年版。

党秀云:《公民社会与公共治理》,国家行政学院出版社 2014 年版。

邓国胜:《非营利组织评估》,社会科学文献出版社 2010 年版。

邓国胜等:《民间组织评估体系理论、方法与指标体系》,北京大学出版社 2007 年版。

丁元竹主编:《非政府公共部门与公共服务——中国非政府公共部门服务状况研究》,中国经济出版社 2005 年版。

丁元竹、江汛清:《志愿活动研究:类型、评价与管理》,天津人民出版社 2001 年版。

风笑天:《社会学研究方法》,中国人民大学出版社 2005 年版。

扶松茂:《开放与和谐——美国民间非营利组织与政府关系研究》,上海财经大学出版社 2010 年版。

何增科、包雅钧主编:《公民社会与治理》,社会科学文献出版社 2011 年版。

金芳等:《西方学者论智库》,上海社会科学院出版社 2010 年版。

李久鑫:《商业元创新:如何捕获已经发生的未来》,浙江大学出版社2023年版。

刘继同:《社会企业》,载《中国社会工作研究(第二辑)》,社会科学文献出版社2004年版。

刘世闵、李志伟:《数位化质性研究:Nvivo10之图解与应用》,台北:高等教育文化事业有限公司2014年版。

马仲良、孙明高主编:《社会管理创新》,中国社会出版社2012年版。

毛基业、赵萌等:《社会企业家精神:创造性地破解社会难题》,中国人民大学出版社2018年版。

邱皓政:《量化研究与统计分析——SPSS(PASW)数据分析范例解析》,重庆大学出版社2013年版。

沙勇:《中国社会企业研究》,中央编译出版社2013年版。

王名:《社会组织论纲》,社会科学文献出版社2013年版。

王名等:《社会组织与社会治理》,社会科学文献出版社2014年版。

王浦劬、[美]莱斯特·M.萨拉蒙等:《政府向社会组织购买公共服务研究:中国与全球经验分析》,北京大学出版社2010年版。

王绍光:《多元与统一——第三部门国际比较研究》,浙江人民出版社1999年版。

王世强、王娜、陈燕:《中国社会企业政策与本土化发展》,载徐家良主编《中国社会企业发展研究报告(No.2)》,社会科学文献出2023年版。

吴明隆:《SPSS统计应用实务:问卷分析与应用统计》,科学出版社2003年版。

吴明隆:《结构方程模型——Amos的操作与应用》,重庆大学出版社2010年版。

吴明隆:《问卷统计分析实务——SPSS操作与应用》,重庆大学出版社2010年版。

夏国新、张培德编著:《新编实用管理心理学》,中央民族大学出版社

1995 年版。

徐家良主编：《中国社会企业发展研究报告（No.2）》，社会科学文献出版社 2023 年版。

徐家良、张其伟：《中国社会企业发展实践与展望（2021—2022 年）》，载徐家良主编《中国社会企业发展研究报告（No.2）》，社会科学文献出版社 2023 年版。

徐永光：《公益向右，商业向左：社会企业与社会影响力投资》，中信出版集团 2017 年版。

严中华编著：《社会创业》，清华大学出版社 2008 年版。

俞可平主编：《治理与善治》，社会科学文献出版社 2000 年版。

袁方：《社会研究方法教程》，北京大学出版社 1997 年版。

周三多主编：《管理学》，高等教育出版社 2005 年版。

中译著作

［比］马尔特·尼森主编：《社会企业的岔路选择：市场、公共政策与市民社会》，伍巧芳译，法律出版社 2014 年版。

［丹］斯丹纳·苟费尔、斯文·布林克曼：《质性研究访谈》，范丽恒译，世界图书出版公司 2013 年版。

［德］克里斯蒂娜·K. 福克曼、［瑞士］基姆·奥利维·托卡斯基、［德］卡蒂·恩斯特等：《社会创业与社会商业：理论与案例》，黄琦译，社会科学文献出版社 2016 年版。

［德］赖因哈德·施托克曼：《非营利机构的评估与质量改进——效果导向质量管理之基础》，唐以志、景艳燕等译，中国社会科学出版社 2008 年版。

［法］托克维尔：《论美国的民主》，董果良译，商务印书馆 1989 年版。

［韩］河连燮：《制度分析——理论与争议》，李秀峰、柴宝勇译，中国人民大学出版社 2014 年版。

［美］E.S. 萨瓦斯：《民营化与公私部门的伙伴关系》，周志忍等译，中

国人民大学出版社 2002 年版。

[美] J. 格雷戈里·迪斯等：《企业型非营利组织》，颜德治、徐启智等译，北京大学出版社 2008 年版。

[美] W. 理查德·斯科特：《制度与组织——思想观念与物质利益》，姚伟、王黎芳译，中国人民大学出版社 2010 年版。

[美] 阿巴斯·塔沙克里、查尔斯·特德莱：《混合方法论：定性方法和定量方法的结合》，唐海华译，重庆大学出版社 2010 年版。

[美] 埃莉诺·奥斯特罗姆：《公共事物的治理之道》，余逊达、陈旭东译，上海译文出版社 2000 年版。

[美] 保罗·C. 莱特：《持续创新：打造自发创新的政府和非营利组织》，张秀琴译，中国人民大学出版社 2004 年版。

[美] 保罗·C. 莱特：《探求社会企业家精神》，苟天来等译，社会科学文献出版社 2011 年版。

[美] 贝弗利·施瓦茨：《涟漪效应：以商业思维做社会公益的 18 个世界经典案例》，晏和淘、宋丽、邱墨楠译，中信出版集团 2016 年版。

[美] 彼得·德鲁克：《非营利组织管理》，吴振阳等译，机械工业出版社 2007 年版。

[美] 戴维·奥斯本、特德·盖布勒：《改革政府：企业精神如何改革着公营部门》，周敦仁等译，上海译文出版社 2013 年版。

[美] 戴维·伯恩斯坦：《如何改变世界：用商业手段更好地解决社会问题》，张宝林译，中信出版社 2013 年版。

[美] 盖伊·彼得斯：《政府未来的治理模式》，吴爱明等译，中国人民大学出版社 2001 年版。

[美] 杰弗里·A. 迈尔斯：《管理与组织研究必读的 40 个理论》，徐世勇、李超平等译，北京大学出版社 2017 年版。

[美] 莱斯特·M. 萨拉蒙：《公共服务中的伙伴——现代福利国家政府与非营利组织的关系》，田凯译，商务印书馆 2008 年版。

[美] 莱斯特·M. 萨拉蒙等：《全球公民社会——非营利部门视界》，贾

西津、魏玉等译，社会科学文献出版社 2002 年版。

［美］罗伯特·K. 殷：《案例研究：设计与方法》，周海涛等译，重庆大学出版社 2014 年版。

［美］罗伯特·K. 殷：《案例研究方法的应用》，周海涛等译，重庆大学出版社 2014 年版。

［美］马克·A. 缪其客、约翰·威尔逊：《志愿者》，魏娜等译，中国人民大学出版社 2013 年版。

［美］曼瑟尔·奥尔森：《集体行动的逻辑》，陈郁等译，上海人民出版社 1995 年版。

［美］施密特、谢利、巴迪斯：《美国政府与政治》，梅然译，北京大学出版社 2005 年版。

［美］史蒂芬·戈德史密斯：《社会创新的力量——美国社会管理创新启示录》，王栋栋等译，新华出版社 2013 年版。

［美］唐·E. 艾伯利主编：《市民社会基础读本——美国市民社会讨论经典文选》，林猛、施雪飞、雷聪译，商务印书馆 2012 年版。

［美］托马斯·R. 戴伊：《理解公共政策》，彭勃等译，华夏出版社 2004 年版。

［美］夏露萍编：《真正的问题解决者：社会企业如何用创新改变世界》，刘冉译，中国人民大学出版社 2014 年版。

［美］亚瑟·C. 布鲁克斯：《社会创业：创造社会价值的现代方法》，李华晶译，机械工业出版社 2009 年版。

［美］伊丽莎白·切尔：《企业家精神：全球化、创新与发展》，李欲晓、赵琛徽译，中信出版社 2004 年版。

［美］朱丽叶·M. 科宾、安塞尔姆·L. 施特劳斯：《质性研究的基础：形成扎根理论的程序与方法》，朱光明译，重庆大学出版社 2015 年版。

［瑞典］安德斯·伦德斯特罗姆、周春彦等：《社会企业家：影响经济、社会与文化的新力量》，黄琦、陈晓庆译，清华大学出版社 2016 年版。

［英］查尔斯·里德比特：《社会企业家的崛起》，环球协力社编译，环球

协力社 2006 年版。

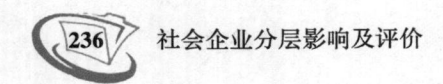

中文论文类

［美］彼得·豪尔、罗斯玛丽·泰勒、何俊智：《政治科学与三个新制度主义》，《经济社会体制比较》2003 年第 5 期。

毕素华：《论政府在慈善事业发展中的推动作用》，《甘肃社会科学》2007 年第 6 期。

陈华：《第三部门的功能、困境与发展路径——公共管理视角的阐释》，《求索》2007 年第 3 期。

陈劲、王暗白：《社会创业与社会创业者的概念界定与研究视角探讨》，《外国经济与管理》2007 年第 29 期。

陈伟东、尹浩：《合力与互补：英国社会企业发展动力机制研究》，《华中师范大学学报（人文社会科学版）》2014 年第 5 期。

陈雅丽：《社会企业的培育与发展：英国经验及其对中国的启示》，《社会工作》2014 年第 3 期。

邓国胜：《非营利组织"APC"评估理论》，《中国行政管理》2004 年第 10 期。

邓国胜：《非营利组织评估体系研究》，《中国行政管理》2001 年第 10 期。

邓国胜：《政府以及相关群体在慈善事业中的角色与责任》，《国家行政学院学报》2010 年第 5 期。

丁敏：《社会企业商业模式创新研究》，《科学·经济·社会》2010 年第 1 期。

甘峰：《社会企业与社会协同治理》，《中国特色社会主义研究》2014 年第 3 期。

高传胜：《社会企业的包容性治理功用及其发挥条件探讨》，《中国行政管理》2015 年第 3 期。

高传胜：《社会企业的积极功能、理论突破与中国纠偏——面向中国新常态的思考》,《人文杂志》2015年第10期。

郭志仪、马晋武:《贫困地区农村劳动力转移模式探索:基于富平学校的调查》,《西北人口》2013年第4期。

哈晓斯、李天国:《为贫困农民架起就业之桥——北京富平职业技能培训学校探详》,《中国劳动》2003年第5期。

郝月珍:《中国农村NGO的培育与可持续发展——以富平学校的创办为例》,《乐山师范学院学报》2006年第3期。

黄剑宇:《社会企业:非营利组织发展的新方向》,《湖南工程学院学报（社会科学版）》2010年第2期。

邬爱其、焦豪:《国外社会创业研究及其对构建和谐社会的启示》,《外国经济与管理》2008年第1期。

匡远配:《中国民间组织参与扶贫开发:现状以及发展方向》,《贵州社会科学》2010年第6期。

李健、王名:《社会企业与社会治理创新:模式与路径》,《北京航空航天大学学报（社会科学版）》2015年第5期。

李景鹏:《关于非政府组织若干问题的探讨》,《新视野》2003年第1期。

李衍儒、江明修:《社会企业之发展经验与政策建议:以美国、英国、中国香港与中国台湾为例》,《中国非营利评论》2011年第1期。

林海等:《社会创业组织商业模式研究综述及展望》,《科技管理研究》2011年第20期。

林尚立、王华:《创造治理:民间组织与公共服务型政府》,《学术月刊》2006年第5期。

刘江船:《社会影响力——传播学的新视角》,《河南社会科学》2010年第1期。

刘杰、田毅鹏:《本土情境下中国第三部门发展困境及道路选择》,《社会科学研究》2010年第5期。

刘丽华、余敏江、丁知平:《论服务型政府的有限性与非营利组织的补充作用》,《甘肃行政学院学报》2005年第1期。

刘小霞：《我国社会企业的历史演进及制度性角色》，《中央民族大学学报（哲学社会科学版）》2013年第6期。

刘小霞、徐永祥：《社会企业的若干问题探讨》，《华东理工大学学报（社会科学版）》2013年第5期。

刘振、杨俊、李志刚：《国外社会企业成长研究综述与发展趋势》，《现代财经（天津财经大学学报）》2014年第2期。

刘志阳、金仁旻：《社会企业的商业模式：一个基于价值的分析框架》，《学术月刊》2015年第3期。

马雪松、周云逸：《社会学制度主义的发生路径、内在逻辑及意义评析》，《南京师大学报（社会科学版）》2011年第3期。

马仲良、于晓静等：《发展社会经济 构建首善之区》，《投资北京》2006年第1期。

潘小娟：《社会企业初探》，《中国行政管理》2011年第7期。

彭秀丽：《社会企业理论演进及其对我国公共服务均等化的启示》，《吉首大学学报（社会科学业版）》2009年第3期。

沙勇：《我国社会企业评价指标体系研究》，《江苏社会科学》2013年第2期。

邵传林：《农村非正规金融转型中的制度创新——以富平小额贷款公司为例》，《中南财经政法大学学报》2011年第5期。

沈坤荣：《社会企业研究的新视野新拓展——〈中国社会企业研究〉述评》，《南京社会科学》2014年第3期。

时立荣：《从非正规就业组织到社会企业》，《理论学刊》2005年第9期。

时立荣、蒋卓晔：《组织创新投资型社会企业运作模式研究》，《甘肃社会科学》2014年第1期。

斯人：《"前店后坊"办培训》，《中国劳动》2003年第5期。

宋春艳：《社会生态系统理论框架下我国社会企业发展的困境及对策》，《求索》2015年第3期。

苏积德：《甘肃省扶贫开发模式比较研究》，《甘肃科技》2011年第10期。

田凯：《西方非营利组织治理研究的主要理论述评———一个社会学理性选择理论视角的分析》，《经济社会体制比较》2012年第6期。

田凯：《政府与非营利组织的信任关系研究》，《学术研究》2005年第1期。

汪锦军：《政府与非营利组织合作的条件：三层次的分析框架》，《浙江社会科学》2012年第11期。

王华：《治理中的伙伴关系：政府与非政府组织间的合作》，《云南社会科学》2003年第3期。

王名：《NGO及其在扶贫开发中的作用》，《清华大学学报（哲学社会科学版）》2001年第1期。

王名：《改革民间组织双重管理体制的分析和建议》，《中国行政管理》2007年第4期。

王名、朱晓红：《社会企业论纲》，《中国非营利评论》2010年第2期。

王名、朱晓红：《社会组织发展与社会创新》，《经济社会体制比较》2009年第4期。

王庆喜、宝贡敏：《企业资源理论述评》，《南京社会科学》2004年第9期。

王世强：《社会企业的官方定义及其认定标准》，《社团管理研究》2012年第6期。

王世强：《"社会企业"概念解析》，《武汉科技大学学报（社会科学版）》2012年第5期。

魏来、涂一荣：《论社会企业的特征及本土价值》，《太原理工大学学报（社会科学版）》2014年第5期。

习牧歌：《茅于轼谈富平学校与民办教育》，《中关村》2012年第9期。

夏义坤：《论第三部门与我国政府行政关系》，《湖北行政学院学报》2002年第2期。

徐君：《社会企业组织形式的多元化安排：美国的实践及启示》，《中国行政管理》2012年第10期。

徐君、王冠、曾旗：《非营利组织企业化管理绩效评价指标体系及评价方法研究》，《科技进步与对策》2007年第4期。

徐晓新、张秀兰、余晓敏：《公益类事业单位改革：来自社会企业的启示》，《北京师范大学学报（社会科学版）》2013年第5期。

严维佳：《社会企业家的内涵与界定：基于社会创新的视角》，《西北大学学报（哲学社会科学版）》2013年第5期。

杨晓光、丛玉飞：《低碳经济下我国草根环境NGO与政府协同关系构建》，《当代经济研究》2010年第11期。

余晓敏、张强、赖佐夫：《国际比较视野下的中国社会企业》，《经济社会体制比较》2011年第1期。

张丽清、张江海：《中国非营利组织绩效评估研究述评》，《经济与社会发展》2007年第12期。

赵莉、严中华：《国外社会企业理论研究综述》，《理论月刊》2009年第6期。

赵萌：《社会企业战略：英国政府经验及其对中国的启示》，《经济社会体制比较》2009年第4期。

郑杭生：《改革开放30年：快速转型中的中国社会——从社会学视角看中国社会的几个显著特点》，《社会科学研究》2008年第4期。

郑苏晋：《政府购买公共服务：以公益性非营利组织为重要合作伙伴》，《中国行政管理》2009年第6期。

周爱萍：《草根青年环保组织的志愿者动员与管理研究——以温州绿眼睛环保组织为例》，《生态经》2011年第5期。

周军、唐兴霖、赵俊梅：《我国非政府组织与政府间的关系——以草根环境NGO为例》，《理论探讨》2008年第6期。

周芸婧：《公益组织参与社会管理创新研究》，《湘潮（下半月）》2012年第6期。

周志忍：《英国公共服务中的竞争机制》，《中国行政管理》1999年第5期。

朱峰：《草根志愿服务组织发展及其与政府关系模式初探——以河北省保定市爱心志愿者联盟为个案》，《广东青年干部学院学报》2011年第8期。

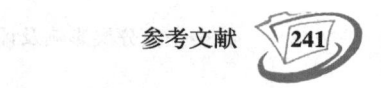

外文著作类

Alex. Nicholls, *Social Entrepreneurship*: *New Models of Sustainable Social Change*, Oxford: Oxford University Press, 2006.

Andrew Wolk, Anand Dholakia, Kelley Kreitz, *Building a performance measurement system*, Cambridge, MA: Root Cause, 2009.

Andrew Wolk, Kelley Kreitz, Business, *Planning for Enduring Social Impact: a social-entrepreneurial approach to solving social problems*, Cambridge, MA: Root Cause, 2008.

Belinda Bell, Helen Haugh, "Working for a social enterprisei an exploration of employee rewards and motivations", in Simon Denny, Fred Seddon, eds. *Social Enterprise Accountability and Evaluation around the World*, New York: Routledge, 2014.

Cecilia Grieco, *Assessing Social Impact of Social Enterprisesi: Does One Size Really Fit All?*, Springer International Publishing, 2015.

David Bornstein, *How to Change the World*, New York: Oxford University Press, 2007.

David Bornstein, Susan Davis, *Social Entrepreneurship: What Everyone Needs to Know*, New York: Oxford University Press, 2010.

Helen Haugh, "Social Enterprise: Beyond Economic Outcomes and Individual Returns", in Johanna Mair, Jeffrey Robinson, Kai Hockerts, eds. *Social Entrepreneurship*, London: Palgrave Macmillan, 2006.

Jacques Defourny, Marthe Nyssens, "The EMES approach of social enterprise in a comparative perspective", in Jacques Defourny, Lars Hulgrd, Victor Pestoff, eds. *Social Enterprise and the Third Sector: Changing European Landscapes in a Comparative Perspective*, London & New York: Routledge, 2014.

Jacques Defourny, "Introduction: From Third Sector to Social Enterprise," in

Carol Borzaga & Jacques Defourny, eds. *The Emergence of Social Enterprise*, London & New York: Routledge, 2001.

Jennifer L. Woolley, "Opportunities for social value creation across supply chain interactions" in Larry Pate, Charles Wankel, eds. *Emerging research directions in social entrepreneurship*, Springer, 2014.

Jo Barraket, "Fostering the Wellbeing of Immigrants and Refugees? Evaluating the outcomes of work integration social enterprise", in Simon Denny, Fred Seddon, eds. *Social Enterprise Accountabislity and Evaluation around the World*, Routledge, 2013.

Johanna Mair, Jeffrey Robinson, Kai Hockerts, eds., *Social Entrepreneurship*, London: palgrare Malmilian, 2006.

J. E. Austin, *The Collaboration Challenge: How Nonprofits and Business Succeed through Strategic Alliances*, San Francisco: Jossey-Bass, 2000.

J. Gregory Dees, *"Enterprising Nonprofits"*, Harvard Business Review on Nonprofits, Boston: Harvard Business School Publishing, 1999.

J. Richard Hackman, "Group Influences on Individuals in Organizations" in Marvin D. Dunnette, Leaetta M. Hough, eds. *Handbook of industrial and organizational psychology*, Vol. 3, Palo Alto: Consulting Psychologists Press, 1992.

Ken Peattie, Adrian Morley, *Social enterprises: diversity and dynamics, contexts and contributions*, London: Social Enterprise Coalition, 2008.

Kramer, M. R., *Measuring innovation: Evaluation in the field of social entrepreneurship*. Palo Alto, CA: Skoll Foundation, 2005.

Leslie R. CrutchField, Heather McLeod Grant, *Forces for Good The Six Practices of High-Impact Nonprofits*, Jossey-Bass, 2012.

Marc J. Epstein, Kristi Yuthas, *Measuring and Improving Social Impacts: A Guide for Nonprofits, Companies and Impact Investors* (1st ed.), Berrett-Koehler Publishers, 2014.

OECD, *The Non-profit Sector in a Changing Economy*, Local Economic and Employment Development (LEED), Paris: OECD Publishing, May, 2003.

Paul C. Light, *The Search for Social Entrepreneurship*, Washington, D. C.: Brookings Institution Press, 2008.

Roger L. Martin, Sally R. Osberg, *Getting Beyond Better How Social Entrepreneurship Work*, Bonston: Harvard Business Review Press, 2015.

外文论文类

Alan Fowler, "NGDOs as a Moment in History: Beyond Aid to Social Entrepreneurship or Civic Innovation?", *Third World Quarterly*, Vol. 21, No. 4, 2010.

Alex Nicholls, The Legitimacy of Social Entrepreneurship: Reflexive Isomorphism in a Pre-Paradigmatic Field, *Entrepreneurship Theory and Practice*, Vol. 34, No. 4, 2010.

Alnoor Ebrahim, Julie Battilana, Johanna Mair, "The governance of social enterprises: Mission drift and accountability challenges in hybrid organizations", *Research in Organizational Behavior*, Vol. 34, 2014.

Amy Po-ying Ho, Kam-tong Chan, "The social impact of work-integration social enterprise in Hong Kong", *International Social Work*, Vol. 53, No. 1, 2010.

Ana María Peredo, Murdith McLean, "Social Entrepreneurship: A Critical Review of the Concept", *Journal of World Business*, Vol. 41, No. 1, 2006.

Audrey Armour, Intergraing Impact Assessment in the Planning Process: From Rhetoric to Reality, Impact Assessment, Vol. 8 (1-2), 1990.

A. Wren Montgomery, Peter A. Dacin, M. Tina Dacin, "Collective Social Entrepreneurship: Collaboratively Shaping Social Good", *Journal of Business*

Ethics, Vol. 111, No. 3, 2012.

Bob Doherty, John Thompson, "The diverse world of social enterprise", *International Journal of Social Economics*, Vol. 33, No. 5/6, 2006.

Carlo Borzaga, Giulia Galera, Rocío Nogales, *Social enterprise: A new model for poverty reduction and employment generation*, United Nations Development Programme (UNDP) and EMES European Research Network, 2008.

Collin C. Williams, Sara Nadin, "Entrepreneurship in the informal economy: commercial or social entrepreneurs?", *International Entrepreneurship and Management Journal*, Vol. 8, 2011.

Coyne. I., "Sampling in Qualitative Research: Purposeful and Theoretical Sampling; Merging or Clear Boundaries?", *Journal of Advanced Nursing*, No. 26, 1997.

C. Badelt, "Entrepreneurship theories of the non-profit sector", *Voluntas*, Vol. 8, No. 2, 1997.

Darby Lauren, Jenkins Heledd, "Applying sustainability indicators to the social enterprise business model: The development and application of an indicator set for Newport Wastesavers, Wales", *International journal of social economics*, Vol. 33, No. 5/6, 2006.

Dart. R., "Being 'Business-like' in a Nonprofit Organization: A Grounded and Inductive Typology", *Nonprofit and Voluntary Sector Quarterly*, Vol. 33, No. 2, 2004.

Dennis R. Young, "Organizational Identity in Nonprofit Organizations: Strategic and Structural Implications", *Nonprofit Management & Leadership*, Vol. 12, No. 2, 2003.

Emerson. J, The blended value proposition: Integrating social and financial returns, *California Management Review*, Vol. 45, No. 4, 2003.

Filipe M. Santos, "A Positive Theory of Social Entrepreneurship", *Journal of Business Ethics*, Vol. 111, No. 3, 2012.

Frank Keith Birkin, Thomas Polesie, "An Epistemic Analysis of (Un) Sustainable Business", *Journal of Business Ethics*, Vol. 103, No. 2, 2011.

Frank Vanclay, "Conceptualising social impacts", *Environmental Impact Assessment Review*, Vol. 22, No. 3, 2002.

Frank Vanclay, "International Principles for Social Impact Assessment", *Impact Assessment and Project Appraisal*, Vol. 21, No. 1, 2003.

Gordon E. Shockley, Peter M. Frank, "The Functions of government in social entrepreneurship: theory and preliminary evidence", *Regional Science Policy & Practice*, Vol. 3, No. 3, 2011.

Helen Haugh, "New strategies for a sustainable society: The growing contribution of social entrepreneurship", *Business Ethics Quarterly*, Vol. 17, No. 4, 2007.

Helen M. Haugh, Alka Talwar, "Linking Social Entrepreneurship and Social Change: The Mediating Role of Empowerment", *Journal of Business Ethics*, Vol. 133, No. 4, 2014.

Henk A. Becker, "Social impact assessment", *European Journal of Operational Research*, Vol. 128, No. 2, 2001.

Howard S. Becker, "Culture: A Sociological View", *The Yale Review*, Vol. 71, No. 4, 1982.

Jacques Defourny, Marthe Nyssens, "Conceptions of Social Enterprise and Social Entrepreneurship in Europe and the United States: Convergences and Divergences", *Journal of Social Entrepreneurship*, Vol. 1, No. 1, 2010.

Jacques Defourny, Marthe Nyssens, "The EMES approach of social enterprise in a comparative perspective", in Jacques Defourny, Lars Hulgrd, Victor Pestoff eds. Social Enterprise and the Third Sector: Changing European Landscapes in a Comparative Perspective, London & New York: Routledge, 2014.

Jane Farmer et al., "Social enterprise and wellbeing in community life",

Social Enterprise Journal. Vol. 12, No. 2, 2016.

Jeremy C. Short, Todd W. Moss, G. T. Lumpkin, "Research in social entrepreneurship: past contributions and future opportunities", *Strategic Entrepreneurship Journal*, Vol. 3, No. 2, 2009.

Johanna Mair, Ignasi Martí, "Social Entrepreneurship Research: A Source of Explanation, Prediction, and Delight", *Journal of World Business*, Vol. 41, No. 1, 2006.

John Thompson, Geoff Alvy, Ann Lees, "Social Entrepreneurship—A new look at the people and the potential", *Management Decision*, Vol. 38, No. 5, 2000.

J. E. Austin, H. Stevenson, J. Wei-Skillern, "Social and Commercial Entrepreneurship: Same, Different, or Both?", *Entrepreneurship Theory and Practice*, Vol. 30, No. 3, 2006.

J. Gregory Dees, Beth Battle Anderson, "Framing a Theory of Social Entrepreneurship: Building on Two Schools of Practice and Thought", in Rachel Mosher-Williams, ed. Research on Social Entrepreneurship: Understanding and Contributing to an Emerging Field, *ARNOVA Occasional Paper Series*, Vol. 1, No. 3, 2006.

J. Gregory Dees, "Taking Social Entrepreneurship Seriously", *Society*, Vol. 44, No. 3, 2007.

J. Weerawardena, Mort, G. S., "Investigating social entrepreneurship: A multidimensional model", *Journal of world business*, Vol. 41, No. 1, 2006.

Kushner, Roland J., Peter P. Poole, "Exploring Structure-Effectiveness Relationships in Nonprofit Arts Organizations", *Nonprofit Management and Leadership*, Vol. 7, No. 2, 1996.

LePine, J. A., Erez, A., Johnson, D. E., "The Nature and Dimensionality of Organizational Citizenship Behavior: A Critical Review and Meta-analysis", *Journal of Applied Psychology*, Vol. 87, No. 1, 2002.

Marcello Bertotti et al., "Measuring the impact of social enterprises", *British Journal of Health Care Management*, Vol17, No. 4, 2011.

Mark Pomerantz, "The business of social entrepreneurship in a 'down economy'", *In Business*, Vol. 25, No. 2, 2003.

Mukesh Sud, Craig V. VanSandt, Amanda M. Baugous, "Social Entrepreneurship: The Role of Institutions", *Journal of Business Ethics*. Vol. 85, No. 1, 2009.

M. Tina Dacin, Peter A. Dacin, Paul Tracey, "Social Entrepreneurship: A Critique and Future Directions", *Organization Science*, Vol. 22, No. 5, 2011.

Nicola M. Pless, "Social Entrepreneurship in Theory and Practice—An Introduction", *Journal of Business Ethics*, Vol. 111, No. 3, 2012.

Roger L. Martin, Sally R. Osberg, Social Entrepreneurship: The Case for Definition, *Stanford Social Innovation Review*, Spring, 2007.

Samer Abu-Saifan, "Social Entrepreneurship: Definition and Boundaries", *Technology Innovation Management Review*, Vol. 2, No. 2, 2012.

Sarah H. Alvord, L. David Brown and Christine W. Letts, "Social Entrepreneurship and Societal Transformation: An Exploratory Study", *The Journal of Applied Behavioral Science*, Vol. 40, No. 3, 2004.

Sascha Kraus, Matthias Filser, Michele O'Dwyer, Eleanor Shaw, "Social Entrepreneurship: An Exploratory Citation Analysis", *Review of Managerial Science*, Vol. 8, No. 2, 2014.

Scott Shane, S. Venkataraman, "The promise of entrepreneurship as a field of research", *The Academy of Management Review*, Vol. 25, No. 1, 2000.

Shari Daya, "Saving the Other: Exploring the social in social enterprise", *Geoforum*, Vol. 57, No. 1, 2014.

S. Trevis Certo, Toyah Miller, "Social Entrepreneurship: Key Issues and Concepts", *Business Horizons*, Vol. 51, No. 4, 2008.

Wee-Liang Tan, John Williams, Teck-Meng Tan, "Defining the 'Social' in 'Social Entrepreneurship': Altruism and Entrepreneurship", *International Entrepreneurship and Management Journal*, Vol. 1, No. 3, 2005.

William Drayton, The Citizen Sector: Becoming as Entrepreneurial and Competitive as Business, *California Management Review*, Vol. 44, No. 3, 2002.

William Drayton, Where the real power lies, *Alliance*, Vol. 10, No. 1, 2005.

Young, Dennis R., "Organizational Identity in Nonprofit Organizations: Strategic and Structural Implications", *Nonprofit Management & Leadership*, Vol. 12, No. 2, 2013.

网络文献

Ayse Guclu, J. Gregory Dees, Beth Battle Anderson, "*The Process of Social Entrepreneurship: Creating Opportunities Worthy of Serious Pursuit*", Center for the Advancement of Social Entrepreneurship, Center for the Advancement of Social Entrepreneurship, Durham: Duke University, 2002, https://centers.fuqua.duke.edu/yyyyyyyy/wp-content/uploads/sites/7/2015/02/Article_Dees_TheProcessOfSocialEntrepreneurshipCreating OppWorthyOfSeriousPursuit_2002.pdf, 2024年7月15日。

Cathy Clark, William Rosenzweig, David Long and Sara Olsen, "Double Bottom Line Project Report: Assessing Social Impact in Double Bottom Line Ventures", 2004, https://centers.fuqua.duke.edu/case/knowledge_items/double-bottom-line-project-report-assessing-social-impact-in-double-bottom-line-ventures/, 2024年7月20日。

Charles Leadbeater, The Rise of the Social Entrepreneur, Demos, 1997, https://demos.co.uk/wp-content/uploads/files/theriseofthesocialentrepreneur.pdf, 2024年7月10日。

Christian Seelos, Johanna Mair, "Entrepreneurship in the service of the poor-models for business contributions to sustainable development", 2004 年 5 月, https://www.iese.edu/media/research/pdfs/OP-04-16-E.pdf, 2024 年 7 月 20 日。

David A. Sherman, *Social Entrepreneurship: Pattern-Changing Entrepreneurs and The Scaling of Social Impact*, 2006, https://community-wealth.org/sites/clone.community-wealth.org/files/downloads/paper-sherman.pdf, 2024 年 7 月 2 日。

J. Gregory Dees, *Social Entrepreneurship is about Innovation and Impact, Not Income*, 2004, https://centers.fuqua.duke.edu/case/wp-content/uploads/sites/7/2015/02/Article_Dees_SEisAboutInnovationandImpactNotIncome_2003.pdf, 2024 年 7 月 2 日。

J. Gregory Dees, *The Meaning of Social Entrepreneurship*, 2001, https://web.stanford.edu/group/e145/cgi-bin/spring/upload/handouts/dees_SE.pdf, 2024 年 7 月 2 日。

Department for Business, Innovation and Skills, *A Guide to Legal Forms for Social Enterprise*, 2011.11, https://assets.publishing.service.gov.uk/government/uploads/system/uploads/attachment_data/file/31677/11-1400-guide-legal-forms-for-social-enterprise.pdf, 2024 年 6 月 28 日。

Kim Alter, *Social Enterprise Typology*, 2007, http://www.virtueventures.com/resources/setypology, 2024 年 7 月 2 日。

Mark R. Kramer, *Measuring Innovation: Evaluation in the Field of Social Entrepreneurship*, Skoll Foundation, Belgium, 2005, https://community-wealth.org/content/measuring-innovation-evaluation-field-social-entrepreneurship, 2024 年 7 月 2 日。

Marta Rey Garcia, *Evaluating the organizational performance and social impact of third sector organizations: a new functional realm for nonprofit marketing*, 2008, https://cdn.ymaws.com/www.istr.org/resource/resmgr/working_papers_barcelona/reygarcia.pdf, 2024 年 7 月 2 日。

Mike Aiken, *What is the Role of Social Enterprise in Finding, Creating and Maintaining Employment for Disadvantaged Groups*? 2007, https://webarchive.nationalarchives.gov.uk/+/http://www.cabinetoffice.gov.uk/media/cabinetoffice/third_sector/assets/social_enterprise_employment.pdf, 2024年7月10日。

Roger L. Martin, Sally R. Osberg, "Social Entrepreneurship: The Case for Definition", 2007, *Stanford Social Innovation Review* 5 (Spring), https://ssir.org/articles/entry/social_entrepreneurship_the_case_for_definition, 2024年7月15日。

Roger Spear, Eric Bidet, The role of social enterprise in European labour markets, Entrepreneurship & Law eJournal, 1 October, 2003, p.5. https://www.emes.net/content/uploads/publications/ELEXIES_WP_03-10_Transversal_ENG.pdf.

王名:《多重视角透析公民社会》, http://theory.people.com.cn/n/2013/1009/c112851-23139563.html, 2024年6月28日。

杨东平:《基础教育的城乡差距》, http:theory.pcople.com.cn/GB/49157/49166/4946896.html, 2014年7月10日。

政府或国际组织报告

Interorganizational Committee on Guidelines and Principles for Social Impact Assessment, "Guidelines and Principles for Social Impact Assessment", Environmental Impact Assessment Review, Vol.15, No.1, 1995.

The State of Social Enterprise: A review of global data 2013–2023, Schwab foundation, World Economic Forum, 2024.

中共中央国务院:《中长期青年发展规划(2016—2025年)》, 2017年4月。

其他

《现代汉语词典》第7版, 商务印书馆2018年版。

党的纲领文献

习近平：《在同各界优秀青年代表座谈时的讲话》，2013年5月4日，《论党的青年工作》，中央文献出版社2022年版。

习近平：《高举中国特色社会主义伟大旗帜　为全面建设社会主义现代化国家而团结奋斗——在中国共产党第二十次全国代表大会上的报告》，人民出版社2022年版。

后　　记

本书是在我的博士学位论文基础上修改完成的。读博期间，我的导师给我介绍了社会企业的概念，我对这个新的名词充满了好奇和新鲜感。通过不断阅读国内外文献，我逐渐对社会企业有了更为清晰的认识，并决定将这个领域作为我论文的选题。

关于社会企业，目前相关的名称还有"社会创业""共益企业""社会经济""社会创新"等，虽然全世界还没有统一的权威定义，但是"用商业手段做公益的事情或具有社会价值的事"已成为共识，社会企业强调商业性、创新性和社会价值的统一。目前，国内外已有相当多的案例和研究表明社会企业对社会发展的重要价值。对我国来说，关于社会企业的研究虽然起步晚，但实际上很多社会企业在发展初期已经在按社会企业的方式做事，只不过当时可能还没有相关的概念。不过我相信，在推进中国式现代化的进程中，我国的社会企业在各个领域正在发挥也必将继续发挥重要作用。

为进一步深入了解中国的社会企业，我在写作过程中，通过多方比较，选定了本书的案例社会企业，并做了大量的实证研究，最终呈现出本书的研究内容和结论。但其实，更让我震撼的是社会企业家以及从业者们的精神状态和品质，他们具有的志愿公益精神和助人为乐的品质已经深深影响到他们每个人的精神状态和价值观，甚至影响到他们周边的人。正是这一点，让我看到了社会企业更深层次的价值，也激发了我要探寻社会企业所具有的这种更为隐性的影响。随着研究的深入，我一直在思考该如何评价社会企业的影响，本书也在最后给出了初步的一些思考和建议。

　　本研究的开展和本书的出版得益于许多老师和朋友的帮助。我首先要感谢导师方卫华教授的悉心指导，他严谨的学术作风和缜密的逻辑思维让我深受感染。还要感谢中央团校（中国青年政治学院）领导、老师和同事们的帮助和支持。本书出版得到了中央团校（中国青年政治学院）的出版资助，感谢学校搭建多种平台为青年教职工发展创造良好机会，也激励着我不断奋进。感谢为调研提供帮助的社会企业和公益基金会，还有那些到现在还一直激励着我的社会企业人。同时也要感谢家人对我一如既往的关怀和支持。

　　求学和工作中还有许多良师益友也在学习和生活上给予过我诸多帮助和支持，中国社会科学出版社的编辑老师们也为本书的出版付出了辛劳，在此一并表示感谢！

　　社会企业在我国还是比较新的一个研究领域，且涉及多个学科，研究过程也必须参考大量外文文献，本书在对外文文献的理解和翻译以及社会企业评价指标体系设计等方面还有不足，需要随着我国社会企业的发展而不断完善。由于作者水平有限，本书也定存在疏漏和不足之处，恳请读者批评指正。